W0329192

Les Solastalgiques

DU MÊME AUTEUR

Les Enjeux de la protection sociale, LGDJ Montchrestien, 1994

L'Affolante Histoire de la vache folle, en coll., Balland, 1996

Ces peurs qui nous gouvernent, Albin Michel, 2002

Manifeste contre la pauvreté, en coll. avec Jérôme Cordelier, Oh ! Éditions, 2004

La Nouvelle Équation sociale (commission « Familles, vulnérabilité, pauvreté »), La Documentation française, 2005

La Pauvreté en héritage, en coll. avec Sylvaine Villeneuve, Robert Laffont, 2006

Code des droits contre l'exclusion, sous la dir. de Martin Hirsch et Denis Chemla, Dalloz, 2006

50 droits contre l'exclusion, avec l'Agence nouvelle des solidarités actives, Dalloz, 2008

La Chômarde et le Haut Commissaire, avec Gwenn Rosière, Oh ! Éditions, 2008

50 droits des ados, en coll. avec Ivana Djordjevic, Dalloz, 2010

Secrets de fabrication, Grasset, 2010

Pour en finir avec les conflits d'intérêts, Stock, 2010

Sécu : objectif monde. Le défi universel de la protection sociale, Stock, 2011

L'Abbé Pierre : « Mes amis, au secours ! », avec Laurent Desmard, Découvertes Gallimard, 2012

La Lettre perdue, Stock, 2012

Cela devient cher d'être pauvre, Stock, 2013

Qu'est-ce que la gauche ?, ouvrage collectif, Fayard, 2017

L'Hôpital à cœur ouvert, Stock, 2017

Comment j'ai tué son père, Stock, 2019

L'Énigme du nénuphar, Stock, 2020

Martin Hirsch

Les Solastalgiques

roman

Stock

Couverture : Raphaëlle Faguer

Illustration : © Kirill Rudenko/Getty Images

ISBN 978-2-234-09043-9

© Éditions Stock, 2023

Se peut-il que la destruction de la terre soit si prochaine et si rapide ! Rien ne semble annoncer cet événement : les airs sont paisibles. Est-ce qu'avant sa dernière heure la nature n'en sentira point les approches, et ne souffrira pas les douleurs de l'agonie !

Jean-Baptiste-François-Xavier Cousin
de Grainville, *Le Dernier Homme*, 1805

Je comprends que vous acceptiez beaucoup de choses sans broncher. Mais là, c'est différent. Si on ne fait pas tout ce qu'on peut, on est complice !

Simone de Beauvoir,
Les Mandarins, 1954

Nous avançons comme des somnambules vers la catastrophe climatique.

António Guterres,
Secrétaire général de l'Organisation
des Nations Unies, 21 mars 2022

Chapitre I

– Au revoir, Docteur, à mercredi.

Le docteur Hauser referma la porte et poussa un profond soupir. Encore un patient qui présentait les mêmes symptômes. Il en avait une bonne dizaine dans sa file active. « File active » : un terme qu'il détestait mais il n'en trouvait aucun autre. Il récusait « clientèle », et il n'aimait pas patientèle. Alors il utilisait celui-là, qui lui rappelait les glorieuses années sida. Les années 1980, quand il était jeune interne à l'hôpital Broussais – encore un hôpital fermé, sans doute transformé en bureaux ou en espace de coworking au centre de Paris – et qu'il s'était retrouvé dans une équipe pionnière qui soignait les premiers patients français atteints de cette maladie mystérieuse. Des ganglions, des cancers, une baisse vertigineuse des défenses immunitaires et souvent le même profil : des jeunes gens homosexuels, aux partenaires multiples. Il était le seul psychiatre, tout jeune chef de clinique, dans un prestigieux service de médecine interne. Il avait rejoint une équipe pluridisciplinaire où l'on trouvait des infectiologues, des immunologistes, des internistes, travaillant jour et nuit, en lien étroit avec des scientifiques de l'Institut Pasteur, pour comprendre cette maladie responsable d'une véritable hécatombe. Le service était presque entièrement consacré à ces patients. Il y régnait une ambiance particulière. Ils avaient autorisé les visites vingt-quatre heures sur vingt-quatre et c'était un défilé de jeunes hommes qui venaient pour leurs amants ou leurs amis et qui les voyaient se diriger inexorablement vers la mort. Parfois des parents découvraient en même temps l'homosexualité de leur fils et sa fin de vie prochaine, sans comprendre ni l'une ni l'autre. Serge avait le même âge que les patients qu'il soignait. Il essayait de faire ce qu'il avait à peine appris, la psychiatrie. Il entendait leurs récits, souvent semblables, toujours poignants. Il se sentait un peu inutile, alors qu'il admirait ses confrères qui échafaudaient des théories, cultivaient des échantillons, tentaient d'isoler un agent infectieux inconnu.

Eux aux moins agissaient. Il avait commencé sa carrière avec le syndrome de l'imposteur. Comme beaucoup de psychiatres. Ou plus largement comme beaucoup de jeunes filles et jeunes garçons, légèrement tournés vers l'introspection. C'était probablement un mal du siècle. Cette tension entre doutes et résultats. Une génération qui passait du PowerPoint au yoga, de l'internet haut débit aux légumes bio, du management à la méditation. Une génération des contrastes, des contradictions, de l'entrechoc des lobes frontaux et temporaux, de la tempête des neuromédiateurs, de l'idéalisme et du consumérisme, du burn-out et du farniente.

Le choix de la psychiatrie était naturel pour lui. Mais totalement incompréhensible pour les autres. Pourquoi lui, qui aimait les maths et la physique, s'était-il engagé dans la spécialité la plus fumeuse, celle pour laquelle il fallait un dictionnaire, le DSM-III à l'époque, pour décrire les maladies, faute de les comprendre, avec des classifications tirées par les cheveux ; une spécialité où l'on ne pouvait se fier qu'à la parole, à l'interprétation, ou aux médicaments abrutissants ? Serge avait espéré secrètement pouvoir la tirer vers une discipline comme les autres, où l'on s'appuie sur des techniques sophistiquées pour poser des diagnostics et trouver des molécules qui agissent sur les causes des maladies et pas seulement sur les symptômes. Il enviait parfois ses confrères d'autres disciplines qui cultivaient des cellules in vitro, décortiquaient des mitochondries, jonglaient avec les radioéléments, et qui parvenaient même à mettre de la poésie dans la science avec des marqueurs fluorescents donnant des couleurs irisées aux molécules intracellulaires.

Et pendant ce temps-là, il parlait à ses patients de leur petite enfance, de leurs parents, de leurs amours, de leur vague à l'âme. Il en imaginait le substrat scientifique, le support physiologique, fasciné par l'idée que les sentiments avaient leur traduction moléculaire.

Et puis il y eut la découverte du virus. Il avait fallu attendre près de quinze ans pour voir arriver les premiers traitements efficaces avec la trithérapie. Il avait hésité à changer de voie, mais avait fini par terminer son clinicat en psychiatrie. Il rêvait de réconcilier la psychiatrie et la neurobiologie. Mais il ne se sentait pas assez robuste pour la recherche, pour poser des hypothèses, pour faire des « manips », pour doser, pour utiliser des pipettes, pour maîtriser la centrifugeuse ou le microtome. Il ne se jugeait pas à la hauteur dans ce milieu hypercompétitif. Il était finalement plus littéraire que scientifique, plus à l'aise avec les mots, les récits, les histoires, malgré cette frustration permanente de ne pas avoir suffisamment prise sur les racines de la maladie. Il avait écrit quelques livres à succès sur la maladie mentale. Mais il savait que ce n'était pas de vrais ouvrages scientifiques. Que sa notoriété était éphémère. Il ne resterait pas dans l'histoire.

Il avait continué ainsi une trentaine d'années et voilà qu'il était à nouveau confronté à un phénomène épidémique qui lui rappelait les années 1980. Des patients qui n'allaient pas bien. Adolescents ou jeunes adultes, là encore. Mais, cette fois, autant de filles que de garçons. Ils souffraient d'insomnies. Cela évoquait un profond syndrome dépressif. Des idées noires. Toutes autour du même thème. Tout fout le camp. La planète se détériore. Le climat se dérègle. L'avenir leur échappe. Les glaciers fondent. On n'y peut rien. Un terrible sentiment de culpabilité. Une épuisante sensation d'impuissance. Un épouvantable fatalisme. Il se souvenait encore du premier patient, Paul, qui lui avait décrit ces symptômes. Un jeune élève de Sciences Po. Brillant. Très brillant même. Il avait passé une année à Londres à la London School of Economics. Il avait beaucoup voyagé. Et puis rien n'allait plus. Il avait perdu du poids. Il se sentait toujours fatigué. Son père était professeur de médecine et lui avait fait faire toutes les explorations possibles et imaginables. Des scanners, des IRM, le dosage de toutes ses hormones, et même un séquençage complet de son génome. Un semestre d'explorations d'où ne sortait aucun diagnostic. Le père de Paul avait été interne avec Serge Hauser. En désespoir de cause – il n'avait jamais cru à la psychiatrie –, il avait envoyé Paul voir son ami d'internat. Le jeune homme était venu la semaine suivante. Il s'était assis dans le fauteuil en face de celui de Hauser et le psychiatre lui avait demandé de lui expliquer sa souffrance. Paul ne lui avait pas parlé de lui, ni de ses symptômes, ni des multiples explorations qu'il avait subies sous l'insistance de son père. Il avait évoqué le monde qui allait mal, les menaces qui pesaient sur l'environnement, le nombre de mètres cubes de glace qui avaient fondu dans le Groenland. Il lisait beaucoup. Il avalait même intégralement les rapports du GIEC. Et plus il s'informait, plus il s'angoissait. Il avait quitté sa copine. Il vivait seul. Il lisait et relisait. Il avait mal à la planète. Comme si la planète était devenue un organe, une glande, un noyau du cerveau, perclus de douleurs, siège de sécrétions purulentes. Hauser avait essayé de lui faire parler de lui-même, mais toujours Paul ramenait la discussion aux déséquilibres du monde. Ils s'étaient vus trois ou quatre fois. Hauser avait hésité à lui prescrire des anxiolytiques. Il répugnait en général à les utiliser. Il se sentait désarmé. Alors il s'était mis lui-même à lire les rapports du GIEC, pour se mettre dans la peau de son patient. Et ils tenaient de longues discussions sur l'environnement. Paul lui restituait ses lectures. Hauser n'était pas familier de ces problématiques. Le jeune homme avait une science impressionnante. Un jour, il lui avait demandé s'il pouvait lui adresser son ami Steven. Un étudiant américain de Sciences Po qui semblait souffrir du même trouble que lui. En quelques mois, il avait ainsi reçu une quinzaine de jeunes gens, qui décrivaient les mêmes symptômes.

En raccompagnant son patient, Hauser se dit qu'il devrait écrire. Il avait appelé cela le « planète-blues » comme un clin d'œil au baby-blues.

Hauser fit une communication au congrès européen de psychiatrie qui se tenait à Bordeaux. Il parla de Paul et de ses autres patients. Ce n'était pas la première fois qu'il intervenait devant ses pairs. Il avait fait sa première présentation pendant les années sida en évoquant l'histoire intime de ses patients et avait presque tiré des larmes à son auditoire. Depuis, il était un habitué des congrès. En général, il y était invité comme « *keynote speaker* », non pas pour exposer ses trop maigres travaux scientifiques mais pour faire une conférence brillante sur les grandes tendances de la société contemporaine.

Il présenta son « planète-blues » aussi sérieusement que s'il décrivait une maladie du DSM-5 – la célèbre classification américaine des malades mentales qui servait de référence à tous les psychiatres à travers le monde.

Mais le clou de son intervention figurait sur sa dernière slide. Celle sur les traitements. Il s'était donné du mal. Pour dire vrai, il ne l'avait pas faite tout seul. Il en était bien incapable. Il comptait sur son fils Nathan. Pour 40 euros par diapo, celui-ci acceptait, non sans grogner, de les lui préparer.

– Tu ne pourrais pas commencer à songer à devenir autonome ? ironisait Nathan. À ton âge, il faudrait que tu penses à te débrouiller tout seul. Tu sais que tu ne pourras pas toujours compter sur ton fils ? Un jour viendra où je quitterai la maison. Et comment vas-tu faire ?

– Je sais, je sais, soupirait Serge. On verra, mais en attendant j'ai besoin de toi.

Nathan avait un fort pouvoir de négociation. Il usait et abusait de sa situation monopolistique et de la dépendance de son père. Il demanda 50 euros la slide. Serge n'avait pas d'autre solution que de céder.

Sur la dernière illustration, on voyait la planète, posée sur un divan, avec une perfusion. C'était un peu bateau, mais Serge ne savait pas comment mieux faire passer son message. Si l'on voulait pour une fois remonter aux causes de la maladie, et non pas faire de la psychiatrie symptomatique, c'est la planète qu'il fallait soigner. L'image eut l'effet attendu, provoquant une vague d'applaudissements dans la salle du congrès.

Chapitre 2

– Oh, pardon, je suis désolé. J'ai toujours été d'une grande maladresse, s'excusa l'homme un peu gauche qui, en se retournant, venait d'éclabousser sa voisine avec son café.

– Vous auriez pu faire attention, répondit sèchement la grande femme blonde, qui voyait, furieuse, une auréole brune se former sur son tailleur clair.

Elle était en train de lire sur son portable un message du médecin qui la suivait à l'hôpital Beaujon lui confirmant le rendez-vous à 19 heures.

– Oui, je dois être mal réveillé.

– C'est déjà un pensum de devoir assister à ce séminaire. La journée s'annonçait mal. Avec vous, elle commence de manière calamiteuse.

– Je me permets de me présenter. Commissaire Victor Tréville.

– Ah, c'est vous le fameux commissaire ? Drôle d'entrée en matière. Claire Signoret.

– Madame le Juge, je suis ravi de faire votre connaissance. Nous n'avons jamais eu le plaisir de travailler ensemble, mais votre réputation sans tache vous précède. Jusqu'à présent, rajouta le commissaire en fixant l'auréole sur la veste beige.

– J'avais entendu dire que vous aviez une conception toute personnelle des relations entre la police et le parquet, mais de là à agresser une juge...

– Vous avez parfaitement raison de m'en vouloir. Je vais vous chercher une serviette et un peu d'eau.

– Vous allez aggraver le mal. Je préfère me débrouiller par mes propres moyens. Je suis attachée à l'indépendance de la justice.

– Que je respecte totalement. Pour avoir eu un père et un grand-père qui ont porté la robe de magistrat, j'aurais du mal à la bafouer.

Cette petite escarmouche avait lieu au dernier étage du nouveau Palais de Justice, cet autre monument que Renzo Piano avait offert à Paris, quarante ans après Beaubourg. On avait beaucoup glosé sur le partenariat public-privé qu'avait décidé le maître d'ouvrage, le ministère de la Justice, et surtout sur le dépaysement de l'île de la Cité qui avait mis en émoi le petit monde judicaire. Mais force était de constater que le bâtiment était magnifique et fonctionnel, avec cet élégant empilement de blocs, ces terrasses boisées, cette clarté que permettait le choix des matériaux. On pouvait aussi bien rendre la justice dans le quartier des Batignolles qu'entre Notre-Dame et le pont Neuf.

Ce matin-là, la ministre de l'Intérieur et le garde des Sceaux avaient organisé un séminaire sur les nouvelles formes de terrorisme. On avait réuni magistrats, préfets, hauts fonctionnaires de police et quelques militaires, pour les sensibiliser aux nouveaux modes d'action de ceux qui voulaient déstabiliser la société. La matinée était consacrée à l'écoterrorisme. Pour montrer l'importance qu'ils attachaient au sujet, la ministre de l'Intérieur et le garde des Sceaux devaient ouvrir ensemble la matinée. C'était en soi un événement, tant leurs mauvaises relations étaient de notoriété publique. Certes, leurs querelles n'étaient pas du même niveau que les célèbres affrontements entre Robert Badinter et Gaston Deferre, mais dans un gouvernement où les fortes personnalités se faisaient rares et où les déviations à la ligne présidentielle étaient peu tolérées, les bisbilles entre la place Beauvau et la place Vendôme n'en prenaient que plus de relief.

La ministre de l'Intérieur aimait la lumière et appartenait à cette école de responsables politiques qui considéraient que pour lutter contre le populisme, il fallait oser dire tout haut ce que le peuple pensait tout bas. Le peuple ne demandait ni nuance ni subtilité. Il aimait entendre que la délinquance était liée à l'immigration, que la justice était trop clémente et que l'ordre régnerait.

Après le café, les participants s'installèrent dans la belle salle d'audience, en bois clair, réquisitionnée pour le séminaire. Tréville s'était assis à côté de la juge Signoret. Elle n'était pas rancunière et c'était l'occasion de poursuivre une conversation bien mal engagée.

Le commissaire murmura à son oreille :

– Vous lèverez-vous quand les ministres arriveront ?

– Comme magistrate, cela me gêne de me lever pour la cheffe des flics. J'ai plus l'habitude que l'on se mette debout quand je rentre que de le faire moi-même. Mais vous pensez qu'on a le choix ?

– Je crains que non. Il me semble que cela fait partie des usages républicains. Tenez, les voilà.

Précédés par la procureure générale, les deux membres du gouvernement pénétrèrent dans la salle, l'air joyeux, comme pour mettre en scène leur bonne entente de façade. La procureure générale prononça quelques mots de bienvenue, souligna que c'était une première de réunir les deux ministres au Palais de Justice depuis sa mise en service et leur céda la parole.

La ministre de l'Intérieur se précipita vers son pupitre. Visiblement, elle était contente d'être là.

– Mesdames et messieurs, votre assemblée, réunie pour une dense journée de travail, représente l'ensemble des facettes de l'État de droit dont vous avez la charge. Une charge redoutable en ces temps troublés. Les tentatives de déstabilisation de notre démocratie sont nombreuses. Je dirais même qu'elles sont quotidiennes. Nous ne devons pas nous soumettre à la dictature des minorités. La citoyenneté active, ce n'est pas l'activisme illégal. Quand on veut contester une règle édictée par l'État, on saisit la justice administrative : personne ne prétendra qu'elle est clémente avec nous. Quand on veut changer un gouvernement, on utilise les urnes. Je ne laisserai jamais la rue dicter sa loi.

Claire Signoret se pencha à l'oreille de son voisin.

– Elle commence fort, votre ministre. Elle est en forme. Elle est toujours comme ça ?

– Toujours. Et là, elle s'échauffe. Vous allez voir. Je crains que sa référence préférée soit le vieux Pasqua qui voulait terroriser les terroristes.

Effectivement, la ministre continuait sur le même registre :

– Je n'hésite pas à le dire : aucune cause, la plus grande, la plus noble soit-elle, ne justifie la violence et la chienlit dans une démocratie. Il n'y a pas de place pour les zones de non-droit : ni dans les banlieues reculées, ni dans les ZAD champêtres où s'ébattent les bobos néo-révolutionnaires. Je vous demande de ne pas vous laisser attendrir. Ceux qui soutiennent les sans-papiers sont les premiers responsables de la montée du populisme et de l'extrême droite, pour laquelle vous savez que je n'ai aucune tendresse, n'en déplaise à une certaine presse, que certains d'entre vous doivent aimer lire, si j'en crois mes informations.

Ce fut au tour de Victor de se pencher vers la magistrate.

– J'avoue qu'elle peut être odieuse quand elle veut, avec ses insinuations.

– J'ai l'impression qu'elle m'a regardée. Elle doit avoir des fiches à jour, qui lui précisent que ma fille est actuellement stagiaire à *Libération*. Mais chut, écoutons la suite.

– Ceux qui s'enchaînent aux péages routiers, qui peinturlurent des tableaux de maître, chefs-d'œuvre de notre patrimoine artistique, avec des slogans apparemment sympathiques et altruistes, sont les héritiers de la génération qui a lutté contre les centrales nucléaires. Beau résultat. Regardez nos amis allemands. Voyez où les Grünen les ont conduits : à préférer le charbon et le gaz russe à une énergie décarbonée. « Nein, Danke », disaient-ils. Eh bien, non, nous ne leur disons pas merci. Notre collègue, ministre de la Transition écologique fait, sous l'autorité du président de la République dont la détermination est pleine et entière, un travail remarquable pour tenir nos engagements de la COP21, et même au-delà. Oui, je n'ai pas de fausse pudeur et je n'hésite pas à parler d'écoterrorisme pour ces actions qui cherchent d'abord, ne soyons pas dupes, à déstabiliser la société et à refuser le verdict des urnes. Oui, nous avons fait plus pour la cause environnementale que tous les gouvernements réunis qui nous ont précédés.

– Vous allez voir. Elle va fustiger l'écologie punitive dans un instant.

Lui donnant raison, la ministre enchaîna :

– Ce qu'ils cherchent, sous prétexte de changer le monde, c'est à punir celles et ceux qui n'ont pas voté pour eux. Se sentant investis d'une mission, ils ne connaissent plus de limite. La loi ? Elle est au service d'un système qu'ils récusent. L'ordre ? Il serait le plus court chemin vers le grand désordre de la catastrophe planétaire. La richesse ? Elle devient la principale source de pollution. L'autorité ? Elle n'est légitime que lorsqu'il s'agit de programmer des actions commandos. La légitimité démocratique ? Elle résulterait d'une grande manipulation.

– Les complotistes ne sont pas toujours du côté que l'on pense, susurra Claire Signoret à son voisin.

– Mais venons-en aux nouveaux modes d'action de ces activistes, poursuivit la ministre, décidément en verve. Ces ennemis de la République jouent de plusieurs opportunités. La première, c'est la vulnérabilité de nos sociétés. La démocratie a ses servitudes dont jouent ces adeptes de la déstabilisation. Nous ne pouvons répliquer à la violence par la violence, nous ne pouvons pas faire d'arrestations préventives, nous avons une limite horaire aux gardes à vue, nous ne voulons pas de mort, nous sommes sous le regard critique des médias et de l'opposition. La deuxième vulnérabilité, c'est la contrepartie de la sophistication de nos sociétés. Des chaînes d'approvisionnement complexes, des systèmes informatiques ouverts et la démocratisation du piratage. Une poignée d'activistes un peu astucieux peut vous dérégler des systèmes entiers, comme on l'a vu récemment quand ces voyous s'en prennent à nos hôpitaux. J'ai décidé de renforcer nos unités de cybersécurité avec des crédits exceptionnels qui m'ont été débloqués par Matignon. Il ne faut pas se leurrer : face aux menaces de cyberattaques, nos défenses sont aussi solides que la fameuse ligne Maginot. Alors, mesdames et messieurs, avec mon collègue garde des Sceaux, que je remercie encore d'avoir pris l'initiative de ce premier séminaire, nous attendons beaucoup de vous. Vous avez, si j'ose dire, une responsabilité civilisationnelle. Et maintenant, bon travail !

– Et, là, Madame le Juge, il faut applaudir ? demanda le commissaire avec une grimace comique qui acheva de le réconcilier avec sa voisine.

Tous deux se joignirent mollement aux applaudissements de l'auditoire.

Chapitre 3

Dans le TGV du retour du congrès de Bordeaux, Serge Hauser partagea un compartiment avec trois collègues, dont deux vieilles connaissances. Véronique était de sa génération. Ils avaient fait ensemble le diplôme d'études approfondies du Professeur Widlöcher. Une tentative dans les années 1980 pour enseigner à la fois la neurobiologie la plus fondamentale et un survol des principales théories psychanalytiques, une sorte de syncrétisme psychiatrique. Jean-François, lui, était l'un de leurs enseignants, chef de clinique quand Véronique et Serge étaient internes. Psychiatre à la Pitié-Salpêtrière, à l'époque où la psychiatrie avait encore toute sa place avant que les neurologues fassent leur putsch. Ils s'en mordaient les doigts, les neurologues de la Pitié. Ils avaient oublié que Charcot et Freud avaient coexisté et pensaient que la neurologie, discipline reine, allait faire de la psychiatrie une sous-spécialité. Les psychiatres s'étaient disséminés « façon puzzle » entre Créteil et Sainte-Anne. L'école de la Pitié était devenue une pure école de neurologie. L'inverse de la stratégie de l'université Columbia qui avait maintenu de la psychiatrie de haut niveau et lui avait donné les moyens de développer des techniques hypersophistiquées, ce qui faisait qu'ils dominaient désormais les congrès internationaux en évoquant les traitements par immunothérapie des syndromes psychotiques et autistiques. Véronique relatait ce qu'elle avait entendu récemment dans un congrès à Athènes. Son collègue de Columbia avait mis en évidence la présence d'anticorps anti-transporteurs du glutamate dans certains noyaux cérébraux d'un patient psychotique. Il avait utilisé un traitement du lupus et avait pu constater une régression phénoménale de sa symptomatologie. Les maladies psychiatriques devenaient des maladies de système, des maladies auto-immunes. La troisième collègue était une jeune interne, Raphaëlle, qui n'osait pas trop prendre la parole devant ces « seniors », de peur de dire des bêtises. Aussi parce que les anciens ne lui laissaient pas beaucoup d'espace, ni dans le compartiment, ni dans la conversation. Elle se demandait à quel moment ils se rendraient compte de sa présence. Elle avait l'âge d'être leur fille. Elle vit le moment où l'un des trois allait lui demander d'aller leur chercher des cafés à la voiture-bar. Plutôt que de connaître cette humiliation, elle prit les devants.

– Qui veut un café ?

Les trois psychiatres tournèrent la tête vers elle, interloqués. Elle ne sut pas si, dans leur regard, il y avait la surprise de voir sa présence, la colère d'être interrompus dans leur trilogue, l'envie d'un café, la prise de conscience de leur âge avancé ou un peu de tout cela. Après quelques secondes de silence, ils répondirent en chœur « avec plaisir ». Raphaëlle considéra que le premier test avait été concluant. Elle n'eut pas de doute sur le résultat du deuxième. Pas un n'aurait l'idée de mettre la main à la poche et de lui proposer de régler les cafés. Tous les trois trouvaient normal qu'une interne payée 1 500 euros par mois se lève et aille à la voiture-bar pour leur rapporter un café. Raphaëlle n'était pas dupe. Elle fit ce que sa destinée lui dictait. Heureusement, elle avait une place côté couloir, ce qui la dispensait d'avoir à se contorsionner pour passer entre ses « maîtres », et partit gracieusement chercher les cafés. Lorsqu'elle revint, c'est Véronique qui, après lui avoir dit merci, l'interrogea. Véronique avait été sa maître de stage à l'hôpital Louis-Mourier, quand Raphaëlle était passée en pédopsychiatrie, ou plus exactement en psychiatrie des adolescents.

– Et toi, Raphaëlle, que penses-tu de tout cela ?

Raphaëlle se demanda ce qu'elle voulait dire par « tout cela ». L'immunothérapie ? L'état de la psychiatrie à la Pitié-Salpêtrière ? Les carrières hospitalières ? Le machisme des vieux psychiatres ?

La solastalgie ? Elle choisit de se placer sur ce dernier terrain, qui était le seul qui l'intéressait vraiment.

– Je pense qu'il faut qu'on ouvre rapidement une unité de « solastalgie », osa-t-elle.

Les trois levèrent les yeux vers elle, dans un mouvement simultané.

– Tu penses ? demanda Jean-François.

– Bien sûr. Ces symptômes décrits par Serge, nous les observons de plus en plus souvent. J'en ai été témoin chez Véronique. Je le vois aussi chez mes amis. Et même moi, je me demande si je ne suis pas un peu solastalgique sur les bords.

Véronique regardait ses deux collègues avec un air triomphant.

– Vous voyez, on les forme bien à l'hôpital Louis-Mourier.

Elle avait l'impression de prendre sa revanche. Elle avait dû se battre pour garder le même nombre d'internes pour le dernier semestre, alors que les grands services de psychiatrie essayaient de lui piquer ses postes : elle était une femme, elle était dans un hôpital de banlieue, elle était donc une proie facile pour les grands prédateurs hospitalo-universitaires parisiens. Elle leur montrait qu'elle avait des internes de qualité.

– C'est une bonne idée, enchaîna Jean-François, que je suis prêt à soutenir. Mais où l'ouvrir ?

C'était drôle, pensa Raphaëlle, que sa première réaction ne porte pas sur le contenu mais sur la localisation. Dans ses yeux, on lisait à livre ouvert : « Soit c'est à la Pitié et c'est quelque chose de sérieux. Soit c'est ailleurs, et c'est nul. » Comment elle fonctionnerait, à qui elle s'adresserait, avec quels moyens et quelle équipe, c'était moins son sujet. « Le Pitié-centrisme » fonctionnait toujours à fond chez lui, même s'il était près de la retraite.

La jeune interne prit son courage à deux mains.

– Moi, je proposerais bien qu'on l'ouvre à l'Hôtel-Dieu.

Elle crut que les autres allaient renverser leur café. Elle enchaîna :

– Oui, à l'Hôtel-Dieu. Il y a déjà plusieurs consultations originales. On y fait de la psychiatrie de jour. Le chef de service est ouvert aux idées nouvelles. Il est le premier à s'être sérieusement intéressé au covid long, par exemple.

Le problème du covid long, Serge en connaissait quelque chose. Il avait fait pleurer sa fille Lou, qui pensait en souffrir, en lui assurant que cela n'existait pas. Il s'était fondé justement sur un article de cette équipe paru dans la revue *Jama* qui montrait que le point commun entre les patients déclarant souffrir du covid long n'était pas d'avoir eu le covid mais de penser l'avoir eu. Cette étude montrait en effet que quand on revenait à la sérologie, on trouvait autant de sérologies négatives que positives. Cette publication avait suscité la colère des associations, comme un remake de la bataille de Lyme.

Raphaëlle poursuivit sur sa lancée.

– L'Hôtel-Dieu, c'est central et...

Elle se fit couper par Jean-François :

– Mais ce n'est pas fermé, l'Hôtel-Dieu ? Ce n'est pas vendu aux promoteurs ?

– Mais non, répliqua Raphaëlle qui sortait d'un stage d'internat là-bas. C'est ce que tout le monde croit, inondé par les fake news. Mais j'y suis interne et je peux vous dire qu'il n'est pas fermé du tout. Et même qu'on y fait beaucoup de gardes et que ça ne désemplit pas. C'est un stage super formateur : entre les urgences, l'unité médico-judiciaire, la maison des femmes, le centre pour les jeunes adultes, il y a de quoi s'occuper. Ça arrange tout le monde de faire croire que c'est fermé mais, pour les patients, c'est bien ouvert !

Véronique confirma. Elle sentait que jamais on ne mettrait l'unité dans son établissement et elle préférait l'Hôtel-Dieu à la Pitié.

– Je trouve que c'est une très bonne idée. Serge, ça te dirait de revenir à l'hôpital un peu plus sérieusement ?

Serge n'avait gardé que quelques orteils en milieu hospitalier depuis qu'il avait ouvert son cabinet. Deux demi-journées par semaine à la Maison de Solenn à voir des jeunes filles anorexiques. Et ses anciens collègues hospitaliers le regardaient un peu comme un renégat.

– Pourquoi pas. Mais il me faut Raphaëlle dans mon équipe. Je ne peux pas faire cela tout seul. Tu veux en être ?

Raphaëlle tenait sa revanche. Elle était partie de Bordeaux transparente, invisible aux yeux de ses compagnons de compartiment. À Poitiers, elle était celle qui servait le café. Et depuis Tours, celle qui était indispensable à l'ouverture de l'unité de solastalgie. Elle se souvint des conseils de sa mère : « Ne jamais dire oui tout de suite, sans poser tes conditions. Quand tu as dit oui, c'est trop tard. De toute façon, ma fille, tout le monde voudra de toi. Tu as de la personnalité. Ne te laisse pas faire. »

– Hum, ça dépend, dit-elle. Avec quel statut ? Je termine mon internat dans quelques semaines. Et moi, la précarité, très peu pour moi.

– Mais avec un poste de chef de clinique, bien sûr, dit Jean-François.

– Je croyais qu'ils étaient tous déjà attribués ?

– On va s'arranger.

Quand on s'approcha de la gare Montparnasse, le plan de bataille était prêt : une unité de solastalgie serait ouverte à l'Hôtel-Dieu. Elle serait dirigée par le Dr Hauser. Raphaëlle serait cheffe de clinique. Il y aurait des consultations et de l'hôpital de jour. On la rattacherait à l'unité Inserm de Jean-François. On tenait un projet. Et on s'enivrait de mots. Ce serait la première unité de solastalgie de Paris, de France, d'Europe, du monde.

Il ne fallait plus que convaincre le DG de l'AP-HP.

– J'en fais mon affaire, c'est un cousin, dit Serge. Mais il faut que vous veniez avec moi, que vous persuadiez la collégiale de psychiatrie et la fac que c'est une bonne idée.

Chapitre 4

Ce soir-là, Serge avait prévu de dîner avec son ami Youssef. Youssef était neurobiologiste, il faisait de la science fondamentale et, sans être lui-même médecin, s'était passionné pour les mécanismes neuronaux des maladies psychiatriques. Ils se retrouvèrent chez Claire. Les trois faisaient partie de ce petit groupe d'amis qui s'étaient connus au karaté dans leurs années étudiantes. Ils n'avaient jamais abandonné ce sport, ou plutôt cet art, et avaient constitué un groupe inséparable. Une dizaine de jeunes gens brillants qui avaient tous connu de belles carrières et qui ne s'étaient jamais perdus de vue. Au contraire, leur amitié s'était consolidée, s'était parfois transmise aux enfants. Un groupe qui fonctionnait avec plusieurs carburants : l'humour, la dérision et la capacité à refaire le monde dans des discussions interminables. Ils se voyaient dans toutes les géométries possibles – par deux, par trois, tous ensemble –, se dépannaient, dissertaient, échafaudaient des projets.

Claire était une brillante magistrate. Ils avaient tous une forte personnalité, mais Claire était un cas un peu à part. Une belle femme à l'aube de la soixantaine. À l'époque où ils étaient étudiants, c'était la fille la plus canon du groupe. Un corps de mannequin, de longs cheveux blonds, une énergie exceptionnelle. C'était fascinant de la voir en kimono. Particulièrement douée, elle était la première à avoir atteint le cinquième dan. Ils s'étaient tous essayés les premiers mois à la courtiser, mais en vain. Claire était inaccessible. Elle avait vite mis les points sur les i : « Les garçons, je vous adore. Vous êtes formidables. Vous êtes beaux et vous êtes drôles. Mais nous ne coucherons pas ensemble. »

Serge se rendit chez Claire directement de la gare Montparnasse. La magistrate habitait en haut de la rue de Rennes. C'est Youssef qui lui ouvrit :

– Tu as pris ta valise ? Tu viens t'installer ?

– Mais non, j'arrive directement de Bordeaux. Tu aurais pu y venir, d'ailleurs.

– Ah oui, c'était le congrès. Tu sais, je ne vais aux congrès que lorsqu'on me demande de faire une présentation : c'est mon côté star.

– Eh bien moi, j'en ai fait une. Je vais vous raconter.

Claire les rejoint dans l'entrée, fit une chaleureuse accolade à Serge.

– Avant que tu racontes ton congrès et que vous partiez dans des discussions interminables sur les troubles psychiques et les neurones, c'est moi qui vais vous raconter quelque chose. Et défense de m'interrompre.

Serge et Youssef réagirent au quart de tour :

– Tu as un amoureux.

– Ou tu as encore mis en taule un patron du CAC 40.

– Non, ce n'est pas vraiment cela, dit Claire avec un sourire triste. Mais installez-vous. Vous aurez besoin d'être bien assis.

– Nous sommes tout ouïe.

– On n'attend pas Pierre ? demanda Serge.

Pierre était un autre membre de la petite bande du karaté. « Membre associé », comme il disait lui-même. Car lui n'avait jamais été adepte des arts martiaux. Mais il avait fait un stage dans le laboratoire de Youssef à l'époque du début du karaté et avait été de tous les dîners et week-ends organisés par la bande. Alors, il avait été adopté par le groupe et il était resté particulièrement proche de Youssef, qui habitait chez lui quand il n'était pas à Montréal.

– Non, répondit Youssef. Pierre est dans le Vercors avec ses jeunes de l'Institut de l'Engagement.

– Il s'en occupe toujours ?

– Plus que jamais j'ai l'impression. Il veut nous réinviter à intervenir à l'une de ses Universités.

– Ce serait super. J'en garde un formidable souvenir. Ce public est incroyable. Il nous bombardait de questions quand nous avions fait notre duo sur la psychiatrie et la neurobiologie.

– Claire, tu ne voudrais pas y venir l'année prochaine ?

– Excellente transition. Je voulais justement vous parler de l'année prochaine.

– Enfin des projets. Un tour du monde ? Ou simplement l'année prochaine à Jérusalem ?

– Pas vraiment. Allez, j'y vais sans détour. Je suis atteinte d'une maladie incurable. Mon cancer n'est pas opérable. J'ai mis un peu de temps à l'accepter. J'ai torturé mon cancérologue pour qu'il me dise la vérité. J'en avais assez de ses périphrases, de ses litotes et de ses euphémismes. J'ai dû le convaincre que je souhaitais la vérité, brute et crue. Je ne savais d'ailleurs pas si je la voulais vraiment, mais je ne supportais pas qu'il ne me considère pas comme digne de l'entendre. On se défend comme on peut. Les médecins ont besoin d'asseoir leur domination. Ils sont doués pour vous infantiliser, vous faire douter, vous faire vous excuser de poser des questions sur ce qui est vital pour vous. Avant de le voir en consultation, je me suis aperçue que j'avais pris l'habitude de répéter devant ma glace et d'écrire sur un papier mes listes de questions, ce que je ne fais dans aucune circonstance. Et encore, même avec ma liste, quand j'osais la sortir de mon sac devant lui, je n'étais pas toujours capable d'aller jusqu'au bout. J'en ai parlé avec beaucoup d'amis qui m'ont décrit la même situation. Comme si les médecins avaient le don de vous mettre vous-même à distance de votre maladie. Comme s'ils se l'appropriaient pour en faire leur « chose », sous prétexte qu'ils savent, eux, lire les images, interpréter les résultats biologiques, qu'ils connaissent les données sur les traitements et qu'ils ont vu des centaines de patients comme vous. C'est bien connu, avant d'être une personne identifiée, vous êtes un cas relevant d'une certaine pathologie qui rentre ou non dans un schéma thérapeutique.

– C'est vrai pour les somaticiens. Pas pour les psychiatres, osa Serge.

– Peut-être. En tout cas, un jour, j'en ai eu assez. Je suis magistrate. J'ai mené des instructions, des interrogatoires, des entretiens. J'ai présidé des formations de jugement, des cours, des jurys. J'ai fait parler et taire des avocats. J'ai tiré les vers du nez de prévenus. Je sais faire preuve d'autorité, d'écoute. Je sais établir un rapport de force. Et je me suis dit : « Mon petit gars, ce n'est plus Claire avec son numéro IPP de patient et son dossier informatique Orbis que tu vas recevoir, mais la juge. Et on va voir qui de nous deux est le plus fort. » Je ne me suis donc pas dit que je voulais connaître la vérité sur mon pronostic parce que j'en avais besoin. J'ai complètement occulté cette question, mais je me suis juste dit que je voulais avoir le dessus sur ce bonhomme en blouse blanche. Un jour que j'avais rendez-vous chez lui en sortant du tribunal – il faut dire que je suis suivi à l'hôpital Beaujon qui n'est pas loin du Palais de Justice –, j'ai pris ma robe de magistrate dans mon sac et je l'ai laissée dépasser. J'avais comme fantasme de la revêtir. Mais je n'ai quand même pas osé aller jusque-là. Cela aurait été déplacé. Le simple fait d'avoir entre nous deux mon sac ouvert avec la robe noire visible m'a fait un bien fou. Robe noire contre blouse blanche. Et cela m'a donné le courage dont j'avais besoin. L'habit fait décidément le moine, même posé dans un sac. Et là j'y suis allée comme à l'instruction. Il n'était plus le professeur machin, avec son badge rouge et les initiales « PU-PH ». Non, il était mon prévenu. Selon ses réponses, il s'en sortait ou était mis en examen, et s'il fallait le placer en garde en vue ou l'écrouer d'office, j'étais prête à le faire. Je l'ai soumis à un véritable interrogatoire. Quand une réponse n'était pas suffisamment claire, je lui demandais d'y revenir. Sous la robe, j'avais mis mon téléphone en mode enregistrement. Je me disais que je me réécouterais le soir et que je ne voulais pas ressentir la honte de ma timidité, de ma défaite.

– Oh, ce que j'aurais aimé voir ça, interrompit Youssef.

– Résultat, le type n'en menait pas large. Il a tout craché. J'avais l'impression de vivre ce moment jouissif où les alibis s'écroulent et où le suspect craque, acculé à avouer. Je n'ai pas été déçue. J'ai des métastases partout. Il n'a jamais vu un patient dans ma situation vivre plus d'un an. Les traitements vont vite être des traitements palliatifs. Grade IV. J'ai compris pourquoi ils m'avaient d'abord proposé une intervention chirurgicale puis l'avaient soi-disant « reportée » pour attendre un jour plus favorable. De jour plus favorable, il n'était plus question. Bref, je suis sortie victorieuse. J'ai ensuite vécu un court moment de véritable euphorie. C'est drôle, n'est-ce pas, la manière dont fonctionne le cerveau humain ? Pour prendre vos mots à la con, j'ai dû saturer mes circuits de récompense. Je m'étais réglée sur une certaine récompense et je l'ai eue. Ça a provoqué une belle décharge de, comment dites-vous, dopamine, ou quelque chose comme ça. Ce soir-là, j'ai dîné avec ma fille. Elle ne m'avait jamais vue dans une telle forme. Elle m'a demandé si j'avais bu ou pris des substances euphorisantes. Je lui ai répondu que non. J'ai commencé par évoquer une histoire professionnelle. Ce n'était pas pure invention, d'ailleurs. La veille, j'avais réussi à faire craquer un prévenu. Un type retors qui avait l'un des meilleurs avocats de la place de Paris. Et puis, j'ai éclaté en sanglots. J'ai compris quel était le prix de ma victoire. Je savais que j'allais mourir. Et sans aucune ambiguïté. Car je ne lui avais laissé aucune échappatoire, au gars. Fini la dopamine, les circuits de la récompense. Je ne sais pas ce que c'est, l'hormone ou le neurotransmetteur de la punition, mais, les gars, je peux vous dire que j'en ai relargué une bonne quantité. Une super décharge. J'avais honte que cela se passe devant ma pauvre Charlotte qui n'y pouvait rien et que je m'étais juré de protéger de ça. Mais impossible de me maîtriser.

– Quand était-ce ?

– Hier soir. Voilà, maintenant je m'y suis faite. Avez-vous réalisé que nous sommes des amis de quarante ans ? Je risque de ne pas aller au-delà. Je vais bientôt vous quitter, les gars. Vous vous rappelez comment nous nous sommes connus ? Le premier cours de karaté, derrière la Sorbonne ? J'ai réussi à vous mettre pas mal de coups, pendant toutes ces années. Alors, maintenant, je vais être très crue. Je suis une femme doublement libre. Serge, si tu veux toujours qu'on couche ensemble, c'est oui. Pardon d'être aussi directe, mais on a perdu assez de temps comme ça et il ne m'en reste pas beaucoup. Je t'ai dit non plein de fois parce que je considérais que nos années d'amitié valaient mieux que quelques parties de jambes en l'air. Mais là, c'est différent. Si tu me trouves encore attirante, c'est le moment. Et puis, désormais, je n'ai plus rien à perdre. Alors c'est peut-être maintenant qu'il faut casser la baraque. Je ne suis plus tenue par rien. Il me semble que, quand nous étions jeunes, nous nous étions dit que nous saurions rentrer en résistance, que nous refuserions l'inacceptable, que nous pourrions même rentrer dans la clandestinité. Je crois me souvenir que notre petit groupe avait comme vague projet de sauver le monde. Alors, pour moi, c'est maintenant !

Il était difficile d'enchaîner après ça. Serge ne savait pas trop comment réagir à l'invitation qui lui avait été faite.

– Pardon, Serge, si je t'ai mis mal à l'aise. Ma tirade de fin était complètement idiote, s'excusa Claire.

Youssef intervint :

– Pétard, c'était le seul truc intéressant. Tu reviens en arrière. Tu retires ta proposition ? Tu nous as menés en bateau depuis le début ?

Youssef avait toujours considéré que l'humour était la meilleure arme. Pas au karaté, où il était sérieux et où on ne pouvait pas lui arracher un sourire, mais une fois le kimono replié, c'était le plus drôle de la bande. Celui qui charriait les autres, celui qui avait toujours des anecdotes désopilantes sur lui-même et sur ses très nombreux déboires amoureux, celui qui avait un stock inépuisable d'histoires drôles et la repartie la plus rapide.

Claire eut un sourire douloureux.

– Non, Youssef, je ne vous ai pas mené en bateau. Je peux te passer l'enregistrement si tu ne me crois pas. Et Serge, ma proposition vaut toujours. J'ai mis quarante ans à te répondre, je sais.

Pour joindre le geste à la parole, Claire pressa ses lèvres sur celles de Serge, qui n'avait toujours pas dit un mot.

– Tu restes dormir ici ce soir ?

Serge fit oui de la tête. Il n'arrivait pas à parler et ses yeux étaient brouillés.

– Ah, s'exclama Youssef, c'est beaucoup pour notre ami Serge. Tu sais, Claire, il est fragile. C'est un psychiatre. Ça mouline beaucoup dans sa tête, là. Mais une déclaration d'amour comme ça, j'en ai rarement entendu. Cela dit, vous ne me mettrez pas à la porte aussi facilement ! D'abord, je vous ai mitonné un petit dîner, conformément à la tradition où quand on m'invite, c'est pour que je fasse la bouffe. Et on va arroser ça d'une bonne bouteille de la récolte de nos amis du Beaujolais.

– Certainement pas, réagit Serge. J'arrive du congrès de Bordeaux et je suis revenu avec deux très bonnes bouteilles. Je ne vais pas repartir avec. Je vais les chercher dans mon sac. Elles peuvent se boire direct, m'a dit le type chez qui je les ai achetées. Il paraît que c'est du très bon.

– Je vais chercher des verres en cristal alors, si nous buvons du bon vin, dit Claire. Et moi, tout m'est permis ! Passons à table. J'aimerais entendre le son de la voix de Serge qui s'est éteint. Qu'allais-tu faire à Bordeaux, Serge ?

– J'y étais pour le congrès annuel de psychiatrie. J'y ai fait une communication en plénière, ce qui ne m'était pas arrivé depuis des années.

– En plénière ! s'esclaffa Youssef. Mais, dis-moi, ça te change de tes communications à la télé sur tes livres. Sur quoi ?

– Sur la solastalgie.

Et Serge leur expliqua ce qu'il voyait depuis plusieurs mois. Ces jeunes désespérés, obsédés par le réchauffement climatique et par la perspective de la fin du monde. Cette forme de dépression si particulière, cette interrogation sur l'existence d'une nouvelle maladie, d'une nouvelle épidémie, même. Serge était un très bon conteur, il savait parler de ses patients, comme s'ils étaient dans la pièce. C'est d'ailleurs ce qui faisait le succès de ses livres de vulgarisation.

Il leur raconta le projet d'une unité dédiée à la solastalgie. Youssef rebondit :

– Mais il faut qu'on fasse de la recherche. Il faut qu'on trouve un traitement.

Claire s'énerva :

– Un traitement pour les patients ou un traitement pour la Terre ? Tu es complètement déformé, mon pauvre. Il ne faut surtout pas les guérir. Leur maladie n'est-elle pas salutaire ?

– Mais, Claire, rétorqua Youssef, où as-tu appris qu'il fallait laisser les gens souffrir ? Tu veux aussi que je laisse dépérir les anorexiques, parce que leur refus de la société de consommation et de la malbouffe est salutaire ?

– Ça n'a rien à voir. Leur souffrance, nous la créons par la destruction de la planète. Et à commencer par toi, avec tes allers-retours entre Montréal et Paris. Tu sais combien de tonnes de carbone tu émets à toi tout seul ?

– Oh, ça va. Si je prends l'avion, c'est pour faire avancer la science et seule la science nous sauvera.

– Ah oui, la science va nous sauver. Elle a bien commencé.

– Eh oui. Ceux qui vous sauveront, ce ne sont pas ceux qui jettent de la peinture sur les chefs-d'œuvre dans les musées, ce sont ceux qui triment pour résoudre le problème de la fusion ou pour trouver des moteurs à hydrogène. Ce sont eux qui résoudront la solastalgie.

– Ils ont intérêt à se dépêcher alors. Parce que le gouvernement a pris un autre angle. Imaginez-vous qu'il a déclaré la guerre à l'écoterrorisme, avec les mêmes mots que toi. La ministre de l'Intérieur et le garde des Sceaux ont réuni une brochette de magistrats, de préfets et de policiers aujourd'hui pour un séminaire d'où je sors pour nous expliquer qu'ils allaient faire appliquer la loi avec rigueur. Tolérance zéro.

– Sérieux ?

– Très. Visiblement, ils n'ont pas beaucoup apprécié les coups de peinture sur les ministères et ils pensent que les activistes vont ruiner leurs efforts pour relancer l'économie.

– En attendant, dit Serge, je peux vous assurer que c'est le début d'une épidémie. Il se passe quelque chose. Je ne suis pas le seul à le dire, même si on est une minorité dans la communauté médicale, et même dans la communauté psychiatrique.

– Ça ne m'étonne pas. Tes collègues psychiatres n'ont pas fini de me décevoir. Je te rappelle combien de vies ils ont foutues en l'air avec leur théorie psychanalytique sur l'autisme ?

– Mais c'était il y a longtemps.

– Pas tant que cela et c'est toujours la même tendance. Si tu savais le nombre de vents que je me suis pris quand je leur propose des essais cliniques sur mes molécules. « Oh non, on n'est pas trop médicaments, nous autres. » Tu imagines si les cancérologues disaient qu'ils n'étaient pas trop médicaments ? « Viens me parler de ta mère, je vais guérir ton cancer. » Ce sont des criminels. Oh, pardon, Claire, je n'aurais pas dû prendre cet exemple.

– Ne t'excuse pas. Et moi, en l'occurrence, c'est peut-être ma mère. Vous vous souvenez comme elle était toxique ?

– Je reconnais que j'ai quelques confrères un peu curieux, rebondit Serge. Mais, à l'inverse, tu pourrais me citer ceux qui prescrivent à tour de bras. Je ne sais pas s'ils ont quelque chose contre les médicaments, mais on est champions du monde de la prescription des antidépresseurs et des anxiolytiques. Et le simple renouvellement des ordonnances « bonjour, comment ça va, je vous remets le même dosage, au revoir, merci » fait vivre un grand nombre de mes « honorables » confrères.

– Oui, ils sont à fond pour les traitements symptomatiques, parce que cela ne remet pas en cause leur théorie selon laquelle les maladies psychiatriques ne sont pas des pathologies comme les autres. Mais quand il s'agit de travailler sur les causes neuronales, ils ne sont plus très nombreux en France. Et, ma chère Claire, c'est pour cela que je suis obligé de prendre l'avion tous les mois pour Montréal, car là-bas, il n'y a pas le même dégoût.

Ces amis-là avaient l'habitude des débats les plus houleux. Cela faisait partie de leur amitié. Plus de passion que de violence. Depuis quarante ans, ils étaient fiers de voir que le degré d'animation de leur soirée commune ne diminuait plus. Une soirée sans éclats de voix était une soirée ratée.

– Mais toi, Serge, tu serais d'accord pour qu'on bosse ensemble ?

– Bien sûr. Je suis en train de recruter une jeune cheffe de clinique, tout à fait remarquable, justement pour qu'elle développe une activité de recherche autour de la solastalgie. Je te l'envoie ? Tu ne la maltraiteras pas ?

– T'inquiète ! J'en prendrai le plus grand soin. Comment s'appelle-t-elle ?

– Raphaëlle.

– Parfait ! Dis-lui de venir me voir à l'Institut du Cerveau et de la Moelle.

– Et moi, vous ne voulez pas m'utiliser ? Parce que maintenant que je sais que je n'assisterai pas à la fin du monde et que j'ai l'impunité perpétuelle…

– Comment cela ?

– Avec les délais de justice, je peux faire tout ce que je veux, mon procès n'aura pas lieu avant ma mort. Alors si vous avez besoin d'une éco-terroriste, experte en droit et cinquième dan de karaté, je suis votre femme… Ça m'amuse plus que de suivre les instructions de nos ministres.

– Il faudrait en parler à Pierre. J'ai l'impression que cela le démange de faire quelque chose.

– Tiens, ça fait longtemps qu'il ne nous a pas convoqués. Je suis certain que ça ne va pas tarder.

– Et sur ce, je vais vous laisser, dit Youssef en faisant un énorme clin d'œil. Serge, je ne t'emmène pas ?

Serge prit un air gêné, tourna la tête vers Claire, lut une approbation dans ses yeux.

– Non, je reste un peu. Je vais aider Claire à ranger…

Chapitre 5

À Autrans, au cœur du Vercors, chaque début de mois de juillet, se déroulaient de drôles de processions. Depuis un satellite, on aurait vu à heure quasi fixe une longue colonne monter le long d'une prairie bien pentue, de plusieurs centaines de mètres. Avec une sorte d'avant-garde rapide, qui semblait partir à l'assaut d'une colline ; un corps intermédiaire très étiré et plus lent, composé de petites grappes ; et une arrière-garde un peu distante du peloton, mais qui semblait faire tous ses efforts pour rattraper son retard. Vu de ce satellite positionné au-dessus de cet extraordinaire massif du Vercors, ce plateau de calcaire suspendu, inaccessible, souvent entouré de brumes, ressemblerait à un mini Olympe de la vallée rhodanienne. Un lieu où il se passerait des « choses » à l'abri des regards indiscrets des vallées environnantes. D'un côté le sillon de Grenoble, de l'autre la vallée de Die, ce haut lieu du protestantisme, autour de ce village au nom si inspirant « Dieulefit », dominant la haute vallée de la Drôme où les Vaudois avaient trouvé refuge au moment des guerres de religion et qui a toujours gardé cette tradition de minorité, d'austérité et de résistance. Même si elle s'est curieusement mélangée à une culture bobo chic, au moment où le Luberon a atteint le degré maximum de saturation, essentiellement avec les transhumances des 7e, 16e et 8e arrondissements, le Diois servit de vase d'expansion pour les arrondissements suivants, principalement le 6e, le 17e et progressivement les 11e et 10e arrondissements. Et entre le Diois et le Dauphiné, ce plateau du Vercors si emblématique de la résistance qu'il devint pseudonyme de l'auteur du *Silence de la mer*.

Notre satellite, en se positionnant très exactement au-dessus du village d'Autrans, aurait vu le lieu de la procession. En bas, des bâtiments ressemblant à des préfabriqués, ou des baraquements de chantiers. Juste entre eux, des piquets de basket et des poteaux de foot. En haut, un bâtiment plus allongé, semblable à un de ces sanatoriums qu'on trouve à ces altitudes dans les Alpes. En bas, il s'agit d'un site de colonie de vacances de la Ligue de l'enseignement. En haut, un ancien sanatorium transformé en site de villégiature pour enseignants à la retraite, affublé du joli nom d'Escandille. L'escandille, c'est le premier rayon de soleil qui pénètre une vallée à l'aube. À Autrans, il apparaît au moment où demeure un serpent de brume qui rampe paresseusement au fond de la vallée, résiste le plus longtemps possible aux premières chaleurs, pour se dissiper une bonne heure après le lever du soleil.

Mais ce que le satellite n'aurait pas su distinguer, c'est le motif de cette procession, toujours à la même heure. À 8 h 25 le matin, à 13 h 55 l'après-midi et à 20 h 55 le soir. Cette procession, c'est celle des lauréats de l'Institut de l'Engagement qui s'emparent des lieux chaque début de mois de juillet. Ils portent un T-shirt siglé en signe de reconnaissance, certaines années blanc, d'autres années bleu, mais qui est la tenue de rigueur des « processionnistes ». Ils sont jeunes, entre dix-sept et vingt-sept ans, majoritairement des jeunes filles. Ils sont divers, venant de toute la France, des DOM mais parfois de pays lointains. Ils ont tous en commun d'être des jeunes engagés. La plupart ont accompli un service civique en consacrant une petite année de leur vie à une cause auprès d'une association ou d'un service public. Certains ont été bénévoles pendant de longues années, consacrant leurs week-ends à des jeunes handicapés ou leurs soirées à faire du soutien scolaire.

Ils sont réunis à Autrans pour des Universités ou des Campus. Ils viennent d'être admis comme lauréats. Ils ont commencé par remplir un dossier en ligne pour leur admissibilité. On leur a demandé de décrire leur expérience de l'engagement, d'expliquer ce qu'elle leur a apporté, de faire part de leurs goûts et de leurs centres d'intérêt, et d'esquisser un projet. Ils ont dû écrire quelques lignes sur la personne qu'ils admirent le plus. Souvent, il s'agit de leur mère ou de leur père, qui se sont dévoués pour leur donner la meilleure éducation malgré des conditions sociales difficiles, parfois sans parler le français.

La procession tri-quotidienne, c'est celle qui conduit les lauréats depuis le bas – là où se trouvent les dortoirs, les salles d'atelier, le réfectoire, le point de ralliement, les terrains de sport et certaines années le bar à bières artisanales – vers le haut – là où ont lieu les conférences et les projections. Ils vivent une semaine à un rythme d'enfer. À 8 heures, c'est le rituel du réveil sportif : on se décrasse en rythme, par de la gym douce, plutôt prétexte à rassembler et réveiller les troupes qu'à véritablement rechercher l'exploit sportif. À 8 h 30, ce sont les premiers ateliers, avant une conférence. Même chose l'après-midi et à 21 heures, ils se retrouvent soit pour la projection d'un film avec l'équipe qui l'a réalisé, soit pour une conférence vespérale. Les créateurs de l'Institut avaient voulu montrer que l'on pouvait être aussi exigeants avec ces jeunes qu'avec ceux qui ont intégré HEC, Polytechnique ou l'ENA. Ils n'avaient juste pas pris en compte un paramètre : l'activité nocturne des lauréats. Car après la journée, ceux-ci ont toujours beaucoup à se dire, beaucoup à fêter, beaucoup d'énergie à dépenser.

Si, du satellite, on était passés à un drone doté d'un micro et volant au-dessus de l'escandille, on aurait pu capter la conversation d'un petit groupe, sur la terrasse, attablé avec des verres de génépi autour de Pierre, le président de l'Institut. Pierre semblait avoir une bonne cinquantaine. Un visage à la serpe, austère, mais éclairé par un regard toujours bienveillant. Un physique sportif, entretenu par une passion pour l'escalade, qu'il pratiquait depuis toujours, avant que cela ne devienne une mode. Pour lui, grimper était plus qu'un sport, un voyage initiatique dans des lieux reculés, une élévation au-dessus du monde, un itinéraire à trouver, une anthologie de sommets à composer. Il aimait comparer l'action publique à l'exercice de la haute montagne. Il fallait trouver une voie, composer une cordée solide, contourner des obstacles, avoir le pied sûr en terrain instable, progresser lentement ou savoir accélérer quand la météo menaçait. Il avait toujours été un personnage à part dans la haute fonction publique. Il agaçait par son franc-parler, détonnait par ses choix de carrière, intriguait par son absence d'engagement politique, à une époque où l'on confondait parfois loyauté à l'égard de l'État et inféodation au pouvoir en place. Il l'avait payé à plusieurs reprises. On lui demandait des gages. Il ne les donnait jamais. On lui proposait des postes qu'il refusait et on ne lui accordait pas ceux qui lui auraient plu. Il s'était très tôt intéressé aux questions de climat. Il avait été écologiste avant l'heure. Il avait écrit de nombreuses tribunes et quelques livres tirés de ses échanges avec des scientifiques. Il avait défendu la taxe carbone et était devenu l'une des bêtes noires de l'industrie automobile pour avoir réalisé un rapport sur les normes de pollution. Pierre avait créé l'Institut de l'Engagement, convaincu qu'il fallait absolument faire émerger dans les jeunes générations des profils qui ne soient pas la copie conforme de leurs prédécesseurs, coincés dans le réalisme, les rapports de force, la reproduction, la crainte du « pas de vague ». Mais il ne fallait pas non plus qu'ils n'aient que l'activisme stérile comme seule échappatoire. Il fallait leur donner les outils pour se battre à armes égales avec les autres. Ne pas les laisser s'enfermer dans un « antisystème » dont il connaissait les dangers. Il fallait également leur donner la force du collectif, la puissance des réseaux, non pas ceux de l'entre-soi et de la courte échelle, mais ceux qui permettent d'enrichir la pensée et de démultiplier l'action. Il voulait faire d'une pierre deux coups. Promouvoir des jeunes qui n'étaient pas passés par les voies royales de la République et leur donner les outils que l'on n'enseigne pas dans les grandes écoles et les universités.

On ne comprendrait pas Pierre si on ne disait pas un mot de sa lignée et des valeurs qui lui avaient été transmises. Sa famille était caractérisée par l'esprit de résistance, avec notamment un grand-père parti à Londres dès le 18 juin et un père qui avait pris le maquis, jeune adolescent, avant de rejoindre le premier bataillon de choc. Il avait été élevé dans ces récits de résistance. Dans la famille, on aimait à rappeler qu'il était facile de relire les événements rétrospectivement, mais qu'au moment même les choses étaient tout sauf claires. Le problème de la clairvoyance était un thème récurrent dans les discussions familiales. Non pas que ces personnages engagés s'estimaient plus lucides que les autres. Ils considéraient qu'ils avaient eu de la chance de tomber du bon côté. Enfant, cela perturbait beaucoup Pierre. Aurait-il lui-même su faire le bon choix ? Aurait-il eu le courage de prendre des risques ? De renoncer à son confort ? Et surtout, cette lancinante question : n'est-on pas déjà en train de passer à côté ? Autrement dit, est-on sûrs que le contexte soit si différent ? Comment éviter qu'il ne soit trop tard ? Cela l'avait conduit à beaucoup s'interroger sur la montée du Front national depuis le début des années 1980, c'est-à-dire depuis son adolescence. Comment l'éviter ? Comment échapper à la mortelle habituation ? Quelle était la différence avec les années 1930 ? Comment ne pas revivre l'irruption démocratique du fascisme et du nazisme ? Mais, à l'inverse, comment ne pas se tromper en ne voyant l'histoire actuelle qu'au prisme des analogies avec le passé ?

Il adorait avoir ces discussions avec les lauréats. C'est précisément une conversation de cette nature que le drone aurait pu intercepter ce soir-là avec les jeunes qui entouraient Pierre. Il y avait là un échantillon parfait. Une jeune fille en plein désarroi, entière, révoltée, qui s'insurgeait contre la passivité de ses congénères. Une autre qui s'était investie dans des projets au Grand Mirail en rejoignant un lieu où les différentes associations réfléchissaient à des actions communes pour les autres jeunes des quartiers de Toulouse. Un Marseillais d'origine algérienne qui venait d'intégrer Sciences Po grâce à l'Institut et qui donnait la priorité à ses études. Et une jeune femme qui s'était engagée dans un groupe activiste tout en poursuivant des études dans une école de commerce.

Pierre avait conscience de ses responsabilités et avançait avec des pincettes. Il n'avait pas envie de les entraîner sur des voies périlleuses.

Les Universités de l'Engagement étaient un moment intense. Cette année-là, ils avaient des conférenciers de choix : un prix Nobel d'économie, un patron du CAC 40, un climatologue.

Jean Jouzel avait accepté avec enthousiasme de venir à Autrans. Il faut dire que Pierre avait utilisé un argument affectif pour le convaincre de faire le déplacement (Autrans est un lieu formidable mais qui se mérite, avec quarante-cinq minutes de route en lacets depuis Grenoble...) : il lui avait expliqué qu'il était le neveu du scientifique qui avait déclenché la vocation de Jean Jouzel, comme celui-ci l'avait raconté dans *Le Monde*.

– Je ne serais pas arrivé là si Étienne Roth, un scientifique hors du commun, ne m'avait pas proposé un sujet de thèse complètement inattendu. Parce que pendant la guerre, lui, l'étudiant juif, avait été protégé par un enseignant de Polytechnique devenu directeur de l'École de chimie de Lyon. Il venait chaque année proposer aux jeunes de Chimie Lyon dont j'étais un sujet de thèse. J'ai accepté et il m'a dit que j'allais travailler sur la formation des grêlons. Il était tellement passionné qu'il aurait pu me faire faire n'importe quoi. Il avait rapporté du Canada une collection de gros grêlons de 6 à 8 centimètres, qu'il conservait depuis cinq ans au froid. Je suis donc entré dans l'univers de la glace et je suis passé progressivement des grêlons aux glaces polaires et à cette démonstration de l'effet du CO_2 sur le réchauffement, à partir d'extrait de bulles d'air présentes dans la glace.

– Vous êtes le mieux placé pour savoir l'importance qu'une conférence peut avoir sur des vocations. Alors venez à Autrans raconter ça à nos jeunes lauréats, avait suggéré Pierre.

La conférence de Jouzel eut le succès escompté. Le conférencier découvrit un public passionné, avide de savoir, comme si ces jeunes cherchaient à rattraper en quelques jours le sevrage dont ils avaient été victimes de longues années, car ils avaient été considérés comme indignes d'avoir accès à ce savoir, réservé aux élites et aux élèves des classes préparatoires. Un public qui bombardait le scientifique de questions sur ses courbes, ses schémas, ses découvertes et l'avenir de la planète. On ne le lâcha qu'à minuit.

Après la conférence, une quinzaine de lauréats, au lieu d'aller faire la bringue, étaient restés dans l'amphi pour partager leur émotion et prolonger la discussion.

C'est Mansour qui menait les débats. Mansour était un ancien lauréat qui revenait chaque année. Animateur professionnel, il prit rapidement les choses en main, assisté de quelques jeunes lauréates. Kadiatou, Lavan, Fatoumata et Hannah. Il laissa s'exprimer l'indignation, l'angoisse, la culpabilité, le sentiment d'impuissance, le désarroi, la colère, la peur, manifesta de la bienveillance pour les proclamations pleines de naïveté et réussit à interrompre les donneurs de leçons. Les interventions étaient ponctuées par des rires, des cris, des applaudissements, des sifflements et même des pleurs.

L'exposé du scientifique avait libéré cette angoisse qu'ils ressentaient indistinctement. La planète était en train de partir en quenouille.

Une lauréate raconta son stage dans une école de design à Milan. La direction de l'école les avait fait travailler tout le semestre sur des projets sur la planète Mars. Il fallait faire le design d'une station habitée, penser aux concepts de meubles, à l'architecture intérieure. Elle avait trouvé cela original et intéressant, mais elle avait demandé à la direction de l'école pourquoi ce choix. La réponse avait été directe : « On a remarqué que les étudiants déprimaient et avaient des craintes sur l'environnement, ces dernières années. Alors on s'est dit qu'il fallait leur ouvrir d'autres horizons et les projeter dans l'avenir plutôt que d'avoir devant eux le voile de la détérioration de la Terre. Cela nuisait à leur créativité. » Elle leur avait demandé si cela signifiait qu'il passait la Terre par « profitti e perdite », autrement dit par pertes et profits. Le directeur avait ri : « *Si, credo si possa dire cosi.* » Oui, je pense que l'on peut dire ça. La lauréate n'en était pas revenue. Qu'une école, constatant l'éco-anxiété de ses étudiants, ait eu l'idée d'adapter son projet pédagogique pour les préparer à aller coloniser Mars, cela ressemblait à de la mauvaise science-fiction. Elle avait rétorqué que pour elle, c'était bien plus déprimant de penser ainsi.

On s'interrogea sur ces élèves des grandes écoles qui faisaient le choix de tourner le dos au patron de Total lors de la cérémonie de diplômes ou ceux de l'Agro qui avaient fait des discours enflammés pour dire qu'ils refusaient de rentrer dans le système. N'était-ce pas grâce à des gens comme eux que le monde allait changer ? Un des lauréats avait entendu ses parents – issus des mêmes écoles et à la conscience écologique disons éclairée – les critiquer. Ce n'est pas en se retirant du système qu'on va le faire bouger. Il faut en être au cœur pour le changer. Il faut transformer l'État dans l'État, l'entreprise dans l'entreprise, la politique dans les partis, les grandes écoles dans les amphis.

Ils passèrent en revue l'activisme, les manifestations, les grèves, les actions violentes. Ils citèrent les Femen et Extinction Rebellion. Les opinions étaient assez tranchées. Certains trouvaient que c'était le vrai courage, la vraie efficacité, la vraie radicalité. D'autres trouvaient que c'était du spectacle, de la mise en scène, sans aucun effet sur le réel. Beaucoup considéraient qu'il fallait agir sur l'ensemble du spectre depuis la réflexion intellectuelle jusqu'à l'activisme spectaculaire, en passant par l'infiltration, le militantisme politique, l'adaptation des comportements individuels, la participation à l'innovation.

Longtemps silencieuse, une jeune lauréate prit la parole pour raconter son expérience au sein du mouvement « Dernière Rénovation ». Elle avait suivi des formations à la radicalité, participé à des sittings sur l'autoroute du Sud un soir de retour de week-end, essayé d'asperger de soupe un tableau dans un musée parisien, action avortée faute de préparation suffisante. Elle expliqua comment cela l'avait guérie de sa solastalgie.

– De ta quoi ? reprirent ses camarades en cœur.

– De ma solastalgie. C'est une maladie, dont on ne parle pas assez, provoquée par l'angoisse du réchauffement climatique. Une vraie maladie, qui commence à être prise au sérieux. En tout cas, moi, j'ai été suivie par un psychiatre absolument super. Vous avez peut-être entendu parler de lui. Il est connu pour ses bouquins et on l'entend parfois à France Inter où il racontait « Un été avec Freud » l'année dernière. Il s'appelle Serge Hauser. Bref, j'ai fait pas mal de séances avec lui.

– Je le connais, dit timidement Hannah. C'est un ami de mes parents. Je confirme. Il est super.

– Tu peux me redire le nom de ta maladie ?

– La solastalgie. So-las-tal-gie. Algie, ça veut dire douleur en grec. Solas, je ne sais plus trop.

– C'est peut-être la douleur du soleil ?

– Non, je ne crois pas. C'est un truc plus compliqué.

– C'est un super beau mot, en tout cas, dit Mansour. Je le retiens.

Le débat reprit de plus belle.

– Si notre impact est proportionnel à notre poids dans la société, ou au niveau que l'on peut atteindre, on a intérêt à s'insérer dans une entreprise, un parti politique, pour avoir une action efficace au plus haut possible. En fait, il nous faut prendre de l'élan comme on comprime un ressort ou comme on monte vers un tremplin de plus en plus élevé pour faire le plus long saut à ski, avança l'un d'entre eux.

En face de l'escandille, il y avait le tremplin olympique installé au moment des Jeux Olympiques de Grenoble, en 1968, une époque où il y avait régulièrement de la neige dans le Vercors.

– Oui, mais il y a un risque qu'à force, on soit nous-mêmes déformés par le système. Ou qu'on ait trop à perdre. Tu ne voudras pas renoncer à ton salaire, au remboursement de tes emprunts, à la promotion qu'on t'a promis, rétorqua une autre.

– Est-ce que ce n'est pas le piège que nous tend l'Institut ? Ils nous font croire qu'ils cultivent notre engagement mais, en réalité, ils nous endorment. Ils nous flattent pour mieux nous manipuler. Ils sont les pires représentants de l'ordre établi. Je préfère encore les vrais capitalistes, ceux qui s'assument, plutôt que ces hypocrites. En plus, comme ils sont sympas, ils sont encore plus difficiles à combattre, suggéra l'activiste de Dernière Rénovation.

Hannah recentra les débats.

– La vraie question est de savoir si nous, qui sommes censés être les plus engagés de notre génération, sommes spectateurs du désastre, ou pire, complices, ou si nous sommes prêts à nous sacrifier pour le stopper.

– Que veux-tu dire par « sacrifier » ? demanda Lavan.

– Je mets beaucoup de choses dans le sacrifice. Comme ceux qui ont pris le maquis, ici dans le Vercors. Notre confort, notre sécurité, notre vie !

– Mais comment être sûrs que cela sert à quelque chose ? osa Mansour.

– Cela servira au moins ta conscience, rétorqua Hannah. Et peut-être plus. Et je le redis : si nous ne le faisons pas, qui le fera ?

Cette nuit-là fut scellé le « pacte d'Autrans » : un engagement solennel à agir, à participer aux actions que leur proposeraient leurs camarades, à sensibiliser leur entourage, à préférer le risque au confort, à résister, avec quelques accents grandiloquents et une part sympathique de naïveté.

Chapitre 6

Les responsables de l'Institut de l'Engagement, bien qu'ignorants tout du pacte, avaient senti qu'il s'était passé quelque chose à Autrans. Ils n'en étaient pas mécontents. C'était un peu la raison d'être de l'Institut : « faire en sorte que responsable engagé ne soit pas un oxymore », avait l'habitude de déclarer Pierre de manière un peu précieuse.

Avant chaque Université, on leur expliquait qu'on allait les confronter à différents univers, aux différentes facettes de ce qui fait la complexité (et la richesse) du monde : les responsables politiques, les entreprises, les universitaires, les artistes, les scientifiques.

– Et le moins possible à des gens qui pensent comme vous. Car ceux-là, vous les fréquentez tout le temps. Nous n'allons pas perdre notre temps et le vôtre à ne vous faire rencontrer que des responsables d'association qui vont vous séduire par leur altruisme, par de belles histoires et par des initiatives formidables d'économie sociale et solidaire. Pour vous, il est plus intéressant d'avoir un échange avec le directeur financier d'un grand groupe industriel, le gestionnaire d'un fonds d'investissement, le DRH d'une entreprise, un responsable politique conservateur, un économiste libéral. On ne fait pas cela pour vous endoctriner et faire de vous des suppôts du capitalisme triomphant ou des fers de lance de la start-up nation, mais pour comprendre leurs arguments, comprendre leurs motivations également et être capables d'interagir avec eux. Interagir, ça peut vouloir dire les rejoindre, les challenger, les combattre, les surpasser, les influencer… Mais les ignorer, c'est leur laisser le champ libre. Et vous marginaliser.

Cette année, Pierre avait composé un programme un peu différent, explicitement centré sur les périls du monde : réchauffement climatique, guerre aux frontières de l'Europe, menace du populisme, bouleversements économiques. On ne pouvait pas faire comme s'il ne se passait rien. Dans quelque direction qu'on regarde, il y avait une menace. Jamais le concept de « réversibilité » n'avait été aussi tangible. Tout ce qu'on pensait solide – la démocratie, la paix, le progrès, le recul de la pauvreté – pouvait se détricoter et était en train de se débobiner avec, en surplomb, cette menace de la fin du monde.

Cette génération allait être confrontée à des défis considérables. Il ne fallait pas qu'elle chausse les bottes de ses aînés. Elle devait emprunter d'autres voies, oser la rupture, mais surtout s'en donner les moyens. Pierre considérait que ce n'était pas à lui et à son équipe de les inciter à la révolte, mais que c'était à eux de leur permettre de faire le chemin, avec des armes suffisamment affûtées.

Certes, ils avaient spontanément cet esprit critique. Le rejet de la société de consommation, du capitalisme qui allait même jusqu'au rejet de l'entreprise par essence mauvaise. Mais ce rejet était à la fois excessif et insuffisant. Excessif parce que l'entreprise n'était pas par essence le mal. Insuffisant parce qu'on ne construit pas sur le rejet. Il fallait connaître, comprendre, argumenter, concevoir. Pierre citait souvent cette phrase d'un syndicaliste avec lequel il avait passé de longues heures de négociation. Tout était fait pour les opposer et pourtant ils avaient âprement mais sincèrement négocié un accord. L'un et l'autre étaient convaincus qu'il fallait « changer le système », peut-être pas le même changement, peut-être pas avec le même fondement idéologique mais il fallait le changer. Et le syndicaliste avait eu cette phrase : « À l'école, on sanctionne plus les trous de mémoire que les trous d'imagination. »

Pierre avait été frappé par la justesse de cette appréciation et cela avait beaucoup influencé sa conception des Universités de l'Engagement.

C'est dans cet esprit qu'il organisa, pour les lauréats qui le souhaitaient, un petit voyage d'études dans la vallée de Chamonix, dans le prolongement direct de l'Université d'Autrans. Il voulait, à l'aide de son complice de toujours – le guide et glaciérologue Ludovic Ravanel –, leur faire toucher du doigt le réchauffement climatique.

Ludo fit le premier cours depuis la plateforme du Montenvers, en surplomb de la Mer de Glace, après avoir emprunté le célèbre petit train rouge. Le thème était simple : la chute des Drus. Quelques mots sur les Drus, qui sont familiers à tous ceux qui ont fréquenté la vallée. Ils flanquent la Verte, côté Mer de Glace. Ce sont deux aiguilles parmi les plus belles des Alpes – et parmi les plus difficiles. Deux aiguilles de carte postale.

Les Drus sont des montagnes mythiques, y compris par leur nom. Dru, comme druide. Le dru, c'est l'arbre dans la langue gauloise et le druide, celui qui a la connaissance de l'arbre. Le Grand Dru a été conquis la première fois en 1878 par une cordée d'alpinistes anglais et le Petit par le célèbre guide chamoniard Armand Charlet. C'est le théâtre du chef-d'œuvre de Frison-Roche, *Premier de cordée*. Chamonix sans les Drus, c'est une mutilation. Ils se dressent, vous dominent, vous jaugent, vous narguent, vous émerveillent, vous impressionnent, vous font fantasmer, vous intriguent. Ludovic égrenait les noms légendaires associés aux grandes ascensions. Il y avait Bonatti et son pilier, Armand Charlet et Camille Devouassoux et leur hivernale, Yannick Seigneur et la directissime, Marc Batard et sa voie nouvelle en dix-neuf jours, Catherine Destivelle et sa première. Et puis cette fameuse voie appelée la « Directe Américaine », tracée tout droit sur un pan de roche qui s'était écroulé. Ludovic évoqua les cicatrices, les éboulements. Les immenses blocs de rocher se descellent comme des dents se déchaussent lorsque les gencives sont malades. Il parla de la menace d'un « 11-Septembre » de Chamonix. La vallée défigurée et, contrairement aux tours, personne pour les reconstruire. La nature architecte ne connaît pas de rival. Il n'y a pas de chirurgien plastique pour la montagne. Quand elle est défigurée, c'est pour l'éternité, ou ce qu'il en reste.

Le glaciérologue enchaîna sur le permafrost, ce ciment de glace qui fait tenir les aiguilles de Chamonix. Il parla de l'isotherme zéro, cette altitude où la température franchit le zéro. Il était monté au-dessus de 4 000 mètres, ce qui était complètement anormal. Il évoqua les voies classiques que l'on ne pouvait plus escalader, car le glacier était trop reculé, les pierres trop chancelantes, les éboulis trop nombreux. Et, bien sûr, il montra les jalons qui marquaient le recul de la Mer de Glace, le plus grand glacier des Alpes. Du temps de son père, on pouvait le franchir depuis le Lavancher jusqu'au Montenvers. Du temps de son grand-père, les vaches traversaient le glacier pour aller d'un pâturage à un autre. La langue du glacier s'était rétractée. Un téléphérique avait été construit pour pouvoir l'atteindre depuis la gare du Montenvers.

Pierre en avait profité pour céder à son petit faible en allant grimper avec Pierre-Alain. L'année précédente, il s'était rendu compte qu'il était le plus ancien client de ce guide devenu un ami au fil des saisons. Ils parlaient beaucoup en grimpant. Pierre-Alain, qui avait compris que Pierre n'avait pas escaladé depuis plusieurs mois, avait choisi une voie pas trop technique dans les aiguilles Rouges. Neuf longueurs pour se mettre en jambes. Et donc autant de relais, ces moments où les deux grimpeurs se rejoignent, s'attachent au rocher, avant que le premier de cordée reparte, assuré du bas par son second. Un moment privilégié pour bavarder. Ils commencèrent par évoquer leur santé.

– En forme, Pierre-Alain ?

– Pas trop. Imagine-toi que je suis passé sur le billard pour un calcul rénal. Un gros.

– Merde. Quand ça ?

– Fin juin. Ça m'a gâché une partie de la saison. Et je ne suis pas trop à l'aise pour les grosses bambées. Ils m'ont laissé un drain à l'intérieur.

– Oh merde. Tu fais gaffe ?

– Tu vois, je bois maintenant. Le toubib m'a engueulé. Je me suis acheté un biberon – il montra le tuyau qui sortait de la gourde souple qu'il avait dans son sac – et tu vas me voir pisser à chaque relais.

– Tu pisses encore du sang ?

– Non, plus maintenant. Et toi, la santé ?

– Imagine-toi qu'on m'a posé un stent il y a quelques mois.

– Et tu as le droit à l'escalade ?

– Bien sûr, mais j'ai une montre qui me fait les électrocardiogrammes. Pendant que tu pisseras, moi je vérifierai que je n'ai pas de fibrillation auriculaire.

– On est bien barrés. Ça fait un choc, la soixantaine.

– À qui le dis-tu. Tu te rends compte : depuis trente-quatre ans qu'on grimpe ensemble, c'est la première fois qu'on parle de nos organes. Allez, tu m'assures ?

Pierre regarda le guide qui, malgré son drain, montait avec élégance, sans aucun effort apparent, signalant les pas délicats d'une litote : « Là, c'est un peu fin », « Ici, faut bien faire tenir les pieds ». Pierre le rejoignit au relais suivant. Cette fois, il prit des nouvelles de la montagne.

– Les courses de neige, on peut en faire ?

– Tu plaisantes. Même la traversée de la vallée Blanche ne se fait plus cette année. Et tu as vu le glacier de la face Nord de la tour Ronde ?

– Non ?

– Il est tombé vendredi. Un bon paquet de glace. Ça y est : il va devenir une voie de rocher.

– C'est épouvantable.

– Ils disent que le téléphérique de l'Aiguille du Midi ne tiendra pas après 2030.

– Mais c'est demain !

– Oui, quand on dit 2030, ça peut être 2028 ou 2032, mais bon j'en ai parlé avec Ludo, il est très affirmatif.

– Ludo Ravanel ?

– Oui.

– C'est drôle, je lui ai confié quelques jeunes. Il est en train de leur faire une formation accélérée.

Pierre-Alain continua le tour de la situation cet été-là : un énorme bloc s'était détaché sur un site d'escalade à Barberine, au-dessus de Vallorcine. Au Mont-Blanc on ne pouvait plus passer par l'arête des Bosses. Les courses les plus classiques comme l'M et les Petits Charmoz étaient impraticables. Dans les célèbres aiguilles de Chamonix, terrain de prédilection des grimpeurs depuis des décennies, il n'y avait aucune voie qui se faisait, à part à l'aiguille du Peigne.

– C'est vraiment terrible. Je dis aux jeunes collègues qu'ils ne feront pas le même métier que nous. Ils vont devoir se mettre au canyoning ou à d'autres sports. Tu te rappelles ? Avant on faisait la Verte en été. Et regarde le Chardonnet comme il est sec.

– Et les courses qu'on devait faire ensemble ?

– Eh ben tu vois, même si nos organes se font vieux, j'ai l'impression que le facteur limitant, ce sera plus le climat que notre santé. La montagne vieillit encore plus vite que nous.

Ils avaient atteint la fin de la voie. On pouvait enfin enlever les chaussons d'escalade qui compriment les pieds, mettre la quincaillerie – les dégaines, les mousquetons, les coinceurs – dans le sac et descendre par le sentier. En bas, ils continuèrent de deviser du Mont-Blanc autour d'une bière. Pour Pierre-Alain, les choses étaient entendues :

– J'en finis par me dire que l'espèce humaine ne mérite pas la planète. Elle a un ego trop destructeur.

Le soir, à l'École nationale d'alpinisme où les lauréats étaient hébergés, les débats furent passionnés. Le guide avait su leur transmettre sa nostalgie. C'était son univers, celui de ses parents et de ses grands-parents qui était en train de disparaître, d'année en année. Hannah était la plus déstabilisée. Elle prenait à partie ses camarades.

– Notre génération a une responsabilité particulière.

On délira dans la petite chambre où quelques lauréats s'étaient retrouvés autour d'elle, de quelques bières et d'une bouteille de génépi :

– Nous sommes un peu dans la peau des derniers dinosaures. Dommage qu'ils n'aient pas laissé d'écrit. Cela aurait été intéressant de savoir ce qui s'était passé dans la tête de ces animaux quand leur extinction fut venue.

– Est-ce qu'ils ont senti la fin ? Est-ce qu'ils sont tous partis d'un coup, comme on le prétend, avec la rencontre entre la Terre et une météorite ou est-ce qu'ils se sont éteints progressivement ? Est-ce qu'il y a eu un « dernier dinosaure », tout étonné de ne plus voir aucun de ses congénères ? Est-ce qu'il est parti à la recherche d'un autre survivant, avant de mourir ou, au contraire, est-ce qu'il s'est dit : « Super, il n'y a personne pour me disputer les meilleurs feuillages » ?

Chapitre 7

Ils étaient quinze à avoir reçu le même mail au milieu de la nuit. Précisément à 2 h 44. Pierre était connu pour ses insomnies et pour aimer partager ses pensées nocturnes avec ses amis les plus proches. On ne savait pas si c'était par mégalomanie ou par autodérision qu'il intitulait ses mails « fulgurances », avec des numérotations.

Cette nuit-là, ils reçurent donc « fulgurances 327 ».

« Chers amis,

Comme moi, vous avez vécu douloureusement l'été que nous venons de traverser. Vous l'avez ressenti dans vos chairs, dans vos poumons. Vous l'avez suivi sur les réseaux sociaux. Vous avez peut-être lu quelques bons articles dans la presse. En cette rentrée, je vous propose que nous nous retrouvions. Cette fois pour agir ? Je vous attends jeudi soir à partir de 20 heures. Même adresse, même code : 2104*. 4e étage. Et merci à ceux qui prendront l'escalier plutôt que l'ascenseur.

Pierre »

Pas un n'avait manqué à l'appel.

Claire arriva la première, ponctuelle comme la justice. Déformation professionnelle. Une magistrate sait à quelle heure commence une audience. Serge fut le deuxième, à quelques minutes d'intervalle. Ils avaient décidé de ne pas arriver ensemble, pour éviter quelques cancans. Ceux qui devaient savoir savaient. Les autres pouvaient attendre. Serge avait donc bu un café en bas, le temps de laisser un délai plausible entre leurs arrivées. Cela les avait beaucoup amusés d'avoir à mettre au point, à leur âge avancé, un stratagème d'adolescents. Depuis le retour du congrès de Bordeaux, ils ne s'étaient plus quittés, habitant alternativement chez l'une et chez l'autre, rattrapant quarante ans de retard. Serge avait proposé d'écrire un livre sur le thème « vivez vos vingt ans à soixante ans ». Il trouvait que c'était un concept formidable que de vivre des ardeurs adolescentes avec des cartes Senior. Ils n'avaient pas besoin de se découvrir. Ils se connaissaient presque par cœur, avaient passé des week-ends, des vacances, des soirées ensemble. Mais ils avaient découvert leurs corps, la nudité, les caresses, la douceur, le plaisir. Les premiers jours, il avait dû réfréner l'envie irrépressible de révéler à la petite bande de garçons du karaté que leur intuition était la bonne : « Oui,

Claire est un formidable coup. Une magnifique affaire au pieu » et faire mentir ceux qui avaient eu la mauvaise grâce d'interpréter les refus qu'ils avaient essuyés comme la preuve d'une faible appétence au sexe. Mais il avait réussi à se dominer.

Serge n'était pas complètement dupe. Il avait bien compris qu'en choisissant de vivre ses derniers mois avec lui, Claire avait autant fait appel au psychiatre qu'à l'ami amant. Ils parlaient de la mort, cette présence permanente mais encore invisible. Elle rôdait sur les scanners, sur les images d'IRM, sur les dosages sanguins, parfois dans des épisodes d'extrême fatigue. Mais nulle trace sur son corps, toujours parfait. Et comme elle avait refusé tout traitement, elle n'avait pas les stigmates des chimiothérapies et autres immunothérapies. L'idée était de vivre quelques mois comme si de rien n'était puis d'accélérer le « bouquet final », comme elle disait.

Bruce et Monica suivirent de près : n'étant pas nés en France et bien que naturalisés depuis vingt ans, ils ne se considéraient pas comme assez insérés pour se permettre le traditionnel retard des Français. Puis Benjamin et Rachel.

Youssef, lui, était venu carrément plus tôt, pour aider à préparer et partager les derniers potins. L'affaire du climat avait beau être sérieuse, il fallait qu'il ait quand même d'abord le temps de raconter à Pierre ses dernières conquêtes ratées.

– Je suis comme un rat sur Tinder. Je me prends des décharges électriques à chaque fois et je recommence. Deux fois cette semaine. Deux super pépètes. On va se revoir, mais je sais que ça ne va pas marcher.

Youssef adorait se comparer à ses rats de laboratoire. Pierre se moquait de lui :

– Tu es le seul chercheur que je connaisse qui ne travaille pas sur un modèle animal, mais qui se considère comme un modèle pour ses animaux.

En attendant les arrivées des retardataires, on se donnait des nouvelles. Benjamin et Rachel étaient préoccupés par leur fille Hannah.

– Je trouve qu'elle ne va pas bien. Elle est triste. Elle est obsédée par la biodiversité. C'est bien en soi, mais on a l'impression que cela la ronge. Elle a fait un service civique passionnant à s'occuper des vautours.

– Et les vautours sont devenus une passion dévorante ?

Youssef ne put s'empêcher de rire à sa propre plaisanterie.

– Tu ne crois pas si bien dire : elle ne parle que de ça.

– Ce sera sympa d'avoir un vautour de compagnie, vous verrez. On s'y fait. C'est charmant, ces petites bestioles !

Steph, l'historien, était ronchon : « Alors, Pierre, tu nous refais cette petite assemblée de gauchistes ? Tu avais besoin de ton shoot annuel ? » Marco arriva en retard, comme d'habitude, mais cette fois il ne fut pas le dernier. Étienne n'avait pas pu arriver plus tôt. Il était aux Rencontres économiques d'Aix. Ayant reçu comme tous les membres du G2104 le mail de Pierre, il avait sauté dans un TGV dès sa table ronde terminée. Il raconta ce qu'il avait vu.

Il y avait, à Aix, l'effervescence de ces éditions exceptionnelles qui se tiennent dans la foulée de la composition d'un nouveau gouvernement. Chacun se positionnait, y compris les vieux de la vieille. Il y avait ce paradoxe du XXIe siècle. Ministre n'était plus un job attractif, il se murmurait même que des numéros deux de groupe immobilier se prenaient le luxe de refuser le poste de Premier ministre. Auparavant, il y avait un grand nombre de déçus, ceux qui annonçaient dans le Tout-Paris leur nomination prochaine dans l'espoir que la réalité rejoigne leur rêve. Désormais il y avait une liste encore bien plus longue de celles et ceux auxquels on prêtait d'avoir refusé un portefeuille ministériel.

– Tu comprends, pour 6 000 euros par mois (la réalité était plus élevée), pourquoi chercher à devenir une cible de tout le monde et des réseaux sociaux ?

L'un d'entre eux trouva à placer :

– Le PR m'a appelé pour me proposer d'être ministre. J'ai demandé deux heures pour réfléchir et puis j'ai rappelé pour dire non. Tu ne crois pas que je pourrais avoir le titre d'ancien ministre ?

C'était l'air du temps. On préférerait être pour toujours « ancien ministre » que de l'avoir été réellement.

D'un côté, le job de ministre semblait faire partie des métiers « en tension », difficiles à pourvoir, comme garçon de café, infirmier de bloc opératoire, informaticien programmeur ou encore prof de maths ; de l'autre, il restait objet de désir : le fait de pouvoir s'approcher, glisser un mot, une demande de rendez-vous, une invitation à un ministre, fût-ce le plus obscur secrétaire d'État, demeurait l'objet d'une grande excitation. Même chez ceux qui dirigent des grandes entreprises depuis plus de dix ans, qui en ont vu passer à la pelle, qui ont amassé de quoi assurer le confort d'enfants, petits-enfants et arrière-petits-enfants, et qui disaient passer plus de temps dans les autres pays du globe que dans la mère patrie.

Les organisateurs lui avaient mis une voiture à disposition pour aller attraper le TGV. Étienne raconta qu'il avait engagé la conversation avec le chauffeur. Il lui avait demandé s'il s'agissait d'un véhicule électrique ou hybride. Le chauffeur lui avait expliqué qu'il était diesel, qu'il y avait bien eu une année la mise à disposition d'une flotte électrique, mais que les participants avaient trouvé qu'elles n'étaient pas assez confortables, trop petites, les forçant à plier les genoux.

Étienne n'en était pas revenu du contraste avec les envolées qu'il avait entendues la veille : la course à la décarbonation, la taxe carbone évidemment, la nécessité d'investir 1 000 milliards d'euros. Et ça préférait rouler en diesel, parce qu'une Zoe c'est trop petit. On n'avait pas encore assuré le sauvetage de la planète.

Pierre buvait du petit-lait en écoutant le récit d'Étienne. Il y avait une chance de le faire bouger. Il avait senti une pointe d'indignation qui tranchait avec son fatalisme habituel, limite cynique.

Le G2104 s'était constitué à la suite du coup de tonnerre du 21 avril 2002, d'où son nom, comme un groupe implicitement secret. Implicitement, parce qu'il n'avait jamais été décidé qu'il le serait. Mais chacun avait senti qu'il ne serait pas utile d'en parler à d'autres.

C'était alors la première fois que le Front national était au deuxième tour. Le candidat de gauche avait été éliminé. Personne ne l'avait vu venir. Le 1er mai, avant de partir à la manifestation, Pierre avait réuni une quinzaine d'amis, quarantenaires comme lui, pour prendre de grandes résolutions. Ils s'étaient retrouvés dans le vaste appartement du 6e arrondissement (il y avait quelque chose de paradoxal, qui n'avait échappé à aucun participant, à faire la révolution dans un appartement aussi bourgeois) : une quinzaine de personnes engagées intellectuellement, associativement, professionnellement, attachées aux valeurs de démocratie, de liberté, à l'esprit de résistance.

Pierre avait disposé sur une table les mets qu'il était allé chercher chez Noura, le traiteur libanais : il y en avait pour un régiment. Des platées de taboulé, des assiettes de houmous, du caviar d'aubergine, quelques bouteilles de vin rouge, des desserts bien nourrissants. On se servait et on venait s'asseoir.

On n'en menait pas large. Comment avait-on pu passer à côté ? Comment avait-on pu ne rien voir ? Ce que ces femmes et ces hommes avaient en commun, outre des valeurs chevillées au corps et peu contestables, c'était de ne connaître personne parmi les 20 % de la population qui avait voté pour le candidat du Front national. Cette coupure avait quelque chose de vertigineux. Comme s'il y avait une fragmentation de la population, une ségrégation invisible. Comment ces gens qui concentraient ce que le pays faisait de mieux en matière de formation, d'ouverture d'esprit, de préparation intellectuelle, de compréhension du monde, avaient-ils pu passer à côté, laisser passer, être impuissants, aveugles ?

C'est ce jour-là, ce 1er mai 2002, que s'était forgé le grand concept de réversibilité : tout ce qu'on pensait irréversible tout au long de la deuxième moitié du XXe siècle, cette période de l'après-guerre, devenait réversible : la démocratie, la liberté, la paix, l'Europe, etc. C'était l'entrée brutale dans un XXIe siècle qui aurait sa propre dynamique.

Cette génération, née dans les années 1960, ne connaissait la guerre que par les récits de leurs parents, les livres d'histoire, les films et les lieux de mémoire. Elle était trop jeune pour avoir connu Mai 68 et même pour en comprendre la portée. Ils étaient des enfants de cette Europe, certes agaçante, hésitante, mais tellement évidente. Une Europe qui avait rendu inconcevable le retour des guerres sur le continent. Ils avaient fêté la chute du mur, la fin de la guerre froide et la formidable capacité d'intégration de l'Union européenne. Ils avaient vu l'extension progressive des protections sociales avec la retraite pour tous, l'assurance maladie universelle, le revenu minimum, le maintien des allocations familiales. Les droits de l'homme n'étaient pas, pour ces jeunes gens, une idéologie, mais une évidence universelle. La démocratie avait ses faiblesses, mais elle finirait par triompher sur tous les continents. La science avait apporté des progrès médicaux considérables et la technologie un confort de vie dont on n'imaginait plus se passer. On voyait l'éducation de masse progresser, sans encore se rendre compte que le système éducatif maintenait ou accentuait les inégalités. Il y avait clairement un après-guerre d'un monde qui était sorti du traumatisme de la Shoah, des deux explosions nucléaires avec un chemin clair vers le progrès, la paix, la démocratie. Il pouvait y avoir des soubresauts, des accidents de l'histoire, des péripéties, des embardées, mais un retour en arrière général était inconcevable. Et l'on pouvait vivre bercé de douces certitudes.

Et puis il y avait eu le tournant du siècle et celles-ci avaient vacillé. Le référendum européen, le 11-Septembre, la montée du populisme, c'était le nouveau contexte du début du XXIe siècle. En France, le pays des lumières et des droits de l'homme, le Front national était au deuxième tour de l'élection présidentielle !

En ce 1er mai 2002, on jura, on promit, on s'engagea. Il y avait quelque chose d'adolescent chez ces quarantenaires. On ne se laisserait plus endormir : on lutterait, on serait lucides, on prendrait des risques, on résisterait.

Les mêmes se retrouvèrent, vingt ans après, dans le même appartement avec les mêmes mets libanais de chez Noura. Les quinze mousquetaires, habités par le romantisme de Dumas. Louis XIII n'était plus là. Mazarin avait remplacé Richelieu. On frisait la soixantaine. Les épées étaient-elles émoussées ?

La réunion était censée se passer en deux temps : un temps d'introspection et d'autocritique ; un temps de résolution ; le passé et l'avenir. En réalité, la distinction n'avait pas tenu longtemps face à la gravité de la situation : ce qu'on n'était pas parvenus à faire il y a vingt ans, allait-on l'accomplir cette fois-ci ?

Au cours des deux décennies qui venaient de s'écouler, ce qui s'était passé n'était pas brillant. Bien sûr, il l'était sur le plan individuel. Parmi les quinze protagonistes, il y avait désormais un ancien ministre, le directeur de l'un des établissements les plus prestigieux de l'enseignement supérieur, une autrice à succès, un capitaine d'industrie resté un haut fonctionnaire refoulé dans l'âme, un journaliste vedette jonglant entre presse écrite, radio et télévision, une haute magistrate. Ils avaient réussi leur vie professionnelle. Mais sur le front de la lutte, le bilan était nettement moins reluisant. Le Front national était pour la troisième fois au deuxième tour. De plus en plus ancré. La fille avait succédé au père. Le populisme avait conquis plusieurs pays européens et non des moindres. Des ministres revendiquant leur idéologie fasciste siégeaient dans les conseils européens. Le Royaume-Uni s'était précipité tête baissée dans le Brexit. La guerre d'Irak avait été une catastrophe. La situation en Afghanistan, pire que jamais. On mourait dans la Méditerranée dans l'indifférence générale. La crise économique de 2008 avait failli tuer l'euro.

Et se rajoutaient désormais, comme deux terrifiantes ombres portées, le réchauffement climatique et la guerre en Ukraine.

Steph, l'historien résuma bien les choses : on avait eu intellectuellement raison et pratiquement tort. On avait prédit l'avenir, on n'avait pas influé sur le cours des choses. On avait été minables.

Pierre reprit :

– Est-ce qu'on fait comme au cours des vingt dernières années ? Écrire des tribunes, s'engager dans le milieu associatif, sensibiliser des jeunes ? On a à peu près fait ce qu'on a dit – ce n'est pas si mal – avec un effet nul sur le réel. On peut continuer. On aura bonne conscience mais peu d'impact. Ou faut-il se radicaliser ?

Serge évoqua la solastalgie. Il fit un rapide compte-rendu de sa communication de Bordeaux et raconta qu'ils avaient fait un dossier pour ouvrir une unité. Il prédisait qu'une génération entière allait être victime de ce « planète-blues ».

Benjamin et Rachel allèrent lui parler dans la foulée.

– Tu sais, Serge, on est soucieux pour Hannah. Ça ressemble à ton truc, là. Comment dis-tu déjà ?

– So-la-stal-gie.

– Oui, la solastalgie. C'est bizarre, on n'en entend pas beaucoup parler. Tu crois que ton unité pourrait aider Hannah ?

– Probablement. Ça m'est compliqué de la recevoir moi-même. Je la connais depuis sa naissance. Mais je peux la mettre entre les mains d'une formidable cheffe de clinique qui travaille avec moi. Raphaëlle. Dites-lui de l'appeler. Voilà son numéro.

On se quitta sur un « délibéré prolongé », pour reprendre l'expression choisie par Claire. Pas de décision sur le siège. Continuer. Encourager les jeunes. Et décider plus tard. Au moment où on se disait au revoir, la porte s'ouvrit. Les enfants de Pierre arrivaient. Les vieux se sentirent pris en faute, comme des enfants qui voient leurs parents rentrer plus tôt parce qu'ils ont raté la séance de cinéma. Les parents devaient rentrer à 1 heure du matin, ils débarquent à 10 heures du soir.

Chapitre 8

Serge n'en revenait pas. Du côté de l'AP-HP, les choses n'avaient pas traîné. On avait battu un record de vitesse.

La petite équipe du compartiment de la voiture 12 du TGV Océane avait eu rendez-vous avec le directeur général de l'AP-HP. Ils avaient failli le louper, car ils s'étaient rendus avenue Victoria, en face de l'Hôtel de ville, sans s'être aperçus que le siège de l'AP-HP avait déménagé quelques mois plus tôt pour un bâtiment nouveau, en forme de pagode, au milieu de l'hôpital Saint-Antoine. Heureusement, il suffisait de trois stations avec la ligne 1 pour rejoindre le nouveau siège.

Le DG les avait reçus dans son bureau au huitième étage, pas peu fier de leur faire découvrir les nouveaux lieux. Il était flanqué d'une adjointe et du Professeur B, qui connaissait fort bien l'Hôtel-Dieu pour avoir porté, seul contre tous, le projet médical pendant des années et connu l'ironie de ses collègues qui avaient enterré un peu tôt cet hôpital maudit.

Raphaëlle rencontrait pour la première fois un directeur général. Cela avait commencé par un moment amusant, parce qu'il se trouve qu'elle portait le même patronyme que le DG. Cela fit sourire ce dernier :

– Docteure, votre nom est un obstacle au projet. On va penser que j'agis par népotisme.

Raphaëlle répondit du tac au tac.

– Vous ne croyez pas si bien dire. Vous ne savez pas combien cela me coûte d'avoir un DG qui a le même nom que moi. Je me fais engueuler tous les jours par les infirmières, quand je commence un semestre dans un nouveau service, parce qu'elles sont toutes persuadées que je suis votre fille.

– Ah oui et sur quoi portent les engueulades ? demanda le DG souriant qui pensait mettre cette brillante interne dans l'embarras.

– C'est toujours pareil. C'est la trilogie HLS.

– HLS ?

– Oui : horaire, logement, salaire. On se plaint des horaires, on me demande d'intercéder en leur faveur pour récupérer un logement et on me brandit les feuilles de paye en hurlant.

– Ça ne doit pas être très drôle. Et pourquoi ne pas changer de nom ?

– Et vous-même ?

On passa cinq minutes à se demander qui avait la prééminence du nom, avant d'en arriver à la solastalgie.

Ils ne demandaient pas grand-chose. Il était facile de trouver des espaces libres à l'Hôtel-Dieu. Il suffirait d'un coup de peinture et d'un peu de mobilier. Il faudrait renforcer leur service avec quelques psychologues, deux infirmières et une secrétaire. Et un poste de chef de clinique pour Raphaëlle mais, cela, c'était la fac qui allait s'en occuper.

À peine ouverte, l'unité de solastalgie fut débordée : impossible d'avoir rendez-vous sans plusieurs semaines d'attente.

Cette initiative avait suscité des remous dans la communauté psychiatrique. Quelques tirs de barrage, même. Beaucoup de psychiatres, et pas des moindres, considéraient que c'était de l'imposture que de considérer la solastalgie comme une maladie en soi. Que c'était céder à la mode et pur opportunisme. L'anxiété était un symptôme, la dépression était une maladie, les troubles obsessionnels compulsifs existaient, mais s'il fallait inventer une maladie pour chaque problème de société, on allait à l'encontre des canons de la psychiatrie. Une frange de psychiatres trouvait que c'était un détournement de moyens pour bobos. Il vaudrait mieux s'occuper des mineurs isolés, rajouter des psychiatres en Seine-Saint-Denis, renforcer la pédopsychiatrie en souffrance plutôt que s'intéresser au mal-être des écolos. « Nous, on a des vrais malades. Vos solastalgiques, ce ne sont pas eux qu'on voit la nuit dans les services d'urgence et qu'on doit mettre sous contention ! » On soupçonnait Serge de vouloir surtout écrire un nouveau livre à succès et les mauvaises langues disaient qu'il serait le premier à accepter d'aller faire des conférences sur la solastalgie sur un paquebot polluant pour le confort d'une croisière de luxe ! Les discussions étaient violentes. Les psychiatres savaient lâcher leurs coups. On allait créer un marché pour ensuite vendre les produits dérivés. Il y aurait la une de *Psychologies Magazine*, une enquête dans un hebdomadaire sur le « dernier mal du siècle », des interviews de Serge, des sites internet spécialisés, des stages. Et bientôt l'acupuncture, l'hypnose et la naturopathie pour solastalgiques.

La controverse était troublante. D'un côté, ces interrogations étaient tout à fait légitimes : il était logique de craindre un effet de mode en créant de toutes pièces le nouveau « mal du siècle », thème qui faisait le succès des magazines depuis des décennies. Mais, de l'autre, les attaques reflétaient des relents de climatoscepticisme. Les psychiatres qui critiquaient l'initiative, qui remettaient en cause l'intrusion de la solastalgie dans la nosographie psychiatrique étaient aussi, pour une part d'entre eux, des personnes qui voyaient le réchauffement climatique comme une abstraction. On pouvait vivre heureux avec l'augmentation des gaz à effets de serre. Se pencher sur les solastalgiques, les prendre au sérieux, c'était les encourager dans leur « sensiblerie ».

Certains patients qui venaient à l'Hôtel-Dieu étaient passés entre les mains de margoulins qui avaient créé, qui un site internet, qui de la psychothérapie de comptoir, qui un traitement par les plantes. Serge découvrit qu'il y avait déjà un large marché peu recommandable de la solastalgie.

L'unité voulut prendre le contrepied et faire de la vraie médecine et de la science sérieuse. Un programme de recherche avait été élaboré. Car si on avait peu de doutes sur l'existence du syndrome, on ne savait pas trop comment le prendre en charge et comment le soigner. Certes on pouvait utiliser l'arsenal d'antidépresseurs, mais cela ne marchait pas sur tous. Serge Hauser avait donné le mot d'ordre : il allait falloir publier dans les bonnes revues. Il fallait être capable de caractériser les patients et leurs symptômes. Il fallait avoir des pistes thérapeutiques.

Il existait bien un petit corpus de savoir, mais maigrelet. On savait caractériser les patients. On s'aperçut vite qu'il y avait des symptômes sérieux. Des patients qui avaient un vrai syndrome dépressif. Qui limitaient leur vie sociale, qui souffraient de comportements compulsifs, qui renonçaient à des activités, y compris professionnelles, qui déclaraient exclure l'idée d'avoir des enfants, qui pouvaient faire part de violence contre eux-mêmes.

Le débat théorique était en fait passionnant. S'agissait-il seulement d'une forme particulière de dépression, une maladie bien identifiée même si ses facteurs déclenchants pouvaient être multiples ? La plupart des symptômes des solastalgiques évoquaient bien une dépression : on ne sortait plus pour ne pas polluer ; manger devenait toute une affaire ; utiliser les appareils électroniques s'avérait problématique. Avec des conséquences invalidantes sur la vie professionnelle et sociale, jusqu'à une mise en retrait de la société.

Certains patients avaient des symptômes qui s'apparentaient à des troubles bipolaires. Cela amusait beaucoup Serge de penser que l'anxiété climatique rejoignait l'anxiété des glaciérologues sur la fonte des pôles. Il appelait ces patients-là des « bipolaires fondus ». Ils avaient des phases maniaques d'intense excitation, de suractivité et de surinvestissement dans le militantisme, le prosélytisme, la création d'associations, une présence folle sur les réseaux sociaux. Elles étaient suivies de périodes d'abattement profond. On restait dans son lit, sous une grosse couette, parce qu'on n'utilisait pas le chauffage. On se déplaçait peu. On ne voyait personne.

Mais chez certains patients, la pathologie déclenchait de véritables troubles compulsifs : Serge les appelait les « solastarexiques », ou les « anorestalgiques ».

Car il y retrouvait les mêmes symptômes que dans l'anorexie. Une tendance pathologique à l'hyper contrôle. De même qu'une patiente anorexique se pèse plusieurs fois par jour, pèse tous ses aliments, il y avait des solastalgiques obsédés par leur bilan carbone. Certains venaient avec des papiers couverts de tableaux avec leur émission quotidienne. On y retrouvait tous les détails, depuis le nombre de fois où ils avaient tiré la chasse d'eau jusqu'à la consommation du moindre de leur appareil électronique. Les troubles compulsifs les classaient davantage du côté des névroses.

L'un des patients passait son temps à suivre les enterrements d'hommes et de femmes qu'il ne connaissait pas. Il regardait les avis de décès dans les journaux, se rendait aux obsèques, habillé en noir, et exprimait ses condoléances aux proches, comme s'il était lui-même un ami de longue date. Il avait un emploi du temps saturé par ces cérémonies. Il ne savait pas comment l'expliquer. Était-ce un moyen de donner un substrat à son obsession pour la mort ? Est-ce que c'était le seul moment où il acceptait de socialiser, car en dehors des cérémonies, il ne rencontrait personne, comme s'il ne pouvait supporter que la présence des gens en deuil.

Il y avait aussi des troubles de la personnalité à tendance psychotique. C'était l'un des axes de travail. Est-ce qu'on pouvait trouver de l'agressivité solastalgique ? Un risque de passage à l'acte ?

Et puis il y avait toute une série de solastalgiques légers. Des patients qui n'allaient pas bien, qui se sentaient préoccupés, qui avaient des crises d'angoisse. On repérait parfois que celles-ci avaient préexisté à la perception du réchauffement climatique. On voyait ainsi des patients dont les angoisses suivaient complètement l'actualité. Ils avaient comme l'angoisse des attentats en 2015, celle du réchauffement climatique en 2022, avaient eu l'angoisse des rayonnements en 2011 au moment de Fukushima. Comme un arbre a autant de cercles qu'il a d'années et peut être lu en coupe par des spécialistes qui savent y retrouver l'année des sécheresses, ces patients pouvaient, lorsqu'on leur faisait raconter leur histoire sur vingt ans, être un reflet de la géopolitique, un récit d'histoire contemporaine à eux tous seuls.

Raphaëlle alla voir Youssef Karoui sur les conseils de Serge Hauser. « Tu verras, il aimera bien ce genre de maladie », lui assura Serge. Elle alla le rencontrer à l'Institut du Cerveau et de la Moelle, au cœur de l'immense enclave de la Pitié-Salpêtrière, où il avait son laboratoire. Youssef était très reconnu pour ses modèles animaux. Il avait mis au point des souris anorexiques, des souris toxicomanes, des souris boulimiques, même des souris accros au jeu. Mais le défi que lui proposait Raphaëlle le déstabilisa :

– Faire des souris solastalgiques ? Des souris qui auraient peur du changement climatique ? Mais mes souris, elles ne regardent pas la météo. Viens voir mes cages lui dit-il – il avait le tutoiement facile.

Les souris étaient enfermées dans une pièce opaque, éclairées par de la lumière artificielle, avec une température fixe, de l'air conditionné et des machines spéciales pour nettoyer les cages.

– Tu vois, mes petites souris, elles s'en foutent un peu du changement climatique. Ça leur en touche une sans faire bouger l'autre. Oh, pardon, je ne voulais pas te choquer.

– Non, c'est moi qui m'excuse de vous avoir dérangé pour rien. Tout cela repose sur un malentendu. J'espère que je ne vous ai pas fait perdre trop de temps, rétorqua Raphaëlle, dépitée.

– Attends, ne pars pas comme ça, je n'ai pas dit mon dernier mot. Tu ne connais pas le professeur Karoui ! Il n'a jamais dit non à personne. Il n'a jamais refusé aucun défi. Il a une solution à tout. Rassieds-toi.

Raphaëlle n'avait pas d'autre choix que d'obéir alors qu'elle ne pensait qu'à se débarrasser de ce chercheur bavard dont elle ne voyait pas ce qu'il pouvait lui apporter. Il était agaçant, mais il exerçait une sorte d'emprise, avec sa manière de la dévisager, d'être à la fois bienveillant et moqueur. Il émanait de lui une force tranquille incroyable. Le contraire de ses patients. Il pétillait, il semblait d'une bonne humeur inoxydable. Elle aurait aimé lui demander ce qu'il pensait, lui, du changement climatique. Est-ce que ce scientifique s'en fichait aussi ? Est-ce qu'il était perméable au risque de la fin du monde ? Peut-être faisait-il partie de la frange technologiste, celle qui croyait que la science allait bien finir par apporter la solution et sauver la planète. C'est à tout cela qu'elle pensait quand Youssef reprit la parole, la faisant presque sursauter :

– D'abord, si Serge t'a envoyée me voir, ce n'est pas par hasard. Ce n'était pas pour que tu repartes bredouille. Est-ce que tu sais comment on s'est connus, avec Serge ?

– Non, mais j'imagine que c'est dans un congrès scientifique. J'ai cru comprendre qu'il en fréquentait beaucoup dans sa jeunesse.

– Tu es loin du compte. On s'est connu dans un stage de karaté.

– Un stage de karaté ? Vous y conduisiez vos enfants ?

– Pas du tout. Mais si tu deviens insolente, c'est bon signe. C'est que tu commences à te sentir à l'aise, dit-il en partant dans un fou rire.

– Serge fait du karaté ?

– Serge est ceinture noire et cinquième dan. Ça t'en bouche un coin.

– Ah ça oui.

– Serge et moi, on fait partie d'une petite bande dans laquelle on trouve des profs d'université, des architectes, médecins, scénaristes, chercheurs, tous passionnés de karaté. On aurait pu devenir professionnels. On donne des cours, d'ailleurs. Et on est partis tous les ans en Californie retrouver notre grand maître japonais auquel on doit tout. Le karaté a créé des liens incroyables entre nous. On ressemble à une secte. Cela fait maintenant quarante ans que nous combattons ensemble. C'est une esthétique de vie.

– Vous vous moquez de moi.

– Absolument pas. Ce n'est pas un sport de brutes. C'est un art, une aventure intellectuelle, une opération mentale.

– Et vous entraînez vos souris au karaté ? osa Raphaëlle pour lui montrer qu'elle n'était pas intimidée.

– Ah ah, encore de l'insolence. Toi, tu commences à me plaire. Mais tu ne crois pas si bien dire. On leur fait de la préparation mentale, à nos souris.

– Bon, ça ne me résout pas mon problème de solastalgie.

– Mais si, on y vient. D'abord, ça te permet de comprendre les liens particuliers que j'entretiens avec ton patron. Quand on a partagé quatre décennies de combat ensemble, on se doit tout, on ne se refuse rien et rien n'est impossible.

Raphaëlle se demandait pourquoi le chercheur insistait tant sur le karaté. Voulait-il la séduire ? Était-il en service commandé par Serge qui voulait faire indirectement passer des messages à la jeune cheffe de clinique ? Qu'elle le voie avec un autre œil, non plus comme un psychiatre revenu de tout, mais comme un fringant karatéka ? Avait-il l'intention de la convaincre de se mettre au karaté, elle qui était une adepte du yoga ?

– Revenons à nos souris, si vous voulez bien, dit-elle avec l'autorité dont elle aimait faire preuve avec ses malades ou ses pairs. Quelle est votre idée de génie ?

Youssef reprit le fil de son raisonnement de scientifique.

– Nous allons procéder par analogie. Les solastalgiques ont peur que leur planète disparaisse, ils craignent que le climat connaisse des évolutions incontrôlées. Nous allons créer un environnement instable pour nos souris. Nous allons reconstituer la fin du monde des souris. Le projet EMW pour « *End of the Mice World* ». Je vais les soumettre à un stress climatique artificiel, avec des épisodes caniculaires, des épisodes de tempête, des périodes d'inondation, de manière aléatoire.

– Et ensuite ?

– Ensuite, je vais sélectionner deux catégories de souris. Celles qui résistent le mieux et celles qui souffrent le plus. Au bout de quelques générations, on aura d'un côté des souris solastalgiques et de l'autre des CSW.

– CSW ?

– Oui, je vais appeler CSW les « *Climate Super Warriors* ». Des souris qui résistent au stress climatique. Bon, ce n'est pas complètement parfait comme modèle et je te préviens tout de suite qu'il y a deux limites sur lesquelles je dois travailler. La première, c'est que je vais avoir un biais de capacités physiques. Il y a un risque que les souris les plus résistantes au stress climatique soient les souris les plus résistantes physiquement. Un peu comme les karatékas, ajouta-t-il dans un nouveau gigantesque éclat de rire.

– Mais c'est une obsession, le karaté, chez vous.

– Non, non, laisse-moi finir. Du coup, je vais aller chercher les Super Warriors malingres, les plus faibles physiquement. Celles qui ont vraiment un mental d'acier. Et de même pour les solastalgiques, je vais chercher les plus costauds. Celles qui souffrent mentalement, plus que physiquement. Et je vais ainsi corriger mon premier biais.

– Et vous ne m'avez rien dit sur le deuxième biais ?

– D'abord, Raphaëlle, on peut peut-être se tutoyer.

– Bon. Ok. Explique-moi donc ton deuxième biais.

– Ben voilà. Le deuxième biais, c'est que tes patients solastalgiques se projettent dans l'avenir. Mes souris, pas trop. L'idéal serait de trouver un moyen de leur faire sentir l'avènement de la fin de leur monde avant qu'il se réalise. Ça, c'est compliqué. Je ne sais pas te le résoudre instantanément. Mais on va commencer comme ça. On va se contenter de la menace immédiate, du stress climatique. Mes petites souris vont alterner les séjours en chambre froide et les séjours sous la lampe à UV et près du chauffage. Elles vont aussi connaître leur moment de barbotage dans la petite piscine que je vais leur construire. Dans quelques mois, on aura notre lignée solastalgique et notre lignée CSW, et ça donnera lieu à une première publication que nous signerons tous les deux. Parce que, bien sûr, il va falloir que tu travailles.

– Mais je ne suis une chercheuse fondamentaliste !

– Non, mais tu vas venir les observer, mes souris. Je ne te demande pas de les prendre en entretien, mais il faut que tu m'aides et que tu t'impliques en notant leur comportement. Tu viendras deux fois par semaine. Avant, on mettra ensemble au point un cahier d'observations. Être co-auteur avec moi, ça se mérite.

– Merci, mais mon but ce n'est pas forcément de faire de grandes publications.

– Je sais, j'ai compris. Madame rêve de sauver l'humanité. De sauver ses patients. Elle pense que les publications scientifiques la détourneraient de sa mission. Madame a fait médecine par bonté, par grandeur d'âme. Madame a des valeurs.

– Arrêtez.

– Ah ah, madame revient au vouvoiement quand elle est agacée et quand on tape juste. Ah ah ah.

– Ce n'est pas drôle.

– On a besoin de la science pour sauver l'humanité. Même les psychiatres. Je vais te ramener dans le droit chemin.

Raphaëlle avait envie de lui demander pour qui il se prenait. Pour son père ? Pour son maître ? Elle ne connaissait pas son existence une heure plus tôt et ce type prétendait lui apprendre la vie. Elle avait envie de se lever et de partir. Mais elle n'arrivait pas à s'y résoudre.

– Ah oui, j'aimerais bien savoir comment... dit-elle en essayant désespérément de prendre un ton ironique.

– Je vais te faire pénétrer dans le monde des gènes, des récepteurs, des transmetteurs, et je vais te montrer comment la science peut aussi contribuer à sauver le monde, ou plus exactement comment une approche scientifique est plus rapide qu'une approche purement littéraire de la médecine. Et je vais te raconter la suite.

– La suite ?

– Oui, une fois que nous aurons publié sur nos deux lignées de souris, on va aller regarder les gènes qui les différencient et on va chercher une thérapie.

– Du coup, mes patients vont arrêter de souffrir, devenir indifférents à la destruction de la planète et laisser quartier libre à ceux qui la saccagent ?

– Ah, tu commences vraiment à me plaire, madame la rebelle.

C'est ainsi que commença le programme « souris solastalgiques » au cœur de l'Institut du Cerveau et de la Moelle, un jour chaud de juillet.

Chapitre 9

Le petit groupe de lauréats qui avait scellé le pacte d'Autrans s'était organisé. Une boucle WhatsApp, intitulée « Solastalgie » par Mansour, constituait leur principal canal de communication.

On s'y échangeait beaucoup d'informations. Pas un article, pas une déclaration n'échappait à leur vigilance. Ils avaient chargé Kadiatou de faire l'archiviste en chef. La jeune femme avait obtenu un master de biodiversité grâce à l'Institut, mais avait pu aussi continuer à cultiver ses talents d'illustratrice. Elle avait été embauchée par le CNRS pour aider à vulgariser les travaux scientifiques sur le climat grâce à ses dessins humoristiques. Elle se prêta de bonne grâce à ce travail de documentaliste.

On appréciait particulièrement les efforts de pédagogie de Valérie Masson-Delmotte, membre du GIEC, qui s'était mise à partager sur les réseaux sociaux ses alertes et ses analyses. Ces jeunes qui avaient tous moins de trente ans avaient été étonnés de retrouver une vieille vidéo du vulcanologue Haroun Tazieff décrivant avec autant de précision le réchauffement climatique et ses conséquences. Le responsable de Kadiatou au CNRS lui avait expliqué qui était Tazieff et ses différents faits d'armes, scientifique engagé et courageux, souvent seul contre tous, brièvement nommé ministre par François Mitterrand.

Certains lauréats faisaient des fiches de lecture pour leurs camarades. Ils demandèrent à l'Institut si des conférences supplémentaires pouvaient être organisées pour avoir l'occasion d'approfondir leurs connaissances. On monta un cycle de conférences par Zoom, à un rythme hebdomadaire.

Mansour était particulièrement investi dans le groupe. C'est lui qui avait fait circuler cette vidéo de François Gemenne, spécialiste des migrations et des climats, qui était apparu à la télévision un bébé dans les bras, le 18 juillet 2022, au plus fort des incendies qui avaient ravagé une partie de la France, pour dire que tout était foutu :

– C'est mort. Pour moi, c'est mort depuis la sortie du rapport du GIEC du 4 avril dernier qui nous dit que pour atteindre les objectifs de l'accord de Paris, il faut baisser les émissions de gaz à effet de serre de 43 % d'ici 2030. À l'heure actuelle, les émissions de gaz à effet de serre montent encore de 1 %, 1,5 % par an. La seule année dans laquelle nous nous sommes retrouvés avec une trajectoire compatible avec ce qu'il faudrait faire pour atteindre les objectifs de l'accord de Paris, c'est l'année 2020, c'est-à-dire l'année où l'essentiel de l'activité économique était paralysé et où nous étions largement confinés chez nous, c'est-à-dire une année où nous avons subi cette baisse des gaz à effet de serre plutôt que de l'avoir décidée par des politiques climatiques ambitieuses. Aujourd'hui, pour atteindre cet objectif, il faudrait réduire notre consommation de charbon de 100 %, notre consommation de gaz de 70 % et notre consommation de pétrole de 60 %. Alors quand vous voyez que, malgré la guerre en Ukraine, nous ne sommes pas capables de décider au nom de la guerre et de la protection des Ukrainiens qui sont sous les bombes aujourd'hui d'un embargo sur les hydrocarbures russes, il faut arrêter de se voiler la face, nous n'allons pas y arriver. La priorité c'est l'adaptation, et tout le reste, je suis désolé de le dire, pour utiliser une expression macronienne, c'est du ripolinage de façade et du marketing électoral.

Mansour avait dit à ses camarades du groupe Solastalgie qu'il avait regardé vingt fois la vidéo et que cela lui donnait la rage. Qu'il fallait vraiment qu'on se secoue et qu'il ne suffisait pas de recenser les données, il fallait, en application du serment du pacte d'Autrans, passer à l'acte.

Mansour était l'archétype du lauréat de l'Institut de l'Engagement. Il venait du 93, avait travaillé sur la table de la cuisine dans le petit appartement où sa mère élevait seule ses quatre enfants. Il avait été orienté vers un bac professionnel, était parvenu à aller en BTS, avant de faire son service civique dans une association de quartier. À l'oral de l'Institut, il avait estomaqué l'ensemble du jury : tous les membres s'étaient proposés pour le tutorer. Devenu lauréat, il avait été admis à Sciences Po où il avait brillamment réussi tout en continuant à jouer le rôle de chef de famille vis-à-vis de ses deux sœurs et de son petit frère Mehdi. Un petit frère qui était un sujet d'inquiétude. Il passait ses journées et ses nuits sur son ordinateur. Il ne faisait rien en classe, ramenant systématiquement les pires notes. Non pas qu'il sortait ou qu'il passait son temps à traîner dehors avec les copains, on ne lui en connaissait pas. Mais à cause de ses foutus jeux. Le matin, il fallait le tirer du lit. Mansour avait bien essayé de lui confisquer son ordinateur, mais cela avait fait un drame, leur mère avait pris la défense de son petit dernier.

Après avoir reçu une nouvelle convocation par le professeur principal, Mansour, excédé, était rentré dans la chambre de Mehdi :

– Qu'est-ce que c'est que ces jeux sur lesquels tu passes tant de temps ? Tu vas devenir idiot, si tu ne l'es pas déjà. Tu me fais honte.

Mehdi, calmement, avait rétorqué :

– Et Solastalgie, c'est un jeu ? Vous cherchez quoi, avec tes copains ?

Mansour était stupéfait.

– Comment tu connais Solastalgie ? Tu écoutes aux portes quand je parle ?

– Non, non je n'ai pas besoin d'écouter. Je lis.

– Mais où lis-tu ? Je n'ai aucun papier qui parle de solastalgie.

– Je lis dans ton ordinateur.

Il retourna son propre écran et montra à Mansour les captures d'écran de ses conversations.

Mehdi faisait partie de cette génération de hackers autodidactes. Il avait commencé par le jeu et avait très vite cherché à gagner systématiquement. Il avait vu qu'à force de tâtonnements, mais aussi d'échanges avec d'autres joueurs, il pouvait rentrer dans le moteur du jeu. Progressivement, il avait perfectionné sa technique, jusqu'à pouvoir se déplacer à sa guise dans le dark web. Il passait le plus clair de sa vie dans ce monde parallèle où les uns et les autres se lançaient des défis, comme des explorateurs qui cherchent à conquérir des continents nouveaux. Ils avaient créé leur propre univers de « gamers », leur propre terrain d'aventure. Sans limite, sans frontière. Ni géographique, ni légale. Les postes de douane, c'étaient les pare-feu, qu'ils franchissaient avec, à chaque fois, cette petite décharge d'adrénaline qui leur servait de passeport. Ils formaient un groupe dans lequel on ne se connaissait que par son pseudo. Mehdi s'était choisi Pagod, une manière d'affirmer son athéisme. Ses amis, c'était Mafiaboy, Nowall, Freeguy, Nostradacker, Pokéman et quelques autres.

– Je connais vos projets. Je veux en être.

Mansour était rentré dans une rage folle. Mehdi était un gamin qui n'avait pas à se mêler de choses sérieuses. Mais sa rage était surtout alimentée par un sentiment de panique. Si son petit frère pouvait le démasquer, ils étaient vulnérables. Mehdi essuya la tempête. Il était habitué. Sans se démonter, il dit :

– Maintenant vous avez besoin de moi et de mes copains.

Cela ne suffit pas à ébranler son grand frère.

Trois jours après, Mehdi revint à la charge :

– Tiens, ça peut t'intéresser.

Mansour était renfrogné, le nez dans son café. Mehdi le força à détourner la tête pour voir son écran.

– Regarde cette adresse.

L'adresse était « elysee.fr ». Mansour sursauta.

– Qu'est-ce que c'est que ça ?

– Je suis rentré à l'Élysée alors que ce n'était pas les Journées du patrimoine, répondit Mehdi avec un éclat de rire.

– Mais tu es fou ?

– Non, je suis doué. Je n'aime pas que les portes me résistent. Mais, à l'Élysée, on a l'impression qu'ils font journées portes ouvertes tous les jours. Et il y a des belles choses à voir, je t'assure. Regarde ce que j'ai trouvé, ça peut vous intéresser à Solastalgie. Un bel échange de mails entre PFA et l'Élysée.

– C'est quoi PFA ?

– C'est la plateforme de l'automobile, frérot. Le lobby de l'industrie automobile.

Mansour écarquillait les yeux. Qu'est-ce que ce gamin pouvait bien y connaître ?

– PFA, c'est la face souriante de l'automobile. Ils font des tas de documents publics pour expliquer comment l'industrie s'est convertie au changement climatique. Ils créent des emplois, n'en ont que pour la voiture propre, les mobilités douces, la nouvelle vie de l'automobile. Alors c'est rigolo de voir les échanges avec le conseiller industrie de l'Élysée. Ils ont obtenu de l'Élysée qu'on ne touche pas aux SUV et qu'on maquille la vérité. Et à l'Élysée, ce n'est pas un sous-fifre. Leur interlocuteur se réfère tout le temps au PR : « Comme vous en êtes convenus avec le PR », qu'ils disent.

Mansour découvrit des échanges de mails édifiants. Mehdi le regardait, quémandant une approbation, un petit signe de reconnaissance. Mansour ne savait pas comment réagir. D'un côté, il avait envie de réprimander son frère. De lui dire de jeter ça à la poubelle. De reprendre ses études. D'arrêter de jouer au pirate. De sortir de la zone grise. De l'autre, il sentait qu'il pouvait avoir un sacré succès auprès de ses acolytes de Solastalgie avec une information de cette nature. Il avait une preuve tangible que le discours écologiste n'était que de façade. Que les petits arrangements continuaient. Que le cynisme prévalait. Cela pouvait être un argument décisif pour influencer le groupe et lui donner un coup de fouet. Il avait une responsabilité pour sauver la planète, mais aussi une responsabilité de grand frère. Il voyait dans le regard implorant de Mehdi ce qui se jouait en quelques secondes. S'il lui donnait la reconnaissance qu'il réclamait, il ne connaîtrait plus de limite à ses activités occultes. Il lui décernerait un brevet de respectabilité et d'utilité.

– Bravo, frérot. Tu as fait du beau boulot.

Il aperçut chez son jeune frère un sourire comme il ne lui en avait jamais vu.

Mehdi était décidé à pousser son avantage :

– Mansour, si vous voulez de moi, je peux vous protéger. Je peux vous apporter plein d'autres informations. Je peux mobiliser des copains dans le monde entier. Il y en a un super fort qui ne demande que ça. Mon pote Nostradacker.

– Hum, on va voir ça.

– Et puis, tu sais, ils doivent péter de trouille là-haut maintenant.

– Pourquoi ça ?

– Parce que je leur ai montré que leur système de protection n'était pas invincible. Qu'on pouvait y rentrer comme dans du beurre. Un jeu d'enfants.

– Tu as laissé une trace de ton passage ?

– Ben oui. Une toute petite trace de rien du tout. Mais assez pour les mettre en panique, les frérots.

– Mais tu es taré.

– J'ai repris votre mot compliqué là, celui de la maladie.

– Quel mot ?

– Solastalgie, le mot de ta copine Hannah. J'ai kiffé le mot. Il est trop top. Alors j'ai laissé un petit message pour les faire turbiner dans leur tête.

– Et s'ils remontent à toi ?

– Oh, pas de risque. Ils vont chercher comme des oufs, mais ils ne vont pas me trouver.

Le groupe Solastalgie avait justement décidé de se retrouver le lendemain, chez Hannah. Ils étaient une dizaine. Mansour leur raconta la découverte de Mehdi. Tous s'extasièrent : « Il est trop fort, ton frère. » Mansour leur raconta qu'il ne l'avait jamais pris au sérieux, que c'était un gamin qui ne foutait rien à l'école et partagea son trouble. Il n'avait pas su s'il fallait qu'il le dénonce ou qu'il le félicite. Hannah d'habitude si douce et calme s'emporta :

– Comment as-tu pu penser à le dénoncer ? C'est lui qui nous montre l'exemple. Cela n'a pas de prix, une information pareille. Il est génial, ton frère. Tu dois l'encourager.

Ils se demandèrent ce qu'ils pouvaient en faire. C'est Kadiatou qui proposa de partager cela avec le président de l'Institut :

– Il nous a toujours dit qu'il était là pour nous aider à nous engager. Après tout, c'est lui qui nous a ouvert les yeux.

Mansour et Kadiatou furent désignés pour aller parler à Pierre.

Pierre écouta les deux lauréats leur raconter le pacte d'Autrans, leur détermination à ne pas subir, leur volonté d'agir, la constitution du groupe Solastalgie et leur récente découverte – sans citer le frère de Mansour.

Pierre les regardait avec admiration. À leur âge, il ne faisait rien de tout cela. Il avait acheté sa première voiture. Il travaillait tout le temps. En écoutant Mansour et Kadiatou, leur enthousiasme et leur fraîcheur, il pensait au G2104. Il tenait peut-être la solution.

Il leur raconta l'épisode de 2002 et la réactivation récente du groupe. Il exposa leurs propres hésitations de quinquagénaires bien installés, de légalistes farouches, de rouages essentiels du système. Au bout de deux heures, la cause était entendue. Mansour et Kadiatou allaient proposer à leurs camarades du groupe Solastalgie de fusionner et Pierre allait proposer la même chose aux membres du G2104.

Chapitre 10

Le commissaire Tréville se grattait la barbe. Elle était désordonnée. D'un aspect sale, même. Il se l'était précisément laissée pousser pour pouvoir se la gratter ou se la caresser, c'était selon, autant que pour être à la mode, depuis que la barbe courte avait été adoptée par la droite après avoir été si longtemps un signe de gauche. Le retour de balancier de la barbe l'avait toujours intrigué. Elle était un attribut de notable pendant la deuxième moitié du XIXe siècle et sous la IIIe République. Puis elle avait disparu. Elle était réapparue chez les révolutionnaires, les babas, les habitants du Larzac, les militants de la confédération paysanne, les guévaristes, les objecteurs de conscience, les fumeurs de haschich. Après une nouvelle éclipse, elle était à nouveau tendance, sous forme de barbe de trois jours, puis un peu plus fournie, devenue le signe de reconnaissance des « entrepreneurs ». Les startupeurs avaient commencé, mais aussi les membres des comex des entreprises du CAC 40. La barbe était devenue un signe de respectabilité, liée à l'épaisseur du compte en banque. C'est à ce moment-là que Tréville s'était dit qu'il pouvait faire coup double : gagner un peu de temps le matin en s'épargnant la corvée du rasage et s'intégrer au mouvement.

C'était une drôle d'enquête qu'on lui avait confiée. Il ne savait pas par quel bout la prendre. Le commissaire Tréville était un personnage à part dans la police judiciaire. Il avait commencé par des études de philosophie. Pas n'importe lesquelles. Reçu à l'École normale supérieure de la rue d'Ulm, puis cacique de l'agrégation de philosophie. Cacique, c'est le premier reçu. Un terme plus chic que major. Un mot emprunté à une langue arawakienne parlée par les Taïnos, cette peuplade indienne des Caraïbes. Il avait été repris par les conquistadors espagnols pour désigner les aristocrates aztèques, avant d'arriver, on ne sait comment, dans la petite tribu des normaliens et des agrégés. Tréville aimait le parcours de ce mot, ce qui l'avait conduit à s'acheter quelques bouteilles de rhum « Ron Cacique » au Venezuela et en avoir fait sa boisson favorite.

Fils et petit-fils de juge, Tréville ne voulait pas enseigner mais investiguer. Il enchaîna donc sur l'École des commissaires. Il avait ainsi passé deux ans à Saint-Cyr-au-Mont-d'Or, dans l'École nationale supérieure de la police, à rappeler à ses nouveaux camarades qu'il était « cacique », car il ne pouvait s'en empêcher, puis à se racheter en les approvisionnant en calissons d'Aix – il descendait en lignée directe de Léonard Parli, le fameux calissonnaire » et adorait dire « un calisson pour le commissaire ». Il avait été vite adopté. Tréville avait comme caractéristique d'être un gentil camarade, bon vivant. Écumer les bouchons lyonnais était l'un de ses passe-temps favoris – « très formateur », disait-il. Il y fit connaissance d'un commissaire des renseignements généraux à la retraite qui l'initia à la franc-maçonnerie, mais la franc-maçonnerie à l'ancienne, celle qui regroupe des amitiés liées au respect de valeurs républicaines. Tréville se définissait comme un « gauchiste de droite ». De droite certainement, par atavisme, et par gaullisme primaire. Le genre de garçon qui avait un portrait de de Gaulle au-dessus de son lit d'enfant. Pourquoi gauchiste ? Un côté anarchiste, une envie de défendre la veuve et l'orphelin.

S'il avait rejoint la police, c'était par goût des enquêtes, même s'il n'utilisait pas ce mot. « Je suis chargé de l'énigme », avait-il l'habitude de déclarer. Il en avait résolu quelques-unes, ce qui avait renforcé son aura de seul cacique de toute la police française. Deux ou trois meurtres avaient été élucidés par son talent. Et voilà comment il s'était retrouvé dans la brigade antiterroriste.

Mais quand on lui confia ce dossier, il fut bien dubitatif. Il avait été convoqué par le préfet de police qui lui avait expliqué que quelqu'un s'était introduit dans le système informatique de l'Élysée et y avait laissé une signature : « Solastalgie ». On s'inquiétait beaucoup au château. On pensait à un coup des Russes. Ce n'était pas leur première tentative d'intrusion. Mais, les Russes n'avaient pas l'habitude de signer leurs méfaits. Ils cherchaient les informations dont ils avaient besoin. Ils introduisaient des virus. Ils pouvaient faire des demandes de rançon. Il n'y avait donc pas de souci esthétique et « Solastalgie » ne faisait pas partie de leur vocabulaire. Là, c'était différent. Cela avait tout l'air d'être de l'activisme écologique. Le hacker avait voulu laisser un message. Comme s'il allait revenir.

Cela ne ressemblait à aucune autre affaire qu'il avait eue à traiter jusqu'à présent. Il pensa à l'histoire de Tarnac, avec les sabotages des caténaires, Julien Coupat et le juge Thierry Fragnoli. Il appela son père pour en connaître les détails. Il sentait un nouveau coup fourré. Une volonté d'instrumentalisation. D'abord, il détestait ce nom de solastalgie. Il trouvait, en tant que distingué latiniste et helléniste, que le nom avait été construit n'importe comment. C'était bien l'invention d'un Australien : Glenn Albrecht, qui se prétendait philosophe. Mais Tréville était un méthodique et un consciencieux. Il commanda donc aux presses universitaires d'Oxford *Health Social Science : A Transdisciplinary and Complexity Perspective*. Voilà une bonne manière de rentrer dans un dossier. Mieux que les cotes et les procès-verbaux. Il aurait de quoi parler à la juge Signoret, s'il la recroisait. Il pourrait l'inviter à dîner. Il avait eu affaire à quelques juges parisiens, bretons ou de l'est qui ne semblaient dévorer que des codes de procédure pénale, alors que lui raffolait des charcuteries, des côtes de bœuf. Il poussa un énorme soupir en pensant à l'empreinte carbone de ses repas. Il devait battre les records, lui qui était célèbre pour son allergie à la salade et son peu d'empressement à l'égard des légumes.

Pénétrer dans le système informatique de la présidence de la République, c'était quand même un beau fait d'armes. Tréville reprit tout le dossier. Il fallait de sacrées compétences. C'était donc l'occasion de retrouver l'École. Celle avec un E majuscule. Celle dont il était vraiment fier. Parce que son flair de commissaire ne le trompait pas. Pour pouvoir réussir un tel piratage, il fallait au moins un normalien. De la préfecture de police à la rue d'Ulm, il suffisait de suivre la rue Saint-Jacques. Rien de plus simple. Il allait remonter cette rue, comme il l'avait fait mille fois. L'Hôtel-Dieu, qui était en train de devenir un centre mondial de l'innovation en santé, la Sorbonne, le Collège de France, Louis-le-Grand, un petit coup d'œil sur le Panthéon, l'Institut des Sourds, l'Institut de Géographie, le Val-de-Grâce. C'était l'itinéraire le plus chic qu'il connaissait. C'était sa rue. Un peu comme le chemin des philosophes à Kyoto, son autre must. Il aurait pu se contenter de partager sa vie entre ces deux itinéraires. Il tourna rue des Ursulines, prolongea dans la petite rue Louis Thuillier qui débouche sur l'entrée de l'École normale supérieure et son fronton du 9 Brumaire de l'an III. Tréville savait où il allait. Le petit escalier de gauche. Mais il ne pouvait pas commencer sans se rendre au bassin aux Ernests. Cela eut été un sacrilège de sacrifier à la tradition. Il fit lentement le tour, regardant les bancs familiers où il avait passé des heures à lire, à écrire, à bavarder. Puis il reprit la porte qui menait au bocal, nom qui était donné à l'entrée parce que, de son temps, il y avait un huissier dans un petit enclos en verre.

En haut du petit escalier, c'était le bureau du directeur. Un vrai philosophe, lui, qu'il appelait familièrement Marco, comme le faisaient tous ses élèves, et qui avait été son préparateur d'agrégation. Marco avait essayé de le dissuader de rejoindre la police. Son plaidoyer l'avait ébranlé : « Tréville, vous avez un profil de caïman. » Nulle allusion à sa dentition, mais à l'appellation traditionnelle des enseignants de l'ENS. « Pourquoi préférez-vous aller vous fourrer chez les crocodiles ? Vous allez y être malheureux. »

Marco n'avait pas changé. Il accueillit Tréville avec une petite bouteille de rouge et un saucisson déjà tranché. Tréville prit les devants :

– Je n'ai pas de mandat de perquisition. Ma visite est tout à fait informelle. Tout d'abord, bravo pour cette septième médaille Fields. Je vois que les traditions ne se perdent pas et que l'École est toujours à la pointe des mathématiques.

– Le lauréat vient de sortir de mon bureau. Heureusement qu'il n'est pas parti dans la police, lui.

Marco ne lui avait jamais pardonné et espérait toujours que Tréville reviendrait à ses premières amours. Il n'avait pu s'empêcher de commencer par cette pique.

– Ça tombe bien, je voulais parler petits génies en maths. Et plus spécifiquement en informatique. Vous avez toujours quelques cas ?

On se souvenait de ce mathématicien qui rentrait tous les soirs d'une promenade parisienne pour « noircir » les rues sur un plan de Paris, avec l'ambition d'être le seul homme au monde ayant marché sur tous les trottoirs de Paris. De tel autre qui avait mis des tableaux noirs sur les murs de sa turne et la tapissait d'équations, sans jamais en sortir. Il y avait des génies ici, dont on ne savait jamais s'ils étaient heureux ou malheureux.

– Tréville ? Que cherches-tu ? Pourquoi t'intéresses-tu aux matheux ? Tu les as toujours pris pour des fous.

– Justement. Je m'intéresse beaucoup à leur folie. Je voudrais voir les meilleurs informaticiens parmi les élèves actuels.

Marco se ferma.

– Je ne suis pas un auxiliaire de police. Tu sais qu'ici on ne donne pas de nom à la police, même quand le commissaire est de la maison, même quand il est cacique de l'agrég.

Le haut policier sourit parce que Marco en était un autre, et il y avait bien sûr une sorte de camaraderie, de coterie des caciques de philo.

– Et moi, je ne te prends pas pour Carcopino !

Carcopino, illustre spécialiste de la Rome antique, triste directeur de l'École normale supérieure sous l'Occupation, zélote du Maréchal auquel il avait proposé un numerus clausus pour les étudiants juifs, qui réussit à échapper à la condamnation à la Libération pour avoir tenté de sauver quelques résistants dont Cavaillès.

– J'ose espérer !

– Rassure-toi, je ne te demande pas de nom (Tréville rêvait pourtant de repartir avec une liste de suspects mais il sentait qu'il fallait jouer fin), je te demande juste de me dire où vous en êtes avec vos petits génies et quelles sont leurs occupations préférées. Quel genre de défi se lancent-ils entre eux ? Et je voudrais savoir où va se nicher l'indiscipline dans ces disciplines ? Et puis j'aimerais que tu m'autorises à aller faire un tour dans le bâtiment des matheux. Comme ça. Poser des questions. Comprendre. Humer. Sympathiser. Me remémorer.

– Tu connais le chemin. Je te laisse y aller.

Le département d'informatique, celui qui intéressait le plus le commissaire, était situé dans l'aile Rataud, le long de la rue du même nom. Cela permit à Tréville de traverser une nouvelle fois la cour aux Ernests pour rejoindre ce bâtiment qu'il n'avait jamais fréquenté. Le laboratoire des matheux à l'époque, des informaticiens aujourd'hui, était un univers un peu à part. Ils avaient leur code, leur langage, leurs habitudes et s'ils n'étaient pas les derniers à participer aux moments festifs, nul ne s'aventurait dans leur domaine.

Antique, Cascade, Data, Diogène, Parkas, Security, Sierra, Talgo, Valda, Willow. Décidément, les normaliens s'étaient amusés à trouver de jolis acronymes pour dénommer leurs équipes. Valda, ce n'était pas pour les pastilles, mais pour chercher la « valeur à partir des données ». Et les Parkas, ce n'était pas parce que les chercheurs étaient frileux, mais pour déterminer les « parallélismes des réseaux de Kahn synchrones ». Quant à l'équipe Antique, elle ne s'intéressait pas aux mathématiques dans la Grèce au siècle de Périclès, mais à l'analyse statique par interprétation abstraite.

Tréville s'intéressait particulièrement à « Security », l'équipe dirigée par le tout nouveau lauréat du prix Gödel, un certain Alexandre, deuxième Français à obtenir cette prestigieuse distinction pour ses travaux de cryptologie. Sur le panneau de l'entrée, il y avait quelques lignes :

« Les activités de recherche de l'équipe abordent plusieurs domaines liés à la sécurité de l'information à travers de nombreuses publications dans des revues internationales à comité de lecture. Parmi ces domaines, on peut citer :

– Sécurité des réseaux, attaques, détection d'intrusion et botnets ;

– Sécurité cyber-physique et internet des objets ;

– Rétro-ingénierie matérielle et logicelle, applications à l'expertise judiciaire ;

– Exploitation logicielle et matérielle, tests d'intrusion. »

Au-dessous, on annonçait la soutenance prochaine d'une thèse intitulée *« Try again, fail again, fail better »*. Alexandre était là avec deux élèves, pris dans une discussion passionnée, chacun avec leur ordinateur.

Tréville entra dans le bureau. Personne ne remarqua son arrivée et la conversation continua avec la même passion. Il ne comprenait pas un mot de ce qui se disait dans un mélange d'anglicismes, de formules, d'acronymes, mais les trois interlocuteurs semblaient, eux, bien se comprendre, s'interrompant et renchérissant sur chaque début de phrase. Il finit par se signaler d'un raclement de gorge :

– Hum, hum, bonjour. Alexandre Picard, je suppose ?

– Oui, mais en général on m'appelle Sacha.

– Et moi je suis Victor Tréville. J'étais élève en philosophie à l'École, mais je suis visiblement un peu plus vieux que vous.

– Super. Et que fais-tu maintenant ? tu travailles à l'École ?

– Non, non, je me suis spécialisé dans les énigmes.

Un des deux étudiants leva le nez de son ordinateur.

– Ah, tu es gamer ?

– Euh, en quelque sorte oui.

– Et tu cherches l'inspiration ? demanda l'autre étudiant.

– On peut dire ça. Je suis sur une énigme dont j'aimerais bien vous parler…

Tréville raconta une histoire de menace sur un palais présidentiel et leur demanda de parler d'attaques, de qui étaient hackers, de comment marchait cet Atlantide du dark net.

On lui rappela les cyberattaques de 2007 en Estonie, qui avaient paralysé le pays – le parlement, les banques, les ministères, les journaux – peu après le déplacement du soldat de bronze, ce monument à la gloire de l'occupation soviétique. On lui parla de « *ping flood* », il fit répéter parce qu'il crut qu'on lui parlait des « Pink Floyd ». Il s'agissait d'une attaque par déni de service, c'est-à-dire tout simplement une saturation d'un service par des requêtes artificielles en grande quantité, un flot de « pings », ce qui rend le service inaccessible pour les utilisateurs légitimes. On prit l'exemple de ce pipeline aux États-Unis, désactivé par une cyberattaque. On lui raconta les tentatives de sabotage de raffineries en Arabie saoudite. La plus sophistiquée d'entre elles avait failli aboutir à une explosion géante.

On lui parla des téléphones portables, de NSO, de Pegasus, du fait que tous les téléphones pouvaient être « contrôlés » par des attaquants. Que souvent tout commençait par là.

On lui dit que c'était avant tout une question d'argent et de temps et qu'il fallait beaucoup de patience et de ténacité. On lui expliqua qu'une attaque se préparait minutieusement. Qu'il y avait une période où l'on collectait de l'information, pour comprendre sa cible, la sentir, connaître ses habitudes et ses vulnérabilités. On lui parla des erreurs humaines, de la manipulation, des vengeances, de l'ennemi de l'intérieur : 80 % des attaquées sont liées à quelqu'un dans l'organisation. On évoqua cet employé de la compagnie des eaux en Australie qui voulait dénoncer les mauvais usages de sa compagnie et en fit la démonstration par l'absurde en provoquant le déversement spectaculaire d'eaux usées dans la nature pour montrer la quantité de pollution provoquée. On évoqua les outils du catalogue ANT.

– Le catalogue ANT ?

– C'est le catalogue de tous les gadgets de la NSA. ANT, ça veut dire « Access Network

Technology ». Y figurent tous les outils que l'on peut se procurer sur le marché blanc, gris ou noir pour faire des attaques. Il a été divulgué par Edward Snowden et il est encore accessible sur le net. Regarde, on va te montrer.

Il découvrit un catalogue qui ressemblait à celui de la Redoute, mais au lieu d'y trouver des robes de chambre et des soutiens-gorge, on y trouvait Crossbeam, Candygram, Cyclone Hx9, Dropout Jeep, Gopherset, Monkeycalendar, Totchaser, Stuccomontana ; GodSurge, Howlermonkey, Ragemaster : bref, le libre-service pour hacker.

– C'est quoi ?

– Prenons quelques exemples. Ragemaster, c'est un câble d'écran qui permet de diffuser à plusieurs kilomètres l'image projetée sur l'écran de l'utilisateur. Cyclone Hx9, c'est une station mobile pirate, un faux réseau de téléphonie mobile qui permet une écoute absolument parfaite. Cottonmouth, c'est un sympathique câble USB, comme vous devez en avoir, qui installe un malware...

– Un malware ?

– Oui, un logiciel malveillant, et avec Cottonmouth, vous êtes comme chez vous chez l'hôte.

– Et c'est quoi, le profil de ces hackers ?

– Ce sont souvent des professionnels dont la fin de carrière est autour de vingt-quatre ou vingt-cinq ans, âge où ils basculent dans une vie de manager. Leur pic d'activité est entre vingt et vingt-trois ans. Beaucoup sortent des bonnes universités de l'ex-empire soviétique, où le taux de chômage des jeunes diplômés est de 20 à 25 %, alors que vous pouvez raisonnablement espérer gagner quelques centaines de milliers d'euros dans le business de l'export de données. C'est donc un excellent vivier de recrutement, avec une aide indirecte de l'État extrêmement puissante. La police russe, a fait savoir que si vous n'attaquez pas sur le territoire russe, mais que vos attaques sont toutes sur des contrées étrangères, vous ne serez pas poursuivi. C'est une incitation efficace.

– Mais, depuis le temps, les organisations n'arrivent pas à se protéger ?

– Elles essayent, mais aucune n'est invulnérable. Il faut comprendre que les systèmes informatiques se construisent par sédimentation, une superposition de technologies qui contiennent forcément des vulnérabilités que la patience et la ténacité permettent de percer.

Chapitre 11

Serge Hauser avait retrouvé avec plaisir l'ambiance hospitalière, et en particulier l'atmosphère si singulière de l'Hôtel-Dieu. Il s'y rendait à bicyclette depuis la rue de Latran, son domicile au cœur du Quartier latin, qu'il n'avait pas quitté depuis sa jeunesse. Il avait commencé dans une chambre de bonne puis avait progressivement acquis toutes les chambres du sixième étage, reliées les unes aux autres. Cela faisait un appartement original sous les combles, somme toute assez spacieux, d'une bonne centaine de mètres carrés, mais tortueux « comme mon esprit », disait-il. Le grand luxe de son appartement était l'accès sur les toits, longtemps uniquement accessible par une échelle de secours et qu'il avait pu transformer en une splendide terrasse, grâce aux droits d'auteur de son livre à succès *Un été avec Freud*. Il bénéficiait ainsi d'une vue imprenable sur le Collège de France, sur la Sorbonne et sur l'épouvantable église Saint-Nicolas-du-Chardonnet.

À l'Hôtel-Dieu, il disposait d'un bon morceau d'aile, l'aile « Sainte-Mathilde », autrement appelée B1. En attendant la rénovation complète, il avait obtenu quelques crédits pour faire repeindre les box et une grande salle d'où l'on voyait l'une des tours de Notre-Dame. Il avait compris la passion que déchaînait cet hôpital, ressentant le même émerveillement, chaque fois qu'il en franchissait le seuil, à découvrir cette cour intérieure avec des colonnades italiennes, une sorte de petite réplique de l'architecture florentine au cœur de Paris.

Il s'entendait fort bien avec le chef de service, de vingt ans son cadet, et avait pu constituer une petite équipe de choc, avec deux piliers, deux jeunes femmes talentueuses : Raphaëlle, devenue cheffe de clinique, et Patience.

Patience avait un parcours étonnant. Elle était née au Rwanda et avait cinq ans au moment du génocide. Sa famille s'était réfugiée dans l'église Saint-Jean, aux bords du lac Kivu, pensant y trouver asile, comme des milliers d'autres Tutsi. Mais en 1994, même les églises n'étaient plus sacrées. Au contraire. Elles avaient été des lieux de massacre de masse. À l'église Saint-Jean, sur une micro-péninsule sur le lac, il n'y avait aucune échappatoire. Une véritable souricière. Avec un préfet qui encourageait lui-même les tueurs. Son père était mort lors des premières explosions de grenades. Sa mère et ses deux frères avaient été assassinés à coups de machette. Patience était une miraculée, cachée dans un fatras de corps et de membres découpés, elle avait, comme les rares survivants de ces massacres d'église, instinctivement fait la morte. Elle était à peine consciente quand, au milieu de la nuit, elle s'est sentie soulevée par une femme vigoureuse, qui l'avait entraînée dans ses bras hors de l'église et avait couru jusque dans les marais. Là elles étaient restées cachées pendant plusieurs jours et nuits, avant d'être recueillies par une famille, des cousins hutu de cette femme tutsi, qui avaient accepté de prendre Patience et de la faire passer pour leur propre enfant. Patience avait été adoptée par une famille de Cergy-Pontoise, où elle avait grandi. Elle s'était révélée une élève extrêmement brillante, systématiquement en tête de sa classe. Elle avait d'abord entrepris des études littéraires en intégrant l'École normale supérieure. Mais elle s'était vite engagée dans des études de médecine, accomplies avec la même facilité, pour s'orienter vers la psychiatrie. Elle adorait les questionnaires et la nosologie. Elle était virtuose du net et avait constitué des cohortes virtuelles de patients à partir d'un site ComPaRe, mis au point à l'Hôtel-Dieu. Elle interagissait ainsi avec des milliers de patients virtuels, dont une partie était suivie par leur propre psychiatre, une autre sans soins, mais qui acceptait de répondre à ses questionnaires, ce qui lui donnait une base de données inégalée sur les patients atteints de troubles psychiatriques, et plus particulièrement la dépression.

Ses travaux portaient sur la définition de sous-types de la dépression. Elle s'était engagée avec enthousiasme dans l'aventure solastalgique et avait baptisé « Solastare » sa cohorte de patients. Elle avait pris sous son aile une jeune réfugiée ukrainienne, Iryna, qui avait quitté son pays fin février 2022 avec sa mère, qu'elle hébergeait. La jeune femme avait la particularité de parler sept langues. Elle avait traduit les questionnaires, ce qui permettait à la cohorte de Patience d'avoir une dimension internationale unique. Au-dessus de son ordinateur, il y avait un dessin que Plantu avait fait un jour qu'il venait rendre visite à son ami Serge. « Solastalgiques de tous les pays, unissez-vous » où l'on voyait des manifestants tenir une banderole sur le sommet d'une planète dessinée à la Plantu, bien mal en point : cicatrices, fumerolles, crevasses, bref une planète au bord de l'agonie.

Le deuxième pilier était donc Raphaëlle, qui se partageait entre ses patients et les souris de Youssef, à raison de deux demi-journées par semaine pour les souris, les autres demi-journées pour la clinique.

La principale difficulté de l'unité était la rançon de son succès, avec d'emblée une notoriété déclenchée par un reportage à la matinale de France Inter. Il était impossible de recevoir tous les patients. En attendant que d'autres unités de solastalgie s'ouvrent en France, Serge avait mis au point un plan de bataille avec Patience et Raphaëlle. D'un côté, « Solastare » pourrait être le réceptacle de ceux qui, sans être soignés, pourraient avoir accès à de l'information sur la solastalgie et à un suivi minimal ; de l'autre, des séances collectives organisées au premier étage de l'Hôtel-Dieu dans la grande salle mise à sa disposition par la direction de l'hôpital.

Les séances de groupe étaient dans un premier temps animées par Serge et Raphaëlle. Elles étaient composées d'une dizaine de patients et obéissaient à une sorte de rituel. Cela rappelait les séances pour « alcooliques anonymes », sauf qu'il s'agissait là d'« écologistes anonymes ». On les faisait accoucher de ce qu'ils redoutaient le plus. Pour les uns, c'était la disparition des glaciers. Il y avait quelques alpinistes qui parlaient avec des larmes dans la voix de ces courses qu'ils ne pouvaient plus faire. C'était leur enfance qu'on leur retirait. Pour d'autres, c'étaient les bains de mer froids : « Même en Normandie, l'eau n'est plus froide. Il faut maintenant se méfier des méduses quand on se baigne sur la côte d'albâtre. Bientôt on y mangera des poulpes, comme en Grèce. » Albert, lui, rêvait depuis tout petit d'être pilote de ligne. Il avait tout sacrifié à sa passion. Des études poussées, jusqu'en classe préparatoire. Son argent de poche consacré à des revues spécialisées dans l'aviation. Ses loisirs à étudier les avions, à aller au salon du Bourget. Et là il se rendait compte que c'était participer à l'accélération de la destruction de la planète. Cela l'avait plongé dans une dépression profonde. Il haïssait les avions, avoua-t-il dans un sanglot. Les séances étaient l'occasion de crises de pleurs partagées. On se plaignait soi-même, on plaignait les autres patients, on plaignait l'univers. C'était une sorte de deuil préalable à la mort. On déplorait par anticipation la fin de la planète.

Hannah était l'une des plus touchantes. C'était une patiente qui avait été directement adressée à Raphaëlle par Serge. Elle venait de faire un service civique à la Ligue pour la protection des oiseaux. Elle y avait découvert les rapaces : les gypaètes barbus et les vautours fauves. Son maître de stage s'appelait Michel Terrasse. Un scientifique devenu l'un des plus grands spécialistes européens des vautours, qui avait passé sa vie à œuvrer pour le repeuplement en rapaces de régions françaises et européennes. Il vivait lui-même dans une maison de pierre au milieu du Larzac. Michel avait appris à Hannah la vie des rapaces, leur intérêt pour la préservation de la biodiversité et des équilibres écologiques. Hannah avait un prénom que ses parents avaient choisi en référence à Hannah Arendt. Elle ne se livrait que très peu durant les séances. Elle semblait insensible aux émotions. Son visage restait impassible quand les autres s'épanchaient. Pendant les séances, elle évoquait le vol du vautour. On la sentait particulièrement fragile. Elle se mélangeait peu aux autres. Raphaëlle lui proposa une séance individuelle.

Hannah lui expliqua sa vie. Une scolarité hyper brillante. Une vie sociale très fournie avec des amis qu'elle avait gardés depuis la petite enfance. Hannah avait suivi des études scientifiques exigeantes, avait intégré l'Agro, ce qui lui avait permis de concilier sa passion pour les sciences et celle pour la nature. Pourquoi participait-elle si peu aux séances collectives ?

– Cela m'angoisse encore plus de parler et de voir la souffrance des autres. J'en veux tellement à la terre entière, ou plutôt à tous ceux qui peuplent cette Terre. Je ne comprends pas pourquoi personne n'agit.

Elle était presque agressive avec la jeune psychiatre.

– Et vous, vous n'avez pas l'impression d'être voyeuriste en nous écoutant ? En nous faisant parler ? On a l'impression que vous vous délectez de nos souffrances. Cela vous fait vivre, hein ? Heureusement qu'on existe pour vous. On a l'impression d'être à la fois votre raison d'être et votre gagne-pain. On est un bon filon. Vous n'avez pas honte de vivre de la fin du monde, des malheurs de cette jeunesse ? Vous pourriez comprendre, vous qui avez à peine plus que notre âge. Vous avez choisi le mauvais camp.

Raphaëlle était troublée par ce discours radical, par la force de sa colère, de sa haine. Hannah semblait si vulnérable, mais si déterminée. Et elle savait aller chercher le fond de culpabilité avec lequel vivait Raphaëlle. Oui, c'est vrai que c'était curieux de vivre de la souffrance des autres. Mais Raphaëlle ne s'était jamais vue exercer un autre métier que celui-là. Elle avait l'impression d'aider. Et si elle y trouvait principalement son propre intérêt ?

Hannah continuait.

– Vous pensez nous guérir ? Vous avez déjà vu des cas de guérison ? Vous nous écoutez, vous prenez des notes, vous en sortirez des articles, des livres, vous obtiendrez des crédits et des postes supplémentaires. Vous êtes comme les autres. Vous êtes complice ! hurla-t-elle. COMPLICE ! Vous m'entendez ? Et pire que les autres, pire que Total, pire que Poutine, pire que Musk ! Eux au moins assument. Vous vous prétendez sauveuse de l'humanité alors que vous l'accompagnez dans sa perte.

Raphaëlle s'efforça de répondre calmement :

– Pourquoi venez-vous aux séances, alors ?

– Parce que je n'ai pas le choix

– Pas le choix ? Qui vous y oblige ? Vos parents ?

– Non, moi-même. Je n'ai pas d'autre choix que de m'infliger cela. Je ne peux pas y échapper. Vous m'entendez : PAS LE CHOIX.

– Mais on a toujours le choix.

Raphaëlle se mordit les lèvres en prononçant cette phrase qu'elle s'était juré de ne jamais prononcer face à un patient. Rien de pire que d'expliquer à un patient en souffrance qu'il a le choix.

C'était pourtant la règle numéro 1. C'était même ce qui différenciait un bon psychiatre d'un charlatan. Les patients étaient entourés de proches qui leur expliquaient qu'ils avaient le choix, qu'ils manquaient de volonté, qu'il ne tenait qu'à eux de s'en sortir. Qu'ils n'étaient pas malades en fait, parce qu'il n'y avait pas de gène, pas de molécule, pas de médicament et parce qu'il y avait tant de raisons d'être heureux. Elle savait que c'était l'un des problèmes des malades atteints de souffrance psychique et singulièrement de dépression, et que cela rajoutait à leur souffrance. Ils se débattaient avec cette maladie et on leur disait « ressaisis-toi ».

Elle vit Hannah se raidir et son regard implorer un soutien. Elle avait l'impression d'entendre : « Non, pas vous. Vous n'allez pas vous y mettre non plus. » Raphaëlle se reprit :

– Je ne dis pas qu'on a le choix de souffrir ou de ne pas souffrir. Mais je dis qu'on peut parfois choisir son traitement, ses modalités de suivi. Si vous pensez que ça vous fait du mal, il faut peut-être repenser votre prise en charge.

– Non, non, je ne veux pas être exclue du groupe. Et puis je pense qu'on a besoin d'être ensemble. On a besoin d'être entendus. On a besoin de forces. On a besoin de hurler.

– Vous voulez revenir à la séance de jeudi ?

– Oui, je reviendrai. À moins que je fasse un autre choix, puisqu'on a toujours le choix... dit Hannah avec un air mystérieux.

Elle prit son sac, y fourra rapidement ses affaires, se leva et, avant de se retourner, dit à Raphaëlle, toujours avec le même sourire :

– De toute manière, vous aurez de mes nouvelles.

Elle ouvrit la porte avant que la jeune psychiatre n'ait le temps de se lever et disparut.

Raphaëlle repensa souvent à cet entretien. Elle se demanda comment se comporterait Hannah jeudi à la prochaine séance. Reviendrait-elle comme elle l'avait assuré ? Qu'entendait-elle par « autre choix » ? Il y avait quelque chose d'inquiétant dans la manière dont elle avait prononcé ces mots. Ce sourire était trop large pour être honnête. C'est comme si elle avait eu une révélation. Cela lui rappelait ce stage qu'elle avait fait à l'hôpital Avicenne, dans un service qui avait l'habitude de recevoir des enfants djihadistes. Elle avait vu chez eux ce petit sourire apparaître, soudainement, au milieu d'un visage dévasté. Un changement d'humeur trop rapide pour être naturel. Comme si tout à coup une révélation divine s'était emparée de l'âme du patient. Elle n'aimait pas trop cela. Pas du tout même.

Le jeudi suivant, la cheffe de clinique eut du mal à se concentrer pendant la séance. C'était pourtant une séance passionnante. Elle permit de mettre en évidence le côté transculturel de la solastalgie. Il y avait Carmen, une jeune Chilienne venue étudier en France. Mamadou, qui venait de Saint-Louis-du-Sénégal, et Xi (prononcer CHI), un jeune étudiant chinois. Tous les trois évoquaient leur souffrance, qui avait commencé bien avant leur séjour en France. Ils ressentaient les mêmes symptômes, les mêmes angoisses, les mêmes révoltes, les mêmes insomnies, les mêmes dégoûts. Raphaëlle voyait Patience fascinée par leurs récits. La solastalgie n'était une maladie ni des pays riches ni des peuples occidentaux, c'était une maladie universelle, comme la maladie de la planète était universelle.

Elle vit Sophie, la cadre du service, lui faire des grands signes depuis l'embrasure de la porte en lui demandant de sortir. Raphaëlle attendit que Xi ait fini de parler pour la rejoindre.

– Tu as vu ?

– Vu quoi ?

– Les réseaux sociaux.

– Non. Je suis en séance depuis une heure. Je n'ai pas le temps de regarder mon téléphone.

– Ça tourne en boucle partout : Twitter, Facebook, les télés. Regarde

Raphaëlle crut défaillir. C'était une vidéo d'Hannah :

« Quand vous verrez cette vidéo, je ne serai plus de ce monde. »

Raphaëlle s'interrompit immédiatement.

– Vite, retrouve l'adresse d'Hannah dans notre fichier et envoie le SMUR tout de suite. Il n'est peut-être pas trop tard.

Sophie fonça appeler le SMUR, dont il était resté une antenne sur place. Raphaëlle reprit la lecture :

« Je m'appelle Hannah. J'ai vingt-deux ans. Je suis née avec le millénaire. J'ai eu une enfance heureuse. J'ai été élevée avec l'amour de mes parents et de mes deux frères. J'ai des amis qui me sont chers. J'ai fait des études qui m'ont passionnée. J'aurais aimé grandir et vivre vieille. J'aurais aimé avoir des petits-enfants qui m'appellent bonne-maman, comme ma grand-mère, survivante des camps de la mort et qui m'a appris à résister.

» Résister aujourd'hui, c'est refuser la destruction de la planète et de l'humanité. Nous sommes la dernière génération qui peut stopper le processus avant qu'il ne devienne irréversible. Chaque jour compte. Il m'est insupportable d'être complice de ce crime contre l'humanité. J'appelle, sur tous les continents, à se rebeller. Il est trop tard pour être obéissant. Ce sera le seul geste immodeste de ma courte vie : je fais don de mon corps à la planète, au moment où on retire la vie à de nombreuses espèces animales, à des populations entières qui vont connaître la famine, à des paysages merveilleux qu'ont connus nos ancêtres.

» Je n'exprimerai qu'une volonté personnelle : j'interdis qu'on m'enterre dans un cimetière, pour ne pas détériorer la terre ; j'interdis qu'on m'incinère pour ne pas augmenter les gaz à effets de serre ; j'exige une cérémonie céleste, selon la tradition tibétaine. Je veux que mon corps soit donné aux vautours fauves du Larzac auxquels j'ai consacré la dernière année de ma vie. Je vous implore d'avoir cette dernière marque de respect et d'amour. J'aime celles et ceux qui, nombreux j'espère, répondront à mon appel. Et chers amis lauréats, j'espère avoir été fidèle au pacte d'Autrans. »

La vidéo se terminait par une image d'une corde avec un nœud coulant au-dessus d'une chaise de cuisine.

Raphaëlle poussa un cri d'horreur. La vidéo de sa patiente était déjà devenue virale. Les alertes se multipliaient sur le téléphone. Sophie lui confirma que l'équipe du SMUR l'avait prévenue qu'il n'y avait rien à faire. La cheffe de clinique revint dans la salle, en larmes.

– Je vous demande de vous lever et de faire une minute de silence pour Hannah, parvint-elle à dire dans un sanglot.

Chapitre 12

Le suicide d'Hannah déclencha une véritable déflagration médiatique. Toutes les chaînes d'information diffusèrent sa vidéo tragique. L'événement franchit les frontières. Son appel fit la une du *New York Times* et de tous les journaux européens. Des veillées spontanées eurent lieu dans la plupart des capitales du monde.

Un éditorialiste d'un grand quotidien français évoqua les trois appels qui marquèrent l'histoire contemporaine de la France : celui du général de Gaulle le 18 juin 1940 sur la BBC, celui de l'abbé Pierre le 1er février 1954 sur RTL et celui d'Hannah le 1er octobre 2022 sur les réseaux sociaux.

Il y eut aussi des réactions moqueuses. On la compara à une Greta Thunberg, « en moins solide ». D'autres éditorialistes ironisèrent sur une actualité dictée par l'émotion. « Il y a des dizaines de milliers de suicides chaque jour sur la planète. Pourquoi s'arrêter particulièrement sur celui-là, sous prétexte d'une mise en scène particulièrement macabre ? » On trouva l'histoire de la cérémonie céleste excessive, un caprice d'adolescente, et le choix des vautours particulièrement malsain. La preuve d'une fille dérangée, morbide.

À Paris, des jeunes s'étaient emparés de la place de la République pour une veillée permanente. La statue de Marianne avait été rebaptisée Hannah. On lui avait passé une corde au cou accrochée à un immense ballon prêté par la CGT et transformé en une planète malade. Le hashtag #jesuishannah était devenu viral. Des centaines de milliers de jeunes avaient mis un vautour sur le profil de leur compte, comme quelque temps auparavant on avait mis le drapeau ukrainien, ou avant encore le #jesuischarlie.

On sut vite que la jeune Hannah était suivie dans l'unité de solastalgie de l'Hôtel-Dieu, qui fut envahie par des dizaines de journalistes. Serge Hauser dut faire une conférence de presse puis aller à la matinale de France Inter le lendemain matin. Cela avait été une véritable épreuve. Certes Serge aimait bien les émissions de radio, mais il avait dû faire face à toute une série de questions délicates. D'autant plus que, phénomène classique, le suicide d'Hannah en avait entraîné d'autres. Serge se souvenait avoir été jeune externe de garde en neurochirurgie la nuit où Patrick Dewaere, au faîte de sa gloire, s'était suicidé. Tout le week-end, ils avaient accueilli des patients après des tentatives de suicide « mimétiques ».

Sur France Inter, l'interview fut rude. « Est-ce que le suicide d'une patiente n'est pas un échec pour votre service ? Allez-vous le fermer ? Que doivent faire les politiques ? De quoi souffrait Hannah ? Quel est le nom de sa maladie ? Alors, cette fin du monde, c'est pour quand ? Saviez-vous que la solastalgie pouvait conduire au suicide ? »

Il expliqua qu'une enquête médicale serait faite, le suicide étant déclaré comme un « événement indésirable grave » et qu'elle déterminerait s'il y avait eu un défaut de prise en charge. Il appela les jeunes à ne pas se laisser aller au désespoir.

– Hannah s'est sacrifiée. Elle ne vous a pas demandé de suivre son exemple extrême. Elle l'a fait pour vous sauver.

La journaliste rebondit :

– Docteur Hauser, vous en appelez aux jeunes à ne pas se suicider ? Est-ce bien ce qu'il faut entendre ? Mais que leur proposez-vous ?

– Je comprends le désarroi et l'émotion. Je comprends la colère. À l'unité de solastalgie, nous sommes bien placés pour la prendre très au sérieux. Mais le message d'Hannah n'est pas un message de prosélytisme pour le suicide. C'est un message de mobilisation pour l'ensemble de la société. Et si vous m'avez invité ce matin, c'est bien que son message est passé. Oui, je demande à ceux qui nous écoutent d'être forts.

Serge rentra à l'Hôtel-Dieu très énervé. Il fit venir Raphaëlle, Patience et Véronique, la cadre du service.

« J'ai été terriblement mauvais ce matin, je sais. Qu'est ce qui a pu nous conduire dans cette situation épouvantable ? »

Le mardi qui suivit, Hannah monopolisa les questions d'actualité à l'Assemblée nationale.

Du côté de la France insoumise, une députée se permit une intervention sur les « vautours », avec une belle envolée :

– Hannah a choisi une métaphore. Qui sont les vautours aujourd'hui ? Ce sont les financiers et leurs complices. Les vautours aujourd'hui ont un nom, un visage, une valeur boursière. Ils se repaissent de nos enfants. Ils nous dévorent. Le capitalisme est un élevage international de vautours, qui accélère la destruction de notre planète.

Sur les bancs de l'Assemblée, les protestations fusèrent :

– Récupération indigne !

– Honte à vous !

Un député écologiste monta à la tribune pour réclamer un hommage national aux Invalides.

– Le président de la République a décidé un hommage national pour Jean-Paul Belmondo, Charles Aznavour, Michel Bouquet. Comment refuser un hommage national à Hannah, cette jeune fille qui a fait don de son corps pour les générations à venir, pour la planète ? Ne pas l'honorer, c'est déshonorer une nation. C'est humilier une génération. Il est temps de reconnaître que l'on s'est trompés, que l'on précipite l'humanité dans la tombe. Si le président de la République ne décrète pas l'hommage national, c'est nous qui prendrons les Invalides comme nos illustres prédécesseurs ont pris la Bastille.

Le code funéraire interdisait qu'on satisfasse aux dernières volontés d'Hannah. Sous la pression des députés écologistes, après des débats houleux, des invectives et des suspensions de séance, on modifia en urgence la loi pour permettre de livrer le corps d'Hannah aux vautours. On fit appel au spécialiste des grands rapaces, qui avait été le tuteur d'Hannah pendant son service civique. On le chargea d'organiser la cérémonie funéraire céleste. Il commença par refuser, mais ses enfants lui expliquèrent qu'il ne pouvait pas se défiler. Il y eut un débat pour savoir si on autorisait la prise d'images. Le préfet prit un arrêté pour interdire la présence de public, y compris de journalistes. Une manifestation géante se préparait en réaction à cette censure. La ministre dut désavouer le préfet. Hannah avait voulu une cérémonie macabre. Ses frères et ses amis firent valoir qu'Hannah savait ce qu'elle voulait. Elle cherchait à frapper les esprits. Elle qui avait eu une vie si discrète, si effacée, si timide avait décidé de choquer par sa mort. Elle tenait à ce que la terre entière puisse voir son corps exposé aux vautours qui viendraient « blanchir ses os ». *Libération* se permit un jeu de mots : « Prométhée-moi de respecter mes dernières volontés », par une fine allusion au sort du Titan, dont le foie dévoré par les vautours repoussait éternellement. « La flamme d'Hannah ne doit pas s'éteindre », plaidait l'éditorial de la page 2. *Paris Match* fit un numéro spécial, sans avoir beaucoup à se forcer, mélangeant des photos d'Hannah, enfant souriant, avec des photos de son corps à moitié dévoré.

Cette nuit-là, les membres du G2104 reçurent un mail de Pierre à 3 h 59.

« Chers amis, vous avez tous vu la tragédie qui a affecté Benjamin et Rachel. C'est tout notre groupe qui est en deuil. Je vous propose que nous nous retrouvions ce soir chez moi. »

La sobriété du message, inhabituelle, montrait combien Pierre était affecté. Lui aussi connaissait Hannah depuis toujours.

Le soir, tous étaient là. Sauf Rachel et Benjamin. On évoqua quelques souvenirs. Pierre avait exposé des photos de la jeune fille. Hannah, avec ses propres enfants à lui. Des photos de vacances, de week-ends, de voyages.

– Hannah a peut-être voulu s'adresser aux gouvernements, à l'opinion publique, aux jeunes de sa génération. Mais elle s'est évidemment adressée à nous aussi. Nous ne pouvons plus tergiverser. C'est maintenant pour nous tous une affaire personnelle.

C'est l'une des nôtres qui s'est sacrifiée. C'est notre inaction qui l'a tuée. Nous n'avons plus le choix.

Tous approuvèrent. Cela ne se discutait même plus.

Alors, Pierre conclut solennellement :

– À partir de ce soir, le G2104 devient un groupe secret, déterminé à user de tous les moyens pour éviter la catastrophe climatique, à ne pas laisser sans suite le testament d'Hannah, à ne pas être des climato-collabos.

Chapitre 13

Raphaëlle fut invitée par les frères d'Hannah, Sacha et Milan, à aller dans l'appartement de sa patiente. Ils s'y retrouvèrent un soir autour d'une bouteille de vin naturel. Hannah lui avait beaucoup parlé de ses grands frères pendant les quelques séances qui avaient précédé son suicide. Sacha était un garçon remarquablement brillant. Normalien agrégé de mathématiques, à l'origine de la découverte de plusieurs algorithmes, l'une des grandes vedettes du laboratoire de la rue d'Ulm. Il venait tout juste de recevoir le prestigieux prix Gödel. Milan, qui avait trois ans de plus qu'Hannah, était élève à Sciences Po. Raphaëlle fut d'emblée fascinée par l'intelligence du frère aîné. Sa sœur était une très belle jeune fille et elle retrouva chez son frère ce qui faisait sa beauté. Elle s'était fait la réflexion d'un visage sans défaut, comme cette reproduction en plâtre d'une déesse athénienne qu'elle avait héritée de son père. Sans aucune valeur, si ce n'est sentimentale. C'était sous l'ombre de cette déesse que son père lui faisait travailler le grec ancien, jusqu'à son dernier souffle. Sacha avait la même régularité des traits, la même perfection en légèrement masculin. Raphaëlle se dit qu'il n'avait qu'un seul défaut : son prénom.

Elle commença par présenter ses condoléances et dire combien elle se sentait coupable. Sacha, l'aîné fut le premier à la couper :

– Écoute, si toi, tu te sens coupable, qu'est-ce que cela doit être pour nous ? Milan et moi, nous n'avons rien vu venir.

– Oui, mais moi, j'étais médicalement responsable de votre sœur.

– Et nous, nous étions familialement responsables.

– Mais je l'ai vue l'avant-veille. Implicitement, elle m'a annoncé son geste.

– Elle ne l'a pas fait pour que tu l'en empêches.

– Cela aurait dû être mon rôle de soignante, de thérapeute. Elle me faisait confiance.

Milan, le cadet, qui n'avait pas pris la parole jusqu'à présent, intervint :

– Hannah nous a demandé d'agir. Notre sœur a toujours su ce qu'elle faisait. Toute petite déjà. Elle a même décidé du jour de sa naissance.

– Comment cela ?

– Un jour, notre mère a connu ses premières contractions. Elle est allée à la maternité. La sage-femme l'a examinée et a constaté que le col était dilaté. On lui a dit qu'on ne la gardait pas, mais que l'accouchement était imminent et qu'elle pouvait repasser chez elle prendre sa valise. Mais à ce moment-là, notre père allait très mal. Il menaçait de se jeter par la fenêtre. Il se réveillait en pleine nuit, avec des insomnies terribles pendant lesquelles il donnait des grands coups sur la table de la cuisine, où il restait des heures en larmes.

– Oui, rajouta Milan. Même nous qui étions tout petits, on entendait ses cris depuis nos lits superposés. J'allais même me réfugier dans le lit de Sacha, tellement j'étais terrorisé.

– Mais que se passait-il ?

– Il hurlait qu'il n'allait jamais y arriver.

– Arriver à quoi ?

– Arriver à réussir sa vie, à devenir quelqu'un, à accomplir son destin, à changer le monde, à vaincre la corruption.

– Oui, à l'époque il travaillait dans un établissement miné par la corruption. Mais personne ne le prenait au sérieux quand il racontait ce qu'il s'y passait.

– Et ensuite ?

– Quand notre mère est revenue le lendemain à la maternité après une nuit épouvantable, où notre père avait hurlé et ouvert la fenêtre en menaçant de s'en jeter, elle est tombée sur la même sage-femme. Et là, surprise, le col s'était refermé, le bébé était remonté. La sage-femme n'en revenait pas. Elle n'avait jamais vu cela. « Eh bien, votre bébé a décidé de ne plus sortir. Il s'est passé quelque chose ? » Notre mère a commencé par dire non. « Mais vous avez bien dormi, madame ? » a demandé la sage-femme. Notre mère a été obligée d'avouer qu'elle avait passé une nuit terrible, avec un mari qui hurlait et qui menaçait de se défenestrer. « Alors, votre bébé, il a peut-être décidé de ne pas vouloir être accueilli dans de telles conditions. Vous savez ce que vous allez faire, madame ? Vous allez rentrer chez vous et dire à votre mari de se calmer. Vous allez lui dire que le bébé n'est pas content. »

– Notre mère est rentrée. Elle a appelé notre père qui est revenu dare-dare dans un état de sidération. Il se sentait épouvantablement coupable. Du coup, il nous a emmenés au Jardin des Plantes voir les animaux.

– Tu te souviens il nous a offert des glaces.

– Il a retrouvé sa bonne humeur. La nuit suivante, il a bien dormi et le jour d'après, notre mère a eu à nouveau des contractions.

– Et voilà comment Hannah a choisi le jour de sa naissance après avoir refusé de naître dans un monde où son père était si angoissé.

– C'est une belle histoire.

– Et ça a toujours été comme ça. Hannah a chaque fois décidé de tout ce qui la concernait. Personne ne lui a jamais rien dicté de sa vie.

– Alors, son geste, c'est elle. Personne n'aurait pu l'en empêcher. C'est sa décision. On peut être triste, on peut pleurer, on peut la regretter, mais ce serait lui manquer de considération que de penser qu'elle attendait que quelqu'un l'empêche de se pendre. Elle l'a décidé, un point c'est tout.

Raphaëlle était ébahie par le discours des deux garçons. Elle sentait l'admiration qu'ils avaient pour leur sœur. Elle regardait l'appartement de la jeune fille. Un grand studio, avec de magnifiques peintures au mur.

– Ah oui, ce sont ses œuvres. Elle était peintre, mais aussi musicienne. Elle écrivait. Elle était douée en tout.

Sur la table de chevet, il y avait un gros livre de la collection Blanche de Gallimard : *Les Mandarins*.

– Ça, c'était son livre préféré. Elle le connaissait presque par cœur. Un livre que plus personne ne lit. Comme si les autres œuvres de Simone de Beauvoir avaient pris le dessus.

– Plus personne ? Moi j'ai lu et aimé *Les Mandarins*, dit Raphaëlle. À tel point que je disais : « Anne Dubreuil, c'est moi. »

– Alors prends-le. Cela nous fait plaisir.

Les deux frères racontèrent qu'ils avaient décidé d'être les premiers à répondre à l'appel de leur sœur. Sacha expliqua qu'avec les mathématiques, on pouvait faire beaucoup de choses. Quand Raphaëlle leur demanda comment ils comptaient agir, ils restèrent évasifs. Ils dirent simplement qu'ils avaient été contactés par un groupe d'amis d'Hannah, comme elle lauréats de l'Institut de l'Engagement, qui avaient lancé un collectif et qu'ils allaient les aider à structurer leurs actions.

– Ce serait bien de garder le contact, proposa Sacha en raccompagnant Raphaëlle.

En sortant de cet apéritif éprouvant, elle se rappela que Serge lui avait proposé de dîner ensemble et qu'elle avait accepté. Elle lui envoya un SMS pour s'excuser de son retard, sauta sur un Vélib pour rejoindre un petit restaurant niché dans le Marais, rue Charlot. Serge lui expliqua qu'il avait un jour sauvé la vie du patron, en diagnostiquant un début d'infarctus, alors que le restaurateur pensait que sa douleur était l'effet secondaire de sa deuxième dose de vaccin contre le covid. « Je l'ai envoyé fissa aux urgences cardiaques de la Pitié. Quelques heures après, il avait sept stents ! L'avantage c'est qu'il est toujours vivant, l'inconvénient c'est que je ne peux plus payer quand j'y vais. Du coup, j'y vais moins souvent. Mais là, on a besoin qu'on nous remonte un peu le moral. Je pense que nous avons beaucoup de choses à nous dire. »

Ils furent accueillis par des exclamations de joie du couple de restaurateurs. Raphaëlle se dit que cela faisait du bien à l'ego de Serge et qu'il avait envie de lui montrer ce qu'il en était. Comme beaucoup de psychiatres, Serge connaissait cette frustration par rapport à ses confrères d'autres spécialités de ne pas sauver de vies. Il ne se sentait pas assez démiurge. Il enviait parfois les transplanteurs, les chirurgiens cardiaques, les réanimateurs, même s'il savait qu'il aurait été incapable d'exercer l'une de ces spécialités. Alors avoir le sentiment d'avoir sauvé une vie, cela lui permettait – comme il disait avec humour – de se prendre pour un vrai médecin. La restauratrice leur trouva une table un peu à l'écart, revint immédiatement avec une bonne bouteille de rouge, leur dit qu'elle allait rapidement prendre la commande, après avoir conseillé les spécialités du jour, redit cinq fois à Raphaëlle que Serge était leur sauveur mais qu'il ne revenait pas assez souvent, puis les laissa tranquille.

Raphaëlle lui raconta sa visite chez Hannah, la réaction incroyable des deux frères, le bien que cela lui avait fait et l'émotion de découvrir *Les Mandarins*. Elle sortit le livre de son sac. Sacha et Milan avaient insisté pour qu'elle parte avec. Ils avaient été eux-mêmes bouleversés en apprenant que le livre préféré de leur sœur était aussi celui de la jeune psychiatre. L'exemplaire était corné, sali, annoté, souligné.

– Je ne savais pas qu'on lisait encore les Mandarins. Moi je l'ai lu au siècle dernier. J'avais une professeure de français qui était une grande beauvoiriste. Pour se faire bien voir, il fallait l'avoir lu. Alors j'ai échappé au *Deuxième Sexe* et je n'ai lu que deux livres d'elles, mais qui m'ont aussi marqué à jamais : *Une mort très douce* et *Les Mandarins*. À part mes copains d'avant, je n'ai jamais rencontré personne qui ait lu *Les Mandarins*.

J'avais l'impression qu'il était tombé dans l'oubli. Et toi, qui t'as fait le lire ?

– Personne, les hasards de la bibliothèque familiale. Il était là, dans la collection Blanche, avec des pages non coupées. Il avait dû être acheté un jour et jamais ouvert. J'ai trouvé ça injuste. J'ai commencé et je n'ai pas réussi à m'arrêter. Et parfois je me dis que c'est de cette lecture qu'est venue ma vocation de psychiatre. Ce n'est probablement pas vrai, mais j'aime me raconter cette histoire.

– En fait, ce livre est d'une grande actualité. Il se trouve que j'y pense souvent ces derniers temps. Je n'ai jamais eu le courage de le relire, mais j'ai gardé le souvenir d'une bataille entre deux conceptions de l'engagement. D'un côté des intellectuels un peu cyniques qui sentent que le monde de l'après-guerre dérive et de l'autre ceux qui prônent l'action.

– Oui, c'est ça.

– Eh bien, imagine-toi que c'est exactement le problème auquel je suis confronté.

– Ah bon ?

– Est-ce que je peux te parler en toute confiance, avec la même confidentialité que si nous évoquions un patient ?

– Bien sûr.

– Mais avec le besoin du secret absolu.

– Tu peux compter sur moi.

Serge se demandait pourquoi il avait besoin de s'épancher auprès de sa jeune cheffe de clinique, qui avait l'âge d'être sa fille. Est-ce qu'il projetait en elle un besoin de lui remonter le moral ? Elle venait de connaître l'une des pires épreuves d'une jeune vie professionnelle : le suicide d'une patiente au sortir d'une consultation. Il savait combien c'était lourd à supporter. Il se disait que lui confier son secret, c'était peut-être une manière d'occuper une partie de son cerveau et d'alléger le fardeau de la culpabilité.

– Alors ce que je vais te dire a justement un rapport avec *Les Mandarins*. Dans un coin de ma tête, depuis toujours, je pense à ce débat entre les intellectuels d'après-guerre à cette époque de découverte du goulag. Il se trouve que ce doute, nous le partageons avec une bande d'amis de ma génération, c'est-à-dire de la génération de tes parents.

Et Serge lui raconta la réunion de 2002 et la manière dont le « groupe dormant » s'était réactivé en 2022.

– Nous nous sentons responsables. Nous avons assisté, somme toute assez passivement, à la réversibilité du progrès. Nous avons continué notre vie. Oh, certes, on a tous un peu milité, un peu manifesté, un peu écrit, nous ne sommes pas complètement restés les bras ballants. Mais nous avons fait le constat que tout cela ne pesait guère sur le cours des choses.

Il baissa soudainement la voix. La patronne s'était approchée d'eux :

– Alors, tout baigne ? Elles sont bonnes, les petites tomates de notre jardin ? Et pas un pesticide ! C'est du vrai bio.

– Parfait. Elles sont toujours aussi délicieuses.

– Oh là là, j'ai l'impression que vous parlez de choses bien sérieuses. Je vous laisse.

Serge murmura :

– Il faut que j'accélère. Je la connais, elle est incapable de nous laisser tranquilles plus de cinq minutes.

Il reprit avec un débit plus rapide :

– Depuis quelques semaines nous étions, dans le groupe un certain nombre à nous dire qu'il fallait changer de méthode, qu'on ne pouvait pas se contenter de tribunes, de livres, de manifestations. Ça a pas mal castagné entre les partisans du légalisme et ceux qui voulaient franchir la ligne rouge. Et on s'est enfin décidés pour l'action en passant outre aux réserves des plus timides, ou des plus classiques, ou des plus raisonnables, c'est selon.

– Et qu'est-ce qui vous a fait basculer ?

– Le suicide d'Hannah. Je ne t'avais jamais dit, mais les parents d'Hannah sont justement dans ce groupe.

– Quoi, tu connaissais sa famille ?

– Je connaissais Hannah depuis qu'elle était toute petite. Benjamin et Rachel, ses parents, sont de proches amis. Ils m'ont dit qu'elle souffrait de quelque chose qui ressemblait à la solastalgie. Je leur ai répondu que je ne pouvais pas la suivre moi-même mais je l'ai orientée vers toi.

– Sans me le dire ?

– J'ai pensé que cela mettrait trop de pression si je te le disais.

– Mais c'est nul !

– Oui, c'est nul. Mais j'ai cru bien faire. J'avais et j'ai toujours tellement confiance en toi que je savais que je n'avais pas besoin de te la recommander. Et je n'avais pas mesuré, en écoutant ses parents, la gravité de ses troubles.

– Bon, décidément, quelle journée. Et quand tu dis que vous passez à l'action, qu'est-ce que ça signifie ?

– Ça veut dire que nous rentrons dans la clandestinité.

– Tu nous quittes ?

– Non, non, je continue à faire tourner l'unité de solastalgie. Mais nous avons composé une sorte de société secrète et nous préparons des actions hors du cadre.

– Toi, hors du cadre ? Mais je ne t'ai jamais vu enfreindre le moindre règlement.

– Justement. On ne peut plus rester comme cela. Et Hannah finalement a achevé de nous convaincre.

– Qu'allez-vous faire ?

– Pour l'instant, on se réunit, on discute, on examine les différentes modalités d'action possible, mais on est déterminés. On ne fera pas marche arrière.

– Cela implique des actions illégales ?

– Nous disons plutôt des actions « supra légales ».

– C'est quoi, ce charabia ?

– Écoute, Raphaëlle, à notre âge, on ne se refait pas. On est tous des quinquas ou des sexagénaires tout ce qu'il y a de plus honorable. On a fait notre vie dans le système. Certains d'entre nous l'incarnent même. Je ne peux pas te dire qui compose ce groupe, mais il compte des magistrats, des professeurs, des hauts fonctionnaires. La plupart d'entre nous se sont consacrés à fabriquer, enseigner ou faire appliquer la loi. Alors on a du mal à se situer dans l'illégal. C'est pour cela qu'on a choisi le terme supra légal.

– Encore une fois je ne comprends pas.

– C'est simple. On se réfère à un impératif catégorique supérieur aux lois actuelles. Les lois qui nous régissent n'empêchent pas la destruction de la Terre. Nous nous référons donc à une sorte de constitution implicite qui est celle de la préservation de la planète et de l'humanité. Je sais, c'est à la fois grandiloquent et hypocrite. Mais c'est comme cela que nous avons raisonné. Nous avions besoin de puiser notre légitimité quelque part. Du coup, nous sommes en train de définir un corpus de règles, on pourrait dire un corpus législatif, parce que nous avons besoin d'un cadre, de repères, de lois à respecter. Sauf que ces lois ne sont pas celles que l'on trouve dans les codes rouges, mais des lois de la résistance.

– Ce que tu me décris, c'est le fonctionnement d'une secte. Les gourous se réclament des lois de la résistance. C'est comme cela qu'ils assurent leur emprise sur les adeptes. Et à la fin, c'est le suicide collectif.

– Rassure-toi, nous ne sommes pas l'ordre du Temple solaire. Chez nous, personne n'exerce d'emprise sur personne ; on est tous majeurs et vaccinés.

– Mais pour quoi faire ?

– C'est à définir. Certains parlent de sabotage ou d'enlèvement. Je ne sais pas encore. Mais comme on dit, nous n'excluons rien. La seule ligne, c'est l'efficacité. Cela t'intéresserait d'en être ?

– Au point où j'en suis… pourquoi pas ?

Raphaëlle avait l'esprit ailleurs.

– À mon tour de te poser une question.

– Je t'écoute.

– Est-ce qu'il y a un problème éthique à avoir une relation avec le parent d'une ancienne patiente ?

– Quel genre de relation ? Une relation sentimentale ?

– Oui, par exemple, je ne sais pas trop.

Raphaëlle bafouillait et rougissait à la fois.

– Il ne faut pas que cela puisse interférer avec la prise en charge du patient ou de la patiente. C'est la règle de base. Un ancien patient peut redevenir un nouveau patient. On ne sait jamais de quoi l'avenir est fait. Il m'est arrivé de reprendre une relation thérapeutique avec un patient après trente ans d'interruption.

– Je comprends. C'est clair.

La jeune psychiatre rentra chez elle à pied. Quelle journée ! Serge avait-il trop bu ? Elle ne le voyait pas en conspirateur, lui qui était à cheval sur le règlement, attaché à son petit confort. Elle ne l'imaginait pas en révolutionnaire armé. Et pourquoi s'était-il confié à elle ? Entre le moment extraordinairement intense qu'elle avait vécu chez Hannah, l'effet produit par les deux frères et ce dîner surréaliste, elle se sentait bouleversée.

Elle fut accueillie par sa chatte noire qui vint se frotter à ses jambes en miaulant. « Tiens, Sacha, je vais te donner tes croquettes. » Et elle ajouta : « Quelle idée de t'avoir appelée Sacha. Est-ce vraiment un nom pour une chatte ? Ça n'est pas un peu confusant ? Qu'est-ce que tu en penses ? »

Raphaëlle se jeta dans son lit, sortit l'exemplaire des *Mandarins* que les frères d'Hannah lui avaient donné. Elle tomba sur un passage souligné par la jeune fille : « Il était ramené par les événements à la conscience lucide de son inutilité. »

Elle s'endormit sur ces mots.

Chapitre 14

Pierre prit les choses en mains très sérieusement. Il fallait avant tout éviter de pécher par ignorance. On ne passait pas à l'action sans avoir réfléchi. Il organisa donc une séance de formation. C'était aussi une occasion de mélanger les deux groupes, de faire prendre la mayonnaise entre les générations. On réunit donc, dans une grande salle mise à disposition par Étienne, le G2104 et le groupe Solastalgie, ce qui représentait une bonne trentaine de participants.

La gageure, c'était de voir si on pouvait résumer les enjeux en deux heures. Après tout, c'est ce qui avait été fait pour le gouvernement lors de sa formation accélérée à la transition écologique par Valérie Masson-Delmotte.

On s'y perdait dans les rapports, dans les données, dans les échéances, dans les chiffres et dans l'enchevêtrement des problématiques. Les gaz à effet de serre, les hydrocarbures, le nucléaire, les énergies renouvelables, la problématique de l'eau, l'alimentation, la démographie, la fonte des glaces, la montée des eaux, la question de l'isolation des logements, les catastrophes climatiques, les phénomènes extrêmes, la pollution, la santé, la question des pôles, celle des courants, les immenses questions de la biodiversité, l'impact de l'activité humaine, la question de l'engagement individuel au regard du rôle des gouvernements, la responsabilité des pays riches et les attentes des pays pauvres.

Serge fut le premier à résumer ses doutes :

– Poussé par mes jeunes patients qui en savent plus que moi, j'essaie depuis quelques mois de lire ce qui s'écrit sur le sujet. J'ai toujours autant de mal à me faire une idée claire. Les COP s'enchaînent les unes après les autres. Difficile de savoir si elles marquent des progrès ou signent des reculs. Faut-il se réjouir des avancées, même timides, qu'on retrouve dans les communiqués, ou déplorer le sur-place ? Quels sont les écarts entre les engagements pris et la réalité ? J'avoue que je ne sais plus démêler ce qui relève des faits, des conjectures, de la volonté, de l'incantation, du réalisme, de l'utopie, de l'hypocrisie, de la lucidité.

Mansour enchaîna :

– Il y a bien les rapports du GIEC, mais on a du mal à se repérer dans leur temporalité. J'ai lu le sixième rapport paru en avril. Juste après, il y a eu cet été de tous les records. Et globalement une année 2022 qui a connu presque chaque mois une période de chaleur exceptionnelle, avec neuf épisodes « d'anomalies de plus de 4 degrés » et le record du 31 décembre : c'est l'année la plus sèche jamais enregistrée. Est-ce que ces phénomènes, postérieurs au rapport, le rendent caducs ou avaient-ils déjà été pris en compte par anticipation ? Ensuite je suis tombé sur le rapport de l'organisation environnementale des Nations unies, publié fin octobre. J'y ai trouvé des hypothèses qui m'ont semblé plus pessimistes. Mais je ne sais pas dire si ce sont deux approches comparables ou contradictoires. Bref, même quand on veut s'y plonger sérieusement, ce n'est pas simple[1] !

Tous ressentaient le même tournis. La difficulté à se repérer dans ce fatras de données et d'opinions. À se fier à un courant de pensée. Comment se retrouver entre les décroissants et les pro-nucléaires ? Entre ceux qui pensaient que les enjeux n'étaient plus en France, ni même en Europe, mais dans le reste du monde ? Entre ceux qui étaient pour le tout électrique et les critiques qui commençaient

---

1. Si vous avez le même intérêt que Serge et Mansour, et que vous voulez gagner un peu de temps, nous vous recommandons deux ouvrages : *Le GIEC urgence climat, le rapport incontestable expliqué à tous*, de Sylvestre Huet, avec une préface de Jean Jouzel, Tallandier, 2022, ainsi que *Tout comprendre (ou presque) sur le climat*, de Bonpote, Anne Brès et Claire Marc (lauréate de l'Institut de l'Engagement), sous la direction de Jean-François Doussion, avec une préface de Valérie Masson-Delmotte, CNRS Éditions, 2022.

à monter y compris sur la conversion des voitures électriques ? Ceux qui disaient que tout se jouait en Chine, ou en Afrique, ou aux États-Unis, ou dans tous ces pays à la fois ? Ceux qui disaient que la bonne direction avait été prise ? Ceux qui au contraire évoquaient l'aggravation ? Et il y avait ce fameux « plus que trois ans » du rapport du GIEC de 2022.

Pierre pensait qu'il fallait démêler tout cela et repartir à la base. Tout d'abord se mettre au clair sur les grands chiffres, les grandes données, les grandes échéances. Il s'agissait de faire le tableau le plus synthétique possible des tendances : la fin du monde pour les nuls !

Il confia à trois des membres un travail de synthèse à partir de questions qu'ils validèrent ensemble et chargea Étienne d'en faire la présentation. C'est donc à lui qu'il céda la parole :

– On va d'abord prendre comme point de départ l'accord de Paris. Tout le monde s'en souvient. C'est en 2015 ce qu'on appelle la COP21. Tous les États sont présents. C'est Laurent Fabius qui préside. Et les délégations sortent satisfaites avec un accord dont l'enjeu est simple : limiter le réchauffement climatique à 1,5 degré d'ici la fin du siècle. On sait déjà à l'époque qu'il est vain de prétendre stopper le réchauffement, encore moins de « refroidir » la planète. On essaie donc de limiter les dégâts avec un objectif de 1,5 degré, lui-même volontariste. Car la tendance spontanée, sans action supplémentaire des États, c'est-à-dire grosso modo en conservant la même consommation énergétique, le même niveau de consommation moyen par habitant et les mêmes sources d'énergie, conduit plutôt à atteindre 4 ou 5 degrés d'ici la fin du siècle.

» À ce stade, il faut avoir conscience de trois choses. La première, c'est que 4 degrés, c'est vraiment la catastrophe. La deuxième, c'est que le 1,5 degré est presque déjà compromis. Le rapport de l'organisation environnementale de l'ONU qui est sorti en octobre 2022 évoque plutôt – post Cop21 de Paris et post COP26 de Glasgow – un réchauffement de 2,6 degrés en faisant la somme de tous les engagements pris par tous les États. Et encore, cela suppose que les engagements soient tenus, ce qui est loin d'être sûr. La troisième, c'est que pour revenir à la limite de 1,5 degré, les conditions sont assez simples à décrire. Il faut d'ici 2030, c'est donc très bientôt, réduire au niveau mondial de 45 % les émissions de gaz à effet de serre par rapport à leur niveau actuel. C'est considérable. Et pour ne pas dépasser 2 degrés, il faudrait quand même baisser les émissions de 27 %. Pour avoir une idée de l'effort, il faut rappeler que la baisse n'a pas encore commencé. La seule chose qu'on a réussi à faire jusqu'à présent, c'est à ralentir la vitesse de l'augmentation ; entre 2010 et 2019, les émissions ont augmenté de 1,1 % par an, comparé à 2,6 % par an entre 2000 et 2009.

» Il faut ensuite – désolé de la complexité supplémentaire – distinguer la question des flux et des stocks. Les flux, ce sont les émissions annuelles qui résultent de notre activité actuelle. Ces émissions sont liées à trois facteurs : le premier, et de loin, c'est la consommation d'énergie fossile, qui dégage du CO_2 ; le deuxième, c'est le méthane, principalement lié à l'élevage ; le troisième, ce sont les dérivés azotés, essentiellement liés aux engrais utilisés en agriculture. Ce que nous dit le rapport du GIEC, c'est qu'il faut baisser à la fois le CO_2 et le méthane, à nouveau pour ne pas nous trouver dans une situation d'échappement.

» Ce qui est émis ne se dissipe pas mais s'accumule. Et cela donne un stock de gaz qui est la résultante de l'ensemble des émissions depuis toujours. C'est pour cela que le calendrier est critique. Si nous continuons à émettre pendant les prochaines années au rythme actuel, nous aurons accru le stock et la décélération devra être d'autant plus forte et d'autant plus rapide dans le futur, car nous aurons « mangé » une plus grosse partie de notre budget total carbone.

» Alors, où sont les enjeux ? On va successivement raisonner par zones géographiques et par activité.

» Pour la géopolitique du réchauffement, c'est assez simple. Les pays du G20 sont responsables de trois quarts du total des émissions de gaz à effet de serre. Et sept membres du G20 représentent plus de la moitié des émissions mondiales : la Chine, les États-Unis, l'Union européenne, la

Russie, l'Indonésie, le Brésil et l'Inde. Mais, dans ces pays, les émissions par tête sont très variables : 14 tonnes par Américain, 13 par Russe – c'est intéressant parce que le PIB des deux pays est très différent –, 9,7 par Chinois, 7,5 au Brésil et en Indonésie, 7,2 en Europe. Avec un cas particulier, l'Inde, où les émissions par habitant sont faibles – assez proches de celles qu'on trouve dans les pays les moins développés, avec 2,4 tonnes par habitant, mais où la population est si importante que cela fait de l'Inde un des grands émetteurs mondiaux.

» On peut rajouter que l'Europe a vu sa part dans les émissions de gaz à effet de serre être divisée par deux en trente ans – elle représentait 16 % des émissions, elle n'en représente plus que 8 % – avec une baisse d'un quart de ses émissions pendant cette période, alors même que les émissions au niveau planétaire continuaient à augmenter. Elle fait figure d'assez bonne élève dans une classe de cancres. Cela ne veut pas dire qu'elle arrivera à la neutralité carbone en 2050, mais c'est probablement celle qui en sera le plus près, à condition de faire plus d'efforts. Pour le reste du monde, on sent un beaucoup plus fort scepticisme, même s'il se passe des choses partout. Par exemple, le prix des énergies renouvelables a chuté (il a baissé de 85 %), ce qui rend rentables les éoliennes et les panneaux solaires, ce qui n'était pas le cas il y a peu, et la Chine investit massivement, ne serait-ce que pour inonder les marchés mondiaux de voitures électriques.

» Si on en revient aux questions que soulevaient Serge et Mansour sur les rapports, le dernier du GIEC est finalement assez clair : « Dans les scénarios que nous avons évalués, pour limiter le réchauffement à environ 1,5 degré, les émissions mondiales de gaz à effet de serre devraient atteindre leur valeur maximale avant 2025, puis diminuer de 43 % d'ici à 2030, et il faudrait une réduction parallèle d'environ un tiers du méthane. Même si nous y parvenons, nous risquons fort de dépasser temporairement ce plafond de température, mais nous pourrions redescendre en dessous pour la fin du siècle. » Un peu plus loin, le rapport ajoute : « Si nous n'agissons pas aujourd'hui, il sera trop tard : nous ne pourrons plus limiter le réchauffement de la planète à 1,5 degré. Sans une rédaction immédiate et radicale des émissions dans tous les secteurs, ce sera impossible. » Il est clairement écrit que les projections des engagements nationaux rendent probable de dépasser le 1,5 degré et rendent plus difficile après 2030 de rester sous la limite des 2 degrés. C'est là que l'on trouve le concept de « turning point » : « Sans un renforcement des politiques au-delà de celles qui sont mises en œuvre en 2020, les émissions de gaz à effet de serre vont continuer à augmenter après 2025 et vont conduire à un réchauffement médian de 3,2 degrés. »

Une voix s'éleva dans la salle :

– Bon, soyez clairs : est-ce que cela veut dire qu'on peut, qu'on va y arriver ? ou non ? foutu ? kapout ?

Au ton et au vocabulaire, on reconnaissait l'intervention d'un des jeunes.

– Si on lit les rapports entre les lignes, on y devine un réel embarras. D'un côté, les auteurs veulent être encourageants, pour montrer que c'est possible, que cela en vaut la peine et qu'il n'est pas trop tard. De l'autre, on comprend que le renversement de tendance à l'échelle de la planète demande un effort gigantesque et qu'il est à peine amorcé. D'ailleurs, au moment de la COP27 en Égypte, un millier de scientifiques ont publié une tribune pour refuser qu'on se voile la face, qu'il fallait dire la vérité et que c'était mentir de prétendre que l'objectif de 1,5 degré était encore envisageable. À ceux qui pensent qu'édulcorer encourage les bonnes volontés, ils rétorquent que cela ne fait que pousser à la procrastination.

– La procrastination ? interrogea une petite voix au fond.

– Oui, le fait de retarder toujours le moment où on s'y met sérieusement.

– Et les COP prévoient des sanctions si les États ne font rien ?

– Non, c'est l'un des problèmes. Il n'y a pas de mécanisme contraignant. Si ce n'est à l'intérieur de l'Europe entre pays, où les États membres se sont mis d'accord pour surveiller, contrôler et conditionner un certain nombre de financements à l'atteinte des résultats. Mais il n'y a aucune autre région du monde qui est soumise à ce type de régulation. Par ailleurs, il y a des pays aujourd'hui faibles émetteurs qui n'auront pas envie de rester avec des émissions très faibles. Grosso modo, le rapport est fait comme si les pays faiblement émetteurs le resteraient et les gros émetteurs baisseraient leurs émissions.

Claire se leva et prit la parole, s'exprimant comme si elle prononçait une sentence à la barre.

– Donc, moi, je lis les rapports et les chiffres de la manière suivante. Jusqu'à récemment, on visait comme plafond 1,5 degré ou 2 degrés. C'était la limite qu'on ne voulait pas dépasser. Aujourd'hui, on a l'impression que ces plafonds sont devenus des planchers. En d'autres termes, il est peu probable que toutes les conditions soient réunies pour qu'on reste dans ces limites. En 2025, on constatera qu'on n'a pas stabilisé et amorcé la décrue et qu'on se retrouvera à essayer d'échapper au + 3 degrés ou même au + 4 degrés. C'est d'ailleurs ce qu'on trouve dans le rapport de l'ONU, certes probablement influencé par le fait qu'il est essentiellement fait par des Scandinaves proches de la cause, qui évoquent dès maintenant les 2,8 degrés comme scénario le plus probable. Le titre du rapport est éloquent « The Closing Window ». La fenêtre se ferme !

– On peut revenir sur les conséquences ? demanda Mansour.

– Oui, je pense qu'on peut facilement évoquer les conséquences les plus importantes. Prenons-les dans le désordre. Car il est difficile de déterminer lesquelles sont les pires.

» La montée des eaux, si elle est contenue entre 30 centimètres et 1 mètre d'ici la fin du siècle est susceptible d'avoir un effet sur un milliard d'êtres humains qui vivent sur des littoraux de basse altitude, exposés directement aux aléas côtiers. On peut prendre de nombreux exemples, comme celui des dizaines de millions d'habitants du delta du Nil, qui n'auront pas de refuge en Égypte ou dans les pays voisins. Et si jamais les calottes s'effondrent – ce qui est loin d'être exclus –, c'est pire. Certains scénarios plausibles évoquent 2 mètres en 2100 et 5 mètres en 2150 ! Vous imaginez ce que cela va provoquer : les migrations, les guerres, la misère.

» Ensuite, il y a les conséquences certaines sur la sécheresse, avec des implications complexes du cycle de l'eau. En pratique, cela veut dire que l'on va connaître une augmentation de la désertification, des zones qui ne sont plus cultivables et même plus habitables. Cela rajoute un ou deux milliards d'habitants par rapport à ceux qui étaient concernés par la montée du niveau de la mer. Le GIEC estime qu'il y a 3,3 à 3,6 milliards d'êtres humains, soit près de la moitié de l'humanité, qui vivent dans des contextes hautement vulnérables au changement climatique. Et ce ne sont pas ceux qui sont les plus gros émetteurs de carbone !

» En même temps, commence à être documentée une implication forte sur la santé humaine. On le voit lors des canicules, mais pas seulement. Une analyse récente dans *Nature Climate Change* estime que plus de la moitié des maladies infectieuses et allergiques qui affectent l'humanité sont aggravées par les aléas climatiques.

» Et il y a bien sûr les conséquences sur la biodiversité. Je rappelle cette donnée effrayante : la mortalité des arbres en France a augmenté de 54 % sur la période 2012-2020 comparée à la période 2005-2013. La perte de la biodiversité n'est pas seulement due au réchauffement climatique mais plus généralement à l'activité humaine, à la destruction des habitats naturels et à toute une série de conséquences. La conjugaison du réchauffement et de la perte de biodiversité est une menace encore plus importante pour la planète. On le voit avec la perte des insectes pollinisateurs par exemple. Les cultures seront d'autant plus vulnérables qu'il fera plus chaud et qu'il y aura moins d'insectes ! Sur ce sujet aussi, on s'aperçoit qu'on a largement sous-estimé les effets du réchauffement climatique. Ce n'est que très récemment qu'une étude publiée dans *Science Advances* a réussi à modéliser la co-extinction, c'est-à-dire les conséquences de la disparition de certaines espèces animales sur d'autres, montrant que la disparition d'animaux sera le double de ce que l'on pensait jusqu'à présent.

Claire reprit la parole :

– Pardon si ma question est idiote, je ne suis pas scientifique, mais ce qu'on cherche à éviter, ce sont les énergies fossiles ? On ne peut pas accélérer la substitution par d'autres sources d'énergie ?

– Tu as raison, répondit Étienne. Mais sur un laps de temps si court, il est illusoire de penser que nous pourrons substituer aux énergies fossiles soit de l'énergie nucléaire soit de l'énergie renouvelable. Il faudrait construire des centaines de centrales nucléaires, ce qui est strictement impossible. Et en ce qui concerne les éoliennes et l'énergie solaire, elles représentent aujourd'hui à peine 3 % de l'ensemble des sources d'énergie. Imaginer qu'on pourrait passer de 3 % à 40 %, c'est juste matériellement inconcevable.

» Pour ne pas franchir le turning point, il faut que l'essentiel de la réduction des émissions passe par une réduction à peu près équivalente de la consommation d'énergie : 4 % d'énergie en moins chaque année. Or, il y a une seule année où l'on a obtenu ce résultat : c'est l'année 2020, dans des circonstances exceptionnelles de pandémie, de suspension des échanges internationaux et de multiplication des confinements à travers le monde. Dès 2021, on est repartis sur les tendances précédentes.

» Pour atteindre le « zéro émission nette » en 2050, on peut imaginer que l'on puisse avoir un équilibre entre trois actions : d'une part, la capture de carbone, grâce à la reforestation. Ça veut dire, là aussi, inverser les tendances parce qu'on continue à détruire des forêts. Cela n'a donc rien d'acquis, mais ce n'est pas inconcevable sur trente ans. En deuxième lieu, la substitution d'énergie fossile, car cela laisse le temps de développer du solaire, de l'éolien, mais aussi du nucléaire et de l'hydrogène. Enfin, la modération de la consommation d'énergie.

» Si on n'obtient pas cette baisse d'ici 2030, non seulement la neutralité carbone en 2050 ne sera plus suffisante – ce qui aura été émis entre maintenant et 2030 comptera dans la balance, c'est le sujet du stock que j'évoquais tout à l'heure –, mais le chemin sera plus ardu.

» Donc, éviter l'échappement suppose de réduire drastiquement la consommation d'énergie dès maintenant. Et encore, ces scénarios ne prennent pas en compte les phénomènes d'accélération, trop complexes et hasardeux à modéliser. Récemment a été mis au point un modèle qui démontre que les glaciers du Groenland fondaient 100 fois plus vite que ce qu'on pensait jusqu'à présent[1]. Et la fonte totale du Groenland, ça signifie une élévation de 6 mètres du niveau de la mer !

Il fallait ensuite y voir clair sur les leviers. Est-ce que la démographie était un élément clé ?

1. Kirstin Schulz, *Geophysical Research Letters*, 20 septembre 2022.

En d'autres termes, est-ce que l'évolution démographique des cinquante prochaines années ou du laps de temps qui nous séparait de la fin du siècle allait tout emmener sur son passage ? Peu importe qu'on décarbone un peu, qu'on se modère un peu, de toute manière la croissance de la population mondiale allait faire basculer dans l'accélération de la dégradation du monde. Est-ce que la « défossilisation » de l'énergie (ou la décarbonation), si elle se produisait, suffirait en elle-même ?

Il y avait une autre manière de voir les choses. Est-ce que des gouvernements éclairés, volontaristes, sincères et cohérents seraient capables d'agir efficacement ? Derrière cette question naïve, l'interrogation était la suivante : la force du capitalisme était-elle quoi qu'il arrive supérieure à la force des États ? Les opinions publiques étaient-elles capables d'accepter les mesures qui les sauveraient du désastre ? Autrement dit, les mesures nécessaires étaient-elles acceptables ou existait-il des limites démocratiques et sociales à la transition écologique ? Est-ce qu'il fallait faire un retour en arrière radical ?

Chapitre 15

Raphaëlle organisa un dîner avec Patience et les deux frères d'Hannah. C'était une manière de mieux faire connaissance avec sa collègue et un prétexte pour revoir Sacha. Dans son petit appartement de la rue des Vignoles, elle avait préparé un repas végétarien avec un smoothie de betteraves, des lasagnes de légumes et une salade de fruits. Les sujets de conversation ne furent pas difficiles à trouver. Patience revenait de quelques jours au Rwanda où elle se rendait chaque année pour aider Sevota, une ONG qui venait au soutien des femmes tutsi victimes de viols. Beaucoup d'entre elles en avaient gardé deux traces indélébiles : le virus du sida et un enfant.

Patience raconta le travail remarquable de la fondatrice de l'association. Celle-ci était hutu, avec un mari tutsi tué lors du génocide, tout comme leurs enfants. Elle exerçait comme psychologue. Elle accompagnait, avec son ONG, près d'une dizaine de milliers de femmes qui vivaient avec cette relation d'amour-haine avec leurs enfants, nés de la violence de leurs bourreaux.

– Cela doit être un sacré contraste entre Kigali et l'Hôtel-Dieu, entre les femmes que vous accompagnez au Rwanda et les patients parisiens. Les souffrances ici doivent t'apparaître dérisoires ?

– Vous savez, aussi absurde que cela paraisse, je fais souvent le parallèle et je trouve des similitudes, entre une tragédie avérée et une catastrophe à venir. Je trouve passionnant et indispensable de s'intéresser aux signaux précurseurs. Dans mon pays, il y avait bien sûr des signes avant-coureurs. Depuis 1990 se déroulaient des massacres de Tutsi. On ne voulait pas voir. Ce n'est pas un génocide venu de nulle part. C'est une longue préparation, visible pour ceux qui auraient voulu voir. Nos patients solastalgiques, je les vois aussi comme des vigies.

Les deux frères étaient fascinés d'entendre Patience. Un peu intimidés, mais ressentant un lien entre cette jeune femme, qui semblait si forte après avoir connu le pire, et leur sœur, qui était aussi une combattante :

– Pardon pour cette question idiote, osa Milan, mais, avec le temps, as-tu fini par comprendre ce qui s'était passé ?

– On peut trouver des explications à la haine entre Tutsi et Hutu qui a été suscitée, entretenue par nos colonisateurs. Les Belges utilisaient un pied à coulisse pour mesurer le nez des Tutsi et ce sont eux qui ont imposé que l'ethnie figure sur les papiers d'identité. Tout cela a créé les conditions d'un conflit, d'une guerre civile. Mais le génocide lui-même reste un mystère insondable. Ces meurtres entre voisins. Cette pulsion de mort inarrêtable. Le plus incompréhensible, c'est que contrairement à d'autres catastrophes, les meurtriers n'ont pas mis de distance entre eux et leurs victimes. Le pilote qui lâche la bombe sur Hiroshima peut penser qu'il ne voit rien. Il est 10 000 mètres au-dessus de sa cible. Il verra de loin le champignon atomique, mais pas une seule de ses victimes. Dans les camps d'extermination nazis, tout a été fait pour déshumaniser les actes des bourreaux. Pour que chacun soit un simple maillon d'une longue chaîne. Avec une organisation technique, une sophistication logistique qui y contribuaient. Dans le génocide des Tutsi, c'est tout le contraire. Les bourreaux connaissent leurs victimes. Ils se montrent à elles. Ils se voient blesser, tuer, massacrer. Ils ne fuient pas les regards de leurs proies, ils entendent leurs cris.

– Ce qui me fascine avec le réchauffement climatique, dit Raphaëlle, c'est que nous voyons aussi la catastrophe se préparer sous nos yeux. On accumule les preuves, observations après observations, rapports après rapports, mais ce n'est jamais suffisant pour agir.

Patience renchérit :

– On me pose d'ailleurs souvent la question : vous qui avez survécu à un génocide, qui venez d'un pays où il y a eu près d'un million de morts en trois mois, qui avez perdu vos parents, qui êtes une rescapée de l'horreur, comment pouvez-vous trouver la motivation de vous occuper de petites dépressions dans les pays riches et pacifiques ?

– Je reconnais que cela me brûlait les lèvres, avoua Milan, mais je n'osais pas le demander.

– Il faut toujours oser ! Il en faut plus pour me choquer. J'y ai réfléchi, bien sûr, parce que cela ne va pas de soi. Dans les deux cas, comment expliquer qu'on ne puisse pas interrompre le cours des choses avant qu'il ne soit trop tard ? Qu'est-ce qui, dans le cerveau humain, provoque cette paralysie, cette impuissance ? Je parlais d'un mystère. C'est en réalité un double mystère. Le mécanisme incompréhensible qui transforme des hommes ordinaires en assassins sanguinaires. Mais aussi le mystère de la passivité. Comme si on avait besoin de subir pour croire. Raphaëlle, je ne sais pas si tu auras la réponse dans le cerveau de tes souris de laboratoire, où tu passes beaucoup de temps. J'en doute. Tu découvriras certainement des choses passionnantes et utiles, mais tu n'élucideras probablement pas cette énigme.

– Nous ne prétendons pas faire de la psychologie humaine avec nos souris. Nos ambitions sont plus limitées, mais pour autant nos recherches soulèvent des problèmes intéressants. Je ne suis pas certaine d'être en ligne avec le Pr Karoui avec lequel je travaille.

– Sur quoi portent vos désaccords ? demanda Sacha, qui ne quittait pas des yeux la jeune psychiatre.

– Karoui pense pouvoir trouver une molécule qui guérisse la solastalgie, ou du moins qui en atténue les symptômes. Il est convaincu qu'on peut mettre au point une lignée de souris plus sensibles que les autres au stress climatique. Et cela semble être le cas. Nous avons sélectionné des souris qui perdent l'appétit, la sociabilité et deviennent apathiques après avoir été soumises à des perturbations de leur environnement. Karoui teste des médicaments pour leur redonner de l'énergie et du goût de vivre. Théoriquement, c'est intéressant.

– Je pense à notre sœur, ne put s'empêcher de dire Milan. Je ne suis pas sûr que ce dont elle souffrait était analogue à ce que ressentent vos souris manipulées. Tu crois que ces recherches auraient pu aboutir à une découverte qui l'aurait sauvée ?

– Non, justement. Karoui, lui, croit sérieusement que cela pourrait conduire à trouver des traitements contre la solastalgie. Et moi, j'ai les plus gros doutes. Il est très sympa et très intelligent, ce chercheur, mais trop scientiste à mon goût, avec une vision très réductrice de la solastalgie.

– Pourquoi travailles-tu avec lui ?

– D'abord, c'est Serge qui a beaucoup insisté. Karoui est un de ses grands potes. Surtout, Serge est totalement angoissé, Patience en sait quelque chose, par le besoin de se raccrocher à la science fondamentale pour ne pas passer pour un charlot. Cela dit, même si je ne crois pas à la finalité ultime de cette recherche, je trouve ça passionnant, j'apprends beaucoup et je comprends mieux la mentalité des chercheurs.

Sacha semblait réfléchir à haute voix :

– Je voudrais revenir à la question posée à Patience par Raphaëlle. J'aurais tendance à inverser le problème : n'est-ce pas précisément parce que tu as eu cette vie incroyable et que tu as été confrontée personnellement au drame le plus absolu que tu t'intéresses à ce sujet ?

– Il est vraisemblable que quand on est né au milieu du tragique de l'histoire, ce qui est mon cas, on ressente une certaine attirance pour les tragédies. Je n'échappe pas à ce destin. Je pense que le réchauffement climatique en est une. Je crois qu'elle me fascine. Sacha me parlait tout à l'heure des livres d'histoire dans lesquels on ajouterait un chapitre sur l'Ukraine après avoir donné une petite place au génocide des Tutsi. Mais que diront les livres d'histoire dans un demi-siècle ?

– S'il y en a encore, ajouta Milan.

– Oui, il y en aura probablement. Mais que ce sera-t-il passé d'ici là ? Il est possible que l'histoire du demi-siècle qui vient soit plus dramatique que toute l'histoire depuis l'invention de l'écriture. Ces petits degrés en plus, dans un laps de temps si rapproché, vont changer la face du monde. Quand on regarde les plus grands événements historiques, les plus spectaculaires ont eu un impact sur quelques dizaines de millions de personnes. C'est le cas des épidémies de peste, de la guerre de 14-18, de la grippe espagnole, de la Shoah. Là, ça peut être un ou plusieurs milliards d'êtres humains dont la vie va être bouleversée en quelques petites décennies.

» Nos sociétés sont totalement désarmées face à de tels changements. Si je reprends ce qu'il y a de fascinant avec la situation actuelle, c'est que, d'une certaine manière, éviter le changement climatique est assez facile. Il ne s'agit pas de revenir à l'homme des cavernes, ni même au Moyen Âge. Même pas au XIXe siècle, à l'ère préindustrielle. Il s'agit de renoncements relativement anodins. Cela a été parfaitement documenté : la grande majorité des trajets automobiles sont des trajets courts qui pourraient se faire à pied, à vélo ou en transport en commun. Réduire la vitesse sur les autoroutes juste en limitant à 100 km/h au lieu de 130, ce qui ne ferait pas perdre beaucoup de temps, économiserait des millions de tonnes de carbone. Retrouver l'usage de l'avion de la génération précédente, ce n'est pas une punition considérable. Et ne pas manger de viande plus d'une fois par semaine n'est pas un sacrifice énorme.

– Pourtant on ne le fait pas.

– Et pourquoi ? C'est là où je dis que c'est un mystère aussi insondable que celui du jaillissement de la violence entre voisins.

Sacha intervint :

– Vous les psychiatres, vous devriez comprendre pourquoi on ne le fait pas. Sans avoir de diplôme en psychologie, je dirais qu'individuellement on a rationnellement conscience qu'être seul à se limiter n'a aucun impact sur l'évolution globale. Donc pourquoi se punir soi-même si ça ne sert à rien ? Quant aux gouvernements, ils ne veulent pas être impopulaires et perdre les élections. Ils ont été vaccinés par l'épisode des 80 km/h sur les routes nationales et les tentatives avortées d'instaurer une taxe carbone.

– Tout cela est vrai, dit Patience. Mais puisqu'on sait à la fois que si on n'agit pas la catastrophe est certaine et que nous sommes empêchés d'agir, pour les raisons que tu viens de résumer, pourquoi nos intelligences supérieures ne sont-elles pas capables d'inventer d'autres modes d'action ?

– À quoi penses-tu ? demanda Raphaëlle. Au passage, vous aurez noté que je vous avais préparé un repas végétarien…

– Tu es parfaite. À quoi je pense ? Je ne prétends pas que le problème est simple. Mais on peut instaurer une règle qui nous dépasse, sous le contrôle des tribunaux. Un gouvernement qui voudrait rétablir la peine de mort, sous la pression de l'opinion publique, ne le pourrait pas. On pourrait faire la même chose avec l'état de la planète ! Quant à taxer le carbone, on peut le faire sans toucher les plus pauvres qui sont, en réalité, les moins grands émetteurs de gaz à effet de serre. Moi non plus, je ne suis pas experte. Je vois juste une jeunesse malade à l'idée que la planète se dégrade et le compte à rebours déclenché.

– Vous connaissez l'horloge de l'apocalypse ? les interrogea Sacha.

– Non, pas moi, répondit Raphaëlle.

– C'est une horloge créée en 1947 par des savants atomistes de Chicago pour matérialiser le danger qui pèse sur l'humanité. Depuis 2020, elle est réglée sur minuit moins 100 secondes, face à, je cite, l'« incapacité des dirigeants mondiaux à faire face aux menaces imminentes d'une guerre nucléaire et du changement climatique ».

– Et quelle heure était-il à sa création ?

– En 1947, les scientifiques sont partis de 23 h 53. La période la plus optimiste a été la fin de la guerre froide, avec en 1991 un record à 23 h 43.

– Bon, dit Raphaëlle, à ma montre qui n'est pourtant pas réglée sur l'apocalypse, il est aussi bientôt minuit. Alors comme Patience et moi avons beaucoup de travail demain, je crois que je vais vous mettre dehors. Merci pour cette soirée pleine d'optimisme.

À peine couchée, Raphaëlle reçut un message : « Merci Raphaëlle pour cette soirée formidable. J'espère que tu ne m'en veux pas trop d'avoir plombé l'atmosphère avec mon horloge de l'apocalypse et que tu accepteras de me revoir. Sacha. »

Chapitre 16

Pierre avait proposé au groupe de se retrouver la semaine suivante. Même lieu, même heure. La première séance s'était terminée par un jeu de questions soigneusement notées pour entrer tout de suite dans le vif du sujet. La génération « G2104 » fut étonnée de voir que la génération « Solastalgie » était celle qui avait les questions les plus surprenantes, pertinentes, percutantes. Pierre buvait du petit-lait. On lisait dans ses yeux un touchant « je vous l'avais bien dit que ces jeunes étaient formidables ».

L'homme peut-il spontanément réfréner ses besoins en énergie ou faut-il l'y contraindre ? Le capitalisme est-il capable de s'imposer des limites compatibles avec le sauvetage de la planète ? L'organisation démocratique est-elle compatible avec le sauvetage de la planète ? Que peut-on faire de plus ?

Après avoir survolé les principaux mécanismes du dérèglement climatique et de ses conséquences environnementales, il était utile de remonter aux racines du mal et de comprendre ce qui alimentait le réchauffement, ce qui entretenait le haut niveau d'émissions, ce qui poussait à l'échappement.

Cette séance s'avérait particulièrement importante parce que d'elle pouvait découler la pertinence ou non des actions à conduire. Avant de démarrer, certains participants regrettèrent qu'il n'y ait pas eu de trace de la séance précédente. Aussi Pierre demanda-t-il à Kadiatou de faire un compte rendu qui fut adressé à tous :

Compte rendu :

(écrit par Kadiatou et soumis à la validation de tous)

La séance du 23 mai a permis d'aborder plusieurs questions qui avaient été soulevées à la séance précédente. Nous avons bénéficié de l'éclairage de plusieurs experts (dont nous ne mettons pas les noms par souci de discrétion).

La première question qui a été abordée peut se résumer comme suit : « Les caractéristiques du cerveau humain expliqueraient-elles le réchauffement climatique ? »

Il s'agit d'une thèse en vogue depuis quelques années. Elle repose sur l'idée que le cerveau humain contiendrait des centres et circuits neuronaux organisés autour de la satisfaction du plaisir et qui pousseraient au « toujours plus ».

Les tenants de cette thèse incriminent une structure cérébrale appelée striatum, située sous le cortex, connue pour être impliquée dans la douleur, le plaisir, l'alimentation, l'appétit sexuel et les addictions.

Il a été souligné que cette théorie ne repose sur aucune démonstration scientifique. Plusieurs participants avaient lu une double page consacrée par le journal Le Monde *à deux scientifiques. L'expert a attiré l'attention du groupe sur le fait que les deux auteurs présentés comme des scientifiques n'avaient pas véritablement de travaux originaux à leur actif et étaient plutôt eux-mêmes vulgarisateurs que chercheurs : il n'y a pas de données expérimentales à l'appui de leurs dires.*

Ensuite, il a indiqué que le striatum n'avait pas brutalement évolué, le nôtre n'étant pas différent de celui des chasseurs-cueilleurs qui n'avaient pas dégradé leur environnement, alors que la montée de la consommation d'énergie commence, avec la révolution industrielle, vers la moitié du XIXe *siècle.*

Pour autant, il est vrai que la caractéristique de l'espèce humaine par rapport à l'ensemble des autres espèces vivantes, c'est sa capacité à « domestiquer » l'énergie non renouvelable extérieure à son profit alors que tous les autres animaux ne peuvent compter que sur l'énergie fournie par leur alimentation ou sur l'usage d'énergie renouvelable (les vents pour les plantes, les insectes, les oiseaux et les courants pour les poissons ou certains mammifères marins). Il y a donc un rapport tout à fait particulier de l'espèce humaine à la consommation d'énergie et à l'usage des énergies fossiles. Le chercheur a rappelé que si l'évolution s'était arrêtée avant l'apparition de l'homme, avec l'ensemble des autres espèces vivantes, il n'y aurait pas de réchauffement climatique. Cela dit, beaucoup de participants ont réagi en considérant que c'était certes une remarque intéressante mais qu'à part éradiquer l'espèce humaine de la surface de la Terre, elle n'avait pas beaucoup de conséquences pratiques.

L'expert neurobiologiste a fait le parallèle avec les phénomènes d'addiction. Homo sapiens serait devenu un homme dopé, dépendant à l'énergie sous toutes ses formes.

Un psychosociologue a développé une variante de cette idée en faisant du « toujours plus » une composante importante de la vie sociale. Le carburant de l'homme serait l'envie, la jalousie, la compétition. Beaucoup de travaux expérimentaux ont montré qu'un homme se sent plus heureux avec peu si aucun n'a plus et qu'il devient malheureux avec beaucoup si certains ont encore plus. Cette nécessité de se comparer et de dominer serait l'un des moteurs de la croissance et de la consommation d'énergie. Un homme en compétition perpétuelle, ayant fait de l'utilisation de l'énergie un moteur de son pouvoir, ce que l'on retrouve dans l'achat des voitures et ce qui est mis en avant par l'univers de la publicité.

Il a été rappelé que la théorie de l'origine « neuronale » du réchauffement pouvait alimenter ce qu'un intervenant a appelé le « crypto-climato-scepticisme » ou le « crypto-climato-fatalisme ». En effet, elle peut conduire à décrédibiliser tout volontarisme par son effet déresponsabilisant. De même que le violeur pourrait dire « ce n'est pas moi, c'est ma testostérone », le pollueur pourrait dire « ce n'est pas moi, c'est mon striatum », ou « ma dopamine », ou n'importe quel autre transmetteur ou circuit neuronal qui lui enlèverait toute responsabilité et toute capacité à agir.

Pour résumer, la théorie séduisante du « striatum » a été démystifiée. Le rapport singulier de l'espèce humaine à la consommation d'énergie n'en est pas moins une réalité, même si cela n'abolit pas son libre arbitre. Il existe des comportements de vie sociale qui entraînent la surconsommation d'énergie. Pour conclure ce point, notre expert neurobiologiste a suggéré, dans une formule qui a fait sourire la salle, d'innocenter l'« homo sapiens » et d'aller regarder du côté de l'« homo capitalisticus » ou « homo consumerus ».

Cela a fait une transition toute trouvée vers la deuxième question, davantage adressée cette fois aux économistes et d'abord reformulée par les deux intervenants : « Le système capitaliste et l'économie de marché sont-ils compatibles avec un développement vraiment durable ? »

Ils se sont d'emblée accordés sur les points suivants :

– Le capitalisme ne sait pas se réguler tout seul, le marché ne connaît pas de limite et le désir d'accumulation de richesse est infini.

– La notion d'économie capitaliste recouvre plusieurs notions et plusieurs degrés. Le capitalisme financier – par opposition aux petites entreprises familiales – connaît une dynamique particulière :

– On peut concevoir que des entreprises familiales peuvent préserver l'environnement comme d'ailleurs le social. C'est le fermier ou l'artisan qui soigne sa ferme, son outil de travail, mais aussi ceux qu'il fait travailler, dans un mécanisme de solidarité, d'appartenance à une communauté dont les destins sont liés, même s'ils ne sont pas égaux.

– En revanche le capitalisme total, le capitalisme des fonds, le capitalisme anonyme – peu importe comment on le qualifie –, celui dans lequel il y a à la fois une distance et une dépersonnalisation, ne sait pas se freiner. D'un côté, il est déresponsabilisé dans son impact tellement indirect sur l'environnement. De l'autre, il est soumis à des exigences de rentabilité peu compatibles avec la soutenabilité de la planète. D'où le besoin de régulations qui peuvent être placées plus ou au moins au bon niveau, plus ou moins respectées, plus ou moins contournées, plus ou moins influencées.

– En même temps, les systèmes économiques non capitalistes ne sont pas de meilleurs protecteurs de

la planète : l'URSS et ses pays satellites ont été de grands pays pollueurs et particulièrement peu soucieux de l'environnement.

– Le capitalisme a comme vertu l'innovation, dont il se nourrit, et qui peut faire franchir des sauts technologiques utiles à l'environnement.

Pour les intervenants, la question « le capitalisme est-il compatible avec sauver la planète ? » devient « quelle régulation du capitalisme est-elle compatible avec la sauvegarde de l'environnement ? ».

L'un d'eux a insisté sur ce qui était pour lui une évidence : la création d'une taxe carbone universelle. Le marché, avec l'équilibre entre l'offre et la demande, est si puissant qu'il faut trouver un autre équilibre de marché où le prix de l'énergie fossile est tel qu'il devient dissuasif pour les acteurs économiques, qu'ils soient des individus, des entreprises ou des investisseurs. C'est, a-t-il plaidé, la manière la plus rapide, pour ne pas dire la seule, d'inverser les tendances. Ils ont ironisé sur les subventions à l'essence et au gaz accordées après le début de l'invasion russe en Ukraine, alors qu'il y avait une occasion à ne pas manquer à soutenir la transition énergétique. L'autre économiste était beaucoup plus réservé : « Nous avons un problème de quantité, pas de prix ! » La taxe ne peut remplacer une politique réelle de sobriété : mieux vaut interdire les SUV que les taxer !

Le deuxième expert a donc préconisé, plus que la taxe, la carte carbone. Il s'agit d'allouer à chaque citoyen un crédit correspondant à un quota d'énergie avec un nombre limité de points nécessaires pour payer l'énergie : plein d'essence, billets d'avion, chauffage, etc. Les crédits non dépensés peuvent être vendus sur un marché qui fluctue en fonction de l'offre et de la demande. Et chaque année, le montant diminue pour suivre les objectifs de l'accord de Paris.

L'échange qui a suivi a montré un auditoire un peu perplexe, conquis à l'idée qu'il fallait de nouvelles régulations beaucoup plus fortes, en partie interrogatif sur la possibilité de vaincre les résistances.

Cela a mené directement à la troisième question sur la capacité des démocraties à résoudre le défi climatique. C'est un enseignant à Sciences Po qui a introduit le sujet en rappelant que la problématique de la transition écologique était simple : « Les contraintes sont maintenant, les principaux bénéfices sont dans le futur. » Toute démocratie soumise à un calendrier électoral rapproché est désarmée pour traiter cette contradiction. Il évoqua la proposition qui avait été faite, comme une sérieuse boutade, par Martin Hirsch lorsqu'il était haut-commissaire à la Jeunesse : rétablir une sorte de suffrage censitaire où les jeunes auraient plus de voix dans les élections que les plus âgés, pour aider les élus à légiférer pour l'avenir plus que pour l'immédiat. Mais si l'idée était intellectuellement séduisante, elle se heurtait à quelques obstacles constitutionnels, ainsi qu'au fait que les enquêtes montraient que les jeunes étaient au moins autant séduits par les thèses populistes que la moyenne de la population. L'intervenant revint bien sûr sur la crise des « Bonnets rouges » et des « Gilets jaunes ». Le rapport de l'opinion publique à l'environnement lui faisait évoquer une formule célèbre d'Alphonse Alait[1] *selon laquelle « il fallait demander plus à l'impôt et moins au contribuable ». Le citoyen veut plus de protection de l'environnement sans qu'on l'empêche de consommer et de polluer.*

Existe-t-il des moyens de sortir de cette impasse ? L'intervenant a évoqué plusieurs pistes :

– La première résidait dans le renforcement du rôle du juge, par une plus forte contrainte juridique pesant sur les gouvernements, permettant d'installer l'autorité gardienne du droit en intermédiaire entre les électeurs et les élus, citant l'exemple de la convention européenne des droits de l'homme qui empêche de suivre l'opinion publique lorsqu'elle veut le rétablissement de la peine de mort ; il a rappelé que le Conseil d'État avait condamné à plusieurs reprises l'État pour « inaction climatique », ce qui était un début ; la même évolution pourrait être suivie par le juge pénal.

– La deuxième piste consistait, pour éviter de prendre l'opinion publique de front, à faire peser l'effort sur les plus fortunés, également responsables

1. *Orthographe à vérifier, je ne connaissais pas cet auteur. (Note de Kadiatou)*

de la plus grande part des émissions, en exposant les idées de Thomas Piketty sur un impôt fortement progressif sur le carbone.

Il a conclu en soulignant que si les démocraties avaient du mal à traiter le défi climatique comme il le faudrait, l'idée qu'on devrait renoncer aux libertés pour un « régime autoritaire vert » était particulièrement dangereuse et trompeuse.

De cette deuxième séance, les participants sortirent avec encore plus de questions qu'en y entrant. En revanche, la mayonnaise avait définitivement pris entre les deux générations. Tous étaient prêts pour l'étape suivante… Le temps de l'action était venu.

Chapitre 17

Grainville, c'était une idée de Pierre. Il fallait trouver un lieu tranquille, pas trop loin de Paris, où pouvoir se réunir discrètement, mais dans des conditions agréables. Pierre avait proposé ce hameau normand.

Pour en faire l'article, il décrivit l'histoire d'un phalanstère. À la fin du XIXe siècle, quelques intellectuels protestants parisiens cherchaient un lieu de villégiature pour pouvoir préparer leurs cours, écrire leurs livres et se retrouver pour refaire le monde. À ce moment-là a été ouverte la première ligne de chemin de fer qui mettait Dieppe à deux heures de Paris. Ils ont pris leur bicyclette dans le train et sont tombés sur ce hameau tranquille. En discutant avec les fermiers, ils ont été mis sur la piste de maisons à vendre. Ils en ont aussitôt acheté trois et pris l'habitude d'y venir l'été. Petit à petit, ils ont « colonisé » le hameau. De trois, ils sont passés à cinq puis à dix. Un petit amphithéâtre en plein air permettait de donner des représentations théâtrales sans prétention. On allait s'approvisionner dans les fermes en lait, en légumes et en viande. Et aussi en cidre et en calvados. Il y avait parmi eux un architecte qui agrandit les corps de ferme, retapa le moulin, rajouta un peu de confort, parce que, quand même, c'était plus agréable d'avoir l'eau courante. Il y avait une filière de jeunes filles au pair suédoises, rassurées par le protestantisme de ces Français. Souvent filles de pasteur, elles s'occupaient des enfants pendant que les parents écrivaient ou débattaient. On venait au secours de Jules Ferry. On écrivait des textes en faveur du capitaine Dreyfus. Les femmes étaient traitées comme les égales des hommes. Ainsi, parmi les personnalités les plus brillantes, il y avait Pauline Kergomard, qui batailla pour créer l'école maternelle comme outil d'émancipation des femmes. Le dimanche matin, on allait au culte au temple de Luneray. Autre figure marquante, l'oncle Théodore, Théodore Steeg, qui venait avec son chauffeur. Il avait occupé à peu près tous les portefeuilles ministériels de la IIIe République et avait même été un moment président du Conseil. Un moment seulement, puisque son mandat avait duré à peine trois semaines. Même quand il était résident général au Maroc, il venait l'été rejoindre ses cousins. Son cousin, architecte, avait construit une extension à la ferme du bas de Grainville.

Rien d'extravagant par rapport aux maisons du pays, mais cela avait valu à l'oncle Théodore les honneurs du journal *L'Action française*, qui avait brocardé le « château » que le ministre se faisait construire en Normandie. L'article était toujours pieusement conservé dans le tiroir de la table de la salle à manger.

Le plus extraordinaire était que la tradition s'était conservée. À la génération d'après, il y avait un professeur au Collège de France, spécialiste de l'araméen. Quelques professeurs à la Sorbonne. Un nombre non négligeable de normaliens. On se retrouvait à la plage de Saint-Aubin systématiquement à marée haute. Il aurait été une faute de goût de profiter de la marée basse, du moment où le sable était découvert. Il fallait se baigner quand la mer était la plus haute, à partir des galets. Le Dr Lecœur disait qu'il n'y avait rien de mieux pour la plante des pieds que de marcher ou même de courir sur les galets. On se limitait à un confort minimal. Juste de quoi maintenir les neurones actifs. Le soir, on partageait ce qu'on avait écrit dans la journée. On se critiquait, se conseillait. On s'entretenait en jouant au tennis, les plus vieux initiant les plus jeunes. On y pratiquait le double mixte, tenue blanche de rigueur. C'était le seul lieu où il y avait une tenue exigée.

Le hameau était construit autour d'une boucle. Comme une épingle à cheveux, exactement à mi-chemin entre Le Blanc-Mesnil et Saint-Aubin. Quand on venait du Blanc-Mesnil, cela s'appelait la route du bas de Grainville. Les trois maisons sur la droite, dont le « château » du président Steeg, avaient toutes appartenu à la même famille. Et quand on continuait, après le tournant, sur la gauche, les maisons qui bordaient la chaussée à droite comme à gauche étaient aussi restées entre cousins. Au total, on comptait pour les descendants des premiers « colons », au XXIe siècle, onze maisons ou anciennes fermes, d'où l'on entendait éclore souvent des notes de musique, des cris d'enfants, des conversations philosophiques, et même des éclats de rire. C'était une mini-société où l'on passait d'une maison à l'autre pour le café, l'apéritif, un pique-nique ou un dîner ou chacun apportait sa contribution. Le hameau n'avait pas échappé à la mode du télétravail post-covid et certains estivants étaient devenus de quasi-résidents permanents. Il suffisait de deux heures et demie pour regagner Paris en voiture, à peine plus en allant attraper le train à Dieppe ou Yvetot. Plus récemment, Fantine, la cousine de Pierre, qui était une Grainvillaise d'adoption mais était devenue la plus fanatique des adeptes, avait acquis une ferme en ruine en haut du hameau. Elle avait prétexté la sauvegarde du patrimoine. Il est vrai qu'un des bâtiments de ce clos-masure avait été soufflé par une tempête et que les autres menaçaient de s'écrouler.

Le bâtiment principal datait de 1666 d'après une inscription laissée par le maçon de l'époque. Sous les colombages, les murs étaient ornementés de motifs en silex et grès, représentant des damiers, élégants. Les silex étaient taillés en pointe de diamant et se vendaient quasiment au prix du cristal, avait constaté Fantine au moment de la rénovation. Elle s'était permis une seule facétie, au nez et à la barbe de la très stricte architecte des bâtiments de France, en incluant un motif de street art, une mosaïque d'Invader dans la façade principale. C'était l'une de ses grandes fiertés. Elle évoquait dans un éclat de rire la visite d'inspection de l'architecte qui s'était extasiée sur cette rénovation parfaite « exactement dans l'esprit de l'époque », sans voir qu'il avait été fait d'après une photo prise par le neveu de Fantine, classé 5302e parmi les chasseurs d'Invader.

La ferme comptait quatre bâtiments constituant presque un carré parfait, complété par des rangées de hêtres et de charmes qui en faisaient une forteresse. Ce choix architectural était-il destiné à se protéger du vent ou des Anglais ? Probablement les deux. En tout cas, il était parfait pour abriter des activités qui demandaient la discrétion.

Voilà ce que raconta Pierre aux membres du G2104 en concluant : « Je vous propose qu'on investisse le hameau avec nos amis de Solastalgie et qu'on en fasse notre quartier général. »

Quelques semaines plus tard, la ferme de Fantine était devenue le siège du CNRS2104, la Conspiration Nostalgique des Rebelles Solastalgiques. On avait laissé Étienne choisir ce nom facétieux. Après tout, les combats les plus sérieux n'empêchaient pas l'humour, y compris le plus potache. Les onze maisons avaient été « réquisitionnées » pour accueillir les équipes du « CNRS ».

Les deux granges de la ferme de Fantine qui, en temps de paix, abritaient des stages de yoga ou de musique de chambre, avaient été transformées en « war room ».

La grange Nord, qui était en réalité une ancienne étable dont on avait conservé les mangeoires, transformées en bancs grâce à un système astucieux de coussins, comportait une grande salle de réunion pouvant contenir une centaine de personnes assises et deux plus modestes salles.

La grange Ouest comportait trois salles et un dortoir. Le bâtiment principal abritait des chambres un peu plus spacieuses, une grande cuisine et une vaste pièce ornée de bibliothèques.

L'ancienne étable de la grange Nord était le centre de crise. Elle avait été aménagée par Chris, dans l'esprit de la salle de crise covid qu'il avait animée pendant une année, pour les hôpitaux de Paris. Chris avait été fasciné par ce qu'avait fait le centre Johns-Hopkins avec ces cartes où s'allumaient les points covid dans tous les pays du monde.

Il y avait sur l'un des murs un immense planisphère où étaient notés tous les événements climatiques « présumés » – Kadiatou dans sa rigueur scientifique et Claire dans sa rigueur de magistrate avaient tenu à ce qu'il soit bien indiqué cette notion de présomption : les incendies, les dômes de chaleur, les épisodes caniculaires, les ouragans, les inondations. Il y avait déjà quarante-cinq points « présumés », parmi lesquels certains encore plus « présumés » que d'autres.

On voyait notamment :

– Vague de chaleur, Pacifique Nord, côte ouest des États-Unis et du Canada, 2021

– Température record en été, Europe, 2021

– Température record en été, Europe, 2022

– Vague de chaleur en Sibérie, 2020

– Record de chaleur et de pluie, Chine du Sud, 2020

– Vague de chaleur, France, 2019

– Vague de chaleur, Japon, 2018

– Vagues de chaleur simultanées, hémisphère Nord, 2018

– Vague de chaleur marine, mer de Tasmanie, Australie, 2017-2018

– Vagues de chaleur, Asie, 2016

– Vague de chaleur, pôle Nord, 2016

– Records consécutifs d'années les plus chaudes, ensemble de la planète, 2014-2016

– Tendance continue à l'augmentation des températures, 1850-2014

Kadiatou avait lu que la probabilité que les records de chaleur des années 2014 à 2016 ne soient pas dus à l'activité humaine était de l'ordre de 0,03 % ! Quant à la vague de chaleur de Sibérie en 2020, avec un record de 38 degrés en juin dans la ville arctique de Verkhoïansk, elle n'aurait jamais été envisageable sans l'influence de l'activité humaine. Elle avait provoqué des feux de forêt et rejeté, à elle seule, 59 millions de tonnes de CO_2 dans l'atmosphère !

On avait aussi épinglé divers documents, comme une photocopie de l'alerte de l'agence régionale de santé du 30 août 2022 qui mettait en garde contre la présence du moustique tigre en Île-de-France. Oui, le moustique tropical qui peut transmettre zika, dengue et chikungunya était désormais actif dans la région parisienne. Et l'autorité sanitaire d'appeler à une action citoyenne de signalement en lui adressant des photos du moustique tigre ou « un moustique dans un état permettant son identification ».

À côté, un dessin d'un homme se prenant le menton dans la main avec cette légende : « *"But what can I do, I am just one person" said 7 billion people…* »

Mehdi avait monté en open source un réseau de guetteurs mondiaux pour repérer les phénomènes climatiques. On comptait les incendies, les canicules, les tempêtes, les dômes de chaleur, les ouragans. Sur un autre panneau, celui de la biodiversité, on égrenait les espèces en danger, les tigres blancs en cours de disparition, le nombre d'éléphants d'Afrique, la chute vertigineuse du nombre d'insectes. On avait placé sous une cloche de verre un nid d'hirondelles. Elles n'étaient plus revenues depuis plusieurs années, ces hirondelles qui venaient tous les ans, qui retrouvaient leur fil du téléphone, qui faisaient leurs crottes et donnaient la becquée à leurs oisillons.

Il y avait également quelques écrans de surveillance avec les webcams installées par Chris, toujours lui, qui avait un mystérieux passé de militaire. Il se disait Casque bleu mais Pierre le soupçonnait d'avoir été quelques années un barbouze de la DGSE. Il avait le même goût du secret, la même paranoïa, la même débrouille, la même fascination pour les technologies modernes et une remarquable connaissance du comportement de la police et des forces armées. Il était allé installer quelques webcams à des emplacements stratégiques : sur la route principale en direction du Blanc-Mesnil, mais aussi sur la route de Dieppe (c'est de là que viendraient les forces les plus importantes) et quelques autres dans le hameau. Mehdi l'avait aidé à introduire un peu d'intelligence artificielle avec un lecteur de plaques d'immatriculation et un lien avec le fichier central de la préfecture. Cela faisait beaucoup rire Fantine, qui était fan de séries et notamment d'*Engrenages*. Elle y avait enrichi son vocabulaire : elle se rappelait le commandant

Berthaud demander une « immat », se mettre « en chouf » et dire « ça bouge ». Quand elle passait dans la salle de crise, elle ne pouvait s'empêcher d'interpeller les jeunes qui étaient devant les écrans : « Alors, on chouffe ? » – même si c'était une expression inappropriée, chouffer n'étant pas un verbe, on était en chouf, pas en train de chouffer. On avait beau lui dire, elle rétorquait avec allégresse : « Eh bien chouffer existe maintenant puisque je l'ai décidé. »

La salle d'à côté, celle où l'on entreposait auparavant le matériel agricole, était en accès limité. Il y avait sur la porte un panneau avec un logo détourné de l'AP-HP et son fameux cœur, la même police de caractères et indiqué : « Unité de cardiologie intensive. Accès réservé. » Il y avait une porte à code, et derrière c'était le royaume des hackers, avec cette petite facétie : les « hackers » dans l'unité de cardiologie. On y trouvait une dizaine d'ordinateurs, de serveurs et de matériels sophistiqués que la petite bande avait transvasés dans leur Lada depuis Paris.

Dans la salle principale était accroché un immense portrait d'Hannah installée dans une chaise longue en train de lire *Les Mandarins*, photo prise par son frère Sacha et qui avait été tirée en un format d'un mètre de large. À ses côtés, le portrait d'une autre femme rayonnante, en noir et blanc. Cette femme brune, élancée, s'appuyait sur une canne. C'est Pierre qui l'avait rajoutée avec une explication : « C'est Diane, une femme étonnante. Son vrai nom était Virginia Hall, la femme à la jambe de bois. C'est une Américaine, devenue espionne pour les services secrets anglais parce que les Américains n'avaient pas voulu d'elle quand elle leur avait proposé ses services au début de la guerre. Après avoir structuré les réseaux de la résistance à Lyon et avoir dû être exfiltrée parce que Barbie la recherchait, elle avait été parachutée en Haute-Loire pour mettre un peu d'ordre dans les maquis. Et dans l'un de ces maquis, il y avait mon père. Diane, la femme à la jambe de bois, était probablement la seule femme qui a eu la moindre autorité sur lui. J'avais envie qu'elle nous regarde travailler. Pardon pour ce petit geste sentimental, mais on a le droit à ses petites coquetteries. »

Cet aménagement en war room était sujet à plaisanterie au sein du G2104.

– Ça ne ressemble pas un peu trop au repère du Spectre dans les *James Bond* ? demanda Étienne.

Fantine s'étonna : elle n'avait jamais vu un seul film de James bond de sa vie.

– Que veux-tu dire par là ?

– Eh bien la fausse ferme qui abrite un concentré de technologie, des écrans partout et des machines sophistiquées, avec des portes blindées, c'est le cliché parfait des caches de l'organisation méchante dans *James Bond*, sur des îles perdues.

– À la fin, précisa Pierre, James intervient deux secondes avant le déclenchement de la bombe qui va pulvériser la planète.

– Parfait, c'est exactement ce que nous sommes en train de faire.

– Mais vous ne pensez pas qu'on est déconnants, délirants, bougonna Serge. Mettez-vous deux secondes dans la peau d'un type normal qui voit ces quinquas, d'habitude en costard cravate, occupant des hautes positions dans l'intelligentsia française, déguisés en conspirateurs nostalgiques de *James Bond*, retombés en enfance, faisant travailler des jeunes à peine pubères qui codent dans une pièce obscure et d'autres qui ressemblent à des James Bond Girls. On est complètement débiles, les gars. Ce n'est pas une ferme, ce n'est pas le CNRS, c'est un asile ! Et c'est un psychiatre qui parle.

Ils avaient décidé de choisir des pseudos. Des noms de clandestinité. Et ils avaient opté pour les figures qu'ils admiraient le plus. Il y avait un Winston, fanatique de Churchill, un Ghandi, adepte de la non-violence. Ils avaient beaucoup ri en constatant l'incompatibilité de leurs pseudos et Winston avait reconnu qu'il n'assumait pas la part sombre de son héros en Inde. Quitte à se choisir des pseudos, ils avaient tapé dans le haut du panier. Simone 2B avait été choisie par Raphaëlle, pensant à Beauvoir. Pierre avait choisi Caracalla, en hommage à Daniel Cordier. Il trouvait que le destin de ce jeune homme, membre de l'Action française, camelot du roi, venant d'un milieu d'extrême droite et antisémite, basculant pour ne pas accepter le renoncement infamant de Pétain, gagnant Londres dans des conditions rocambolesques et connaissant ce destin extraordinaire collait bien avec le projet du CNRS.

Chapitre 18

Pierre s'adressa à Raphaëlle :

– Dis-moi, la psy, j'ai quelque chose à te montrer. Je t'emmène.

Il l'emmena dans la minuscule chapelle qui dominait la deuxième ferme, celle de Legagneur.

– Regarde comme elle est belle, cette chapelle du XIVe siècle. Toute simple.

Il sortit la clé de sa poche.

– C'est la tradition, les Grainvillais de pure souche, pardonne-moi l'expression, ont droit à une clé.

La serrure résista un peu, les gonds grincèrent et ils entrèrent dans la minuscule chapelle.

– Cette chapelle est consacrée à saint Julien. Tu connais cette légende ?

– Non, pas du tout. Je suis nulle en saints !

– Mais tu la connais sans le savoir. Je vais te la raconter et on va suivre les épisodes de la légende à travers cette fresque.

– Elle est curieuse.

– Oui, elle a une inspiration russe. C'est mon cousin qui l'a réalisée. Il est fils d'un grand restaurateur d'icônes, un refuznik que ma cousine a épousé quand elle vivait à Moscou. C'était bien avant la perestroïka. Elle s'est battue des années pour qu'il puisse quitter l'URSS. Elle passait son temps à l'ambassade, au Quai d'Orsay, à remuer ciel et terre pour obtenir un visa de sortie. Elle l'a enfin, je ne sais par quel miracle, obtenu au bout de dix ans. Il a dû venir directement à Grainville. Je me souviens avoir vu surgir ce Slave barbu, auréolé de sa double légende de résistant et de chasseur d'icônes.

– Il est toujours vivant ?

– Imagine-toi qu'au bout de quelques jours, il a pris la voiture pour aller chercher le pain. Il a crevé. Il a sorti le cric pour changer la roue. Et au premier tour de manivelle, il est mort d'une crise cardiaque. C'était le drame absolu. Dans la famille, on disait déjà, tu vois c'est dans les années 1970, que les Russes avaient réussi à mettre du poison pour le tuer.

– C'est pour me raconter cela que tu m'emmènes dans cette chapelle ?

– Non, c'est pour te parler de saint Julien, celui qu'on nommait « Julien l'Hospitalier ». Julien était un jeune noble. Un jour qu'il exerçait son loisir favori, la chasse, la légende prétend que le cerf qu'il visait de son arc a pris la parole : « Tu veux me tuer, alors tu tueras ton père et ta mère. » Julien a pris peur, n'a pas tué le cerf et, pour le faire mentir, est parti au bout du monde. Là-bas, il s'est mis au service d'un prince, a refusé de porter les armes et de se joindre aux chasses princières, mais s'est rendu indispensable par son intelligence, son habileté et son autorité naturelle et bienveillante. À tel point que le prince lui donna sa fille en mariage. Ils vivaient heureux. Un jour que Julien était aux champs, un vieux couple frappa à la porte de sa demeure. Son épouse ouvrit. C'est le quatrième dessin de la fresque. Le couple raconta qu'ils cherchaient leur fils Julien parti il y a des années. « Julien est mon mari », dit la jeune princesse. « Il est sorti, mais il ne va pas tarder. En attendant, prenez notre chambre et reposez-vous. » Tu les vois là dans le lit où ils se sont endormis. Julien rentre, ouvre la porte de sa chambre, voit la forme de deux corps sous les draps. Il pense que c'est sa femme avec un amant et les tue tous les deux.

– C'est incroyable.

– Oui, c'est une légende du Moyen Âge. Bien avant Freud. Ce n'est pas Freud qui a redécouvert le mythe d'Œdipe. Les Grecs, le Moyen Âge chrétien, le psychiatre juif de Vienne… tout tourne autour du meurtre du père.

– Je ne comprends pas où tu veux en venir.

– Au-delà du meurtre du père – à noter que chez les chrétiens, on ne couche pas avec sa mère, on la tue au passage en même temps que le père –, cette légende qui traverse les siècles à une autre signification.

– Laquelle ?

– Elle démontre qu'on n'échappe pas à son propre destin. On a beau partir le plus loin possible, changer de vie, transformer son apparence, fuir les siens, on est toujours rattrapés par le « fatum ». On est condamnés à accomplir sa vie. On peut utiliser toutes les ruses, des plus grossières aux plus sophistiquées, on ne peut pas désobéir à l'oracle. L'oracle est plus fort que vous. Ses prophéties sont autoréalisatrices. On ne sait pas si c'est parce que l'oracle voit vraiment l'avenir ou s'il vous convainc que ce qu'il décrit sera l'avenir. C'est cela qui est fascinant. Cette ambiguïté fondatrice d'où tout part. C'est d'ailleurs comme cela que vivent les astrologues qui écrivent cet horoscope que tu ne peux pas t'empêcher de lire dans *Version Femina*. S'il prévoit que tu vas rencontrer quelqu'un, tu regarderas d'un autre œil tous ceux que tu croiseras. Et tu qualifieras l'une de ces rencontres d'importante, même si elle pouvait être insignifiante, juste parce que tu ne veux pas démentir ce qui est écrit dans ton horoscope.

– Je ne suis pas dupe. Je le lis par jeu.

– Oui, mais c'est un jeu dont il te coûterait de te priver. Parce que c'est le jeu de la vie, c'est le jeu primitif, le jeu primal plutôt, comme il y a un cri primal. C'est le même jeu que celui auquel jouaient Agamemnon, Rémus et Romulus et toutes les grandes figures mythiques. Dès l'Antiquité, ce besoin vital faisait vivre des prêtres, des oracles, des pythies et toute une série de commerces bien lucratifs.

– Et toi, tu sais à quoi t'en tenir ?

– Moi, je m'en sors autrement. Sans trancher. C'est comme la génétique et l'épigénétique. Je ne crois ni au déterminisme absolu – pas plus celui des gènes que celui de l'éducation – ni au libre arbitre. J'adore d'ailleurs ces enfants de musiciens, musiciens eux-mêmes. Je pense à cette jeune violoncelliste dont le père et le grand-père étaient violoncellistes. On lui demande : « As-tu eu l'impression de choisir librement ton instrument ? » Elle répond, offusquée : « Mais bien sûr. » Tout le monde sait qu'elle joue du violoncelle parce que son père en jouait, ainsi que son grand-père, et que probablement elle idolâtrait ces deux hommes, avec une enfance imprégnée du son de cet instrument. Mais elle dit vrai et elle est sincère quand elle prétend qu'elle a choisi. Elle aurait pu rejeter le violoncelle, la musique classique, elle aurait pu le haïr et se différencier. Et si elle s'était tournée vers la guitare électrique, elle n'aurait pas davantage choisi. Elle aurait subi le rejet. Et personne n'aurait rien trouvé à y redire. Donc, elle a vraiment choisi le violoncelle, librement en quelque sorte, même si sa liberté était contrainte. Comme toute liberté. Ou plus exactement sa liberté était prédite. Ou, si l'on préfère, elle a choisi sa contrainte.

– Je comprends.

– Et du coup, c'est très apaisant. On peut ainsi se construire soi-même sans renier le poids de l'atavisme, des gènes, de l'éducation. On en fait ce qu'on est. Même si on est prévisibles, ce prévisible n'est pas prédictible.

– Là, je ne te suis plus.

– Je sais, je suis un peu confus. Je m'explique. Je reprends ma jeune violoncelliste. En voyant déjà deux générations de violoncellistes, on pourrait aisément prévoir que la troisième génération n'échappera pas à son destin : élevée dans un milieu musical, bercé par ce bel instrument, voyant les hommes qu'elle aime et admire le plus jouer et jouir de cet instrument, il est tout à fait prévisible qu'elle soit elle-même attirée par le violoncelle. Pour autant, il n'est pas possible de dire avec certitude que cette fille sera violoncelliste. Elle pourra avoir un accident, être attirée par une autre passion, avoir un rejet pour le violoncelle, en jouer mal, abandonner, que sais-je ? Beaucoup de choses peuvent se passer. Rien ne se produit, on se *reproduit* comme prévu. Sinon, aujourd'hui, les descendants de Bach seraient tous des maîtres de chapelle et des compositeurs géniaux. Les arrière-petits-enfants de de Gaulle nous sauveraient du désastre. Marine Le Pen serait antisémite. Ah ah ah.

– Tu vas trop loin là.

– Pardon, je plaisante. C'est juste pour dire que ce qui rend le destin prévisible est lui-même fragile et ne se produit pas à coup sûr. Et cela, c'est absolument merveilleux. Cela vient rejoindre un autre paradoxe. Le mariage des doutes et de la certitude. On ne peut être sûr de soi que si on est en même temps habité par le doute. Il n'y a pas de certitude sans doute.

– Mais j'en reviens à ce destin, à saint Julien l'Hospitalier. Tu crois que cela a un rapport avec nous ?

– Mais bien sûr. Merci d'y venir toi-même. J'avais peur d'être trop lourd ou trop didactique. Le CNRS était écrit avant qu'on en ait l'idée. Nos ancêtres qui se sont battus pour l'école laïque, ceux qui ont pris le maquis, ceux qui nous ont fait lire les auteurs qui nous sont chers, nous ont préparés à la rébellion. À une rébellion qui n'en est pas une. Raphaëlle, notre rébellion n'est qu'obéissance. Obéissance à notre destin.

– Ouh là là ! Tu ne tomberais pas dans une sorte de mysticisme ?

– Si, peut-être. Mais qu'importe ? L'essentiel est là. Toute rébellion est relative. La nôtre est autant le fruit d'une discipline que d'une révolte.

La nuit tombait. On ne voyait plus les fresques. Une dernière lueur traversait les vitraux de la chapelle. Soudain, le silence tomba. Ils restèrent immobiles quelques minutes. Seul Julien l'Hospitalier savait ce qui se passait dans leur tête...

Puis Pierre dit : « Je crois qu'il faut qu'on aille rejoindre les autres. Ils doivent se demander où on est passés. On leur dira qu'on s'est fait interpeller par un cerf… »

Chapitre 19

Au CNRS, les travaux étaient très rythmés ; après deux jours complètement désordonnés, Pierre et Chris avaient pris les choses en main. Ils avaient réuni tout le monde dans la grande salle.

– Il faut maintenant qu'on mette un peu de méthode. Nous ne prétendons pas avoir la moindre prérogative sur vous, mais nous avons réfléchi hier soir et nous nous sommes dit qu'il fallait structurer nos travaux. Nous n'avons pas beaucoup de temps. L'été va passer vite. Si nous ne réussissons pas, il faudra que nous reprenions nos activités normales. Il y a toujours le risque que nous nous fassions dénoncer, repérer, démanteler. Alors on a quelque chose à vous proposer, commença Pierre.

– Voilà ce à quoi nous avons pensé, enchaîna Chris, et je me permets de projeter quelques slides pour qu'on puisse y voir plus clair. Vous pouvez m'interrompre à tout moment et, comme vient de le dire Pierre, ceci n'est qu'une suggestion, qui ne demande qu'à être enrichie par vos travaux. Tu passes mes diapos ?

Chris se leva et s'approcha de l'écran géant qui était en dessous de la photo d'Hannah.

– En premier lieu, on va avoir besoin de faire un petit annuaire. On est maintenant nombreux. Tout le monde ne se connaît pas et il faut pouvoir utiliser toutes les compétences. Chacun va devoir remplir une fiche que Winston a rédigée hier et qui est standard pour tout le monde. Attention, n'utilisez que votre pseudo. On ne veut pas avoir un fichier avec vos vraies identités. D'abord, dit-il dans un sourire, nous ne sommes pas déclarés à la CNIL (il fit un clin d'œil à la jeune lauréate, qui, dans le civil, travaillait justement à la CNIL) et surtout, on ne sait pas entre quelles mains cela peut tomber. Donc, vous oubliez vos vraies identités et Mansour s'occupera de vous éditer des badges avec votre pseudo que vous pourrez insérer dans le porte-badge que je vous montre et qu'on vous demande d'avoir toujours sur vous. Ce n'est pas pour vous embêter.

– Et on doit mettre le badge quand on va prendre un bain de mer ?

– Merci de ta question idiote, cher Winston. Les badges ne doivent pas sortir de la ferme. Dehors, vous retrouvez votre identité normale et vous ne vous amusez pas à susciter la curiosité en vous appelant par des noms bizarres. Serge, Raphaëlle, c'est bon pour vous ? Cela ne risque pas de créer des troubles de la personnalité en jonglant entre pseudo à l'intérieur et identité officielle à l'extérieur ?

– Ça devrait aller, dit Serge. Et pour celles et ceux qui auraient des difficultés, Raphaëlle et moi sommes à leur disposition. On prend la carte Vitale !

– Est-ce que tout le monde a déjà son pseudo ?

Plusieurs doigts se levèrent en faisant des signes négatifs.

– Alors il faut que vous vous en trouviez un. Je rappelle le principe : vous choisissez quelqu'un que vous admirez particulièrement, personnage historique, personnage célèbre, personnage de fiction, qui vous voulez, mais quelqu'un d'honorable et surtout d'inspirant.

» Je continue. Dans cette petite fiche, il faut que vous puissiez renseigner complètement vos champs de compétences : compétences académiques, compétences technologiques, connaissances de l'administration, etc.

» Pierre, diapo suivante ?

– Voilà.

– Merci. Nous devons ensuite rédiger une « charte du CNRS ». Cela peut paraître procédurier ou bureaucratique mais il nous semble nécessaire d'écrire noir sur blanc nos règles de fonctionnement et nos engagements. Ce n'est pas par méfiance mais c'est pour vérifier que nous adhérons tous au même objectif, au même idéal, que nous sommes d'accord sur les limites à franchir et celles à ne pas dépasser. Comme nous allons naviguer en eaux troubles et en zone grise à partir de maintenant, il faut que nous soyons d'accord

– Si on est en zone grise, il faut être au clair sur les différentes nuances de Grey, cria quelqu'un dans la salle.

– Oui, c'est cela, je vois qu'il y en a parmi nous qui ont des références littéraires distinguées. Tu le mentionneras dans ta fiche. On verra si on a besoin de tes services ! Bon, cette charte sera élaborée par un petit groupe piloté par Claire et qui doit comporter maximum cinq personnes. On fera appel aux volontaires qui pourront s'inscrire après cette réunion.

La porte s'ouvrit et la silhouette d'un grand gaillard aux cheveux grisonnants se découpa dans la porte.

– Salut, tout le monde. C'est Youssef !

Raphaëlle reconnut le professeur Karoui. Que faisait-il là ? Serge l'avait-il fait venir ?

– Oups, je vois que j'arrive comme un cheveu sur la soupe. Désolé. Ne vous occupez pas de moi. Bonjour à tous.

Et il alla s'asseoir à côté de Serge.

– Bienvenue, Youssef, dit Chris un peu énervé d'être ainsi interrompu. Si tu veux bien, je continue. Cette charte aura deux parties. Une partie sur notre fonctionnement interne, nos engagements, nos règles de vie, les précautions que nous devons prendre pour protéger le collectif ; une deuxième partie sur nos moyens d'action. On donne quarante-huit heures au groupe de Claire pour faire un premier jet. Ça te va ? C'est bien ce qu'on avait dit ?

– Ça dépendra de l'ardeur de mes petits camarades de charte, mais oui, je pense qu'on devrait pouvoir s'en tirer en 48 heures.

– Bon, merci, Claire. Elle sera donc soumise à l'AG après-demain. Même lieu, même heure. Il est important que cette charte soit travaillée collectivement et adoptée par tous. Il faut notamment qu'elle affirme le caractère intergénérationnel du CNRS. En revanche, ceux qui se sentent mal à l'aise avec la charte devront nous quitter, parce que nous allons entrer dans une période sensible et il vaut mieux savoir maintenant si on veut ou non être de la conspiration. Ce n'est pas nous qui excluons, ce sont ceux qui préfèrent ne pas en être qui doivent se sentir libres de nous quitter. Est-ce que sur ce point tout est clair ?

L'assemblée acquiesça.

– Si c'est le cas, poursuivons avec la diapo suivante. Là, on rentre dans le dur et dans le compliqué. Nous nous sommes dit qu'il fallait constituer des groupes de travail pour nous répartir la tâche : il va y avoir un groupe de travail sur les actions possibles ; un groupe de travail « cardiologie » pour les hackers. J'en profite pour dire à nos amis qu'ils doivent avoir la même discipline que les autres. Toute action doit être validée avant d'être entreprise. Je sais que ce n'est pas dans votre culture, mais on ne peut pas se permettre d'être mis devant le fait accompli, que les choses nous échappent, d'avoir gaspillé des cartouches pour rien, ni d'avoir pris des risques sans en décider avant. Donc, pardon là encore, il ne s'agit pas de méfiance mais d'organisation, j'adjoins à l'unité de cardiologie un cybersurveillant qui a pour vocation de rester avec vous, de participer à vos travaux et de vous permettre de résister à la tentation de l'initiative spontanée, désordonnée ou intempestive. Il y a un groupe « formation ». Car nous n'avons pas tous le même degré de connaissance sur le climat, sur le réchauffement, sur les technologies. Or il est important de ne pas nager dans l'ignorance. Nous ne sommes pas comme eux.

La salle hua le « eux » : on ne savait pas trop qui c'était mais on imaginait que cela pouvait être le reste du monde ou ceux qui participaient activement ou passivement à sa destruction.

– Donc ce groupe a vocation à nous organiser tous les soirs une heure de conférence, mise à niveau ou spécialisation sur les dérèglements climatiques, les subtilités des rapports du GIEC, les mécanismes en œuvre, les risques, etc. mais aussi sur le rationnel entre les risques et les moyens d'action. Ok, Haroun Dumont ? (L'un des scientifiques avait pris Haroun Dumont comme pseudo en hommage à René Dumont qui avait été l'un des premiers à dénoncer le péril écologique et à

Haroun Tazieff qui s'était battu contre ses pairs à parler du réchauffement climatique à une époque où les négationnistes étaient les plus nombreux, y compris dans la communauté scientifique). Vous suivez ? J'ai l'impression que oui. Je passe donc à un groupe un peu particulier. On ne savait pas trop comment l'appeler : le groupe farfelu, ou le groupe de l'absurde, on verra. Le principe est le suivant : on souhaite que certains d'entre nous explorent les idées les plus invraisemblables, les projets les plus fous, les modes d'action les plus extrêmes et les scénarios les plus idiots. Pour deux raisons. La première, c'est que leur présentation nous permettra de nous distraire. Et c'est important d'avoir des espaces pour rire, pour nous amuser et pour rêver un peu, si l'on peut dire. L'autre raison, c'est que, par contraste, cela permettra de tester la validité de nos autres groupes. Ce n'est donc pas du tout un groupe mineur ou annexe, c'est une pierre angulaire de notre manière de travailler. C'est Hugo qui pilotera ce groupe qui nous fera sa première séance demain.

Hugo se leva pour que toute la grange l'identifie.

– J'ajoute qu'il faut une organisation logistique. Tout le monde a vocation à y participer sauf ceux qui mentionneraient dans leur fiche des inaptitudes particulières ; le comité présidé par Fantine tranchera sur la validité de ces inaptitudes. Mais cela peut arriver qu'on ne sache pas faire les courses, conduire, ranger. On trouvera une autre tâche d'intérêt général.

– Ça va à tout le monde ? interrogea Pierre. Je vous trouve bien dociles.

– Si oui, on va préciser les horaires. Tout d'abord une règle que l'on doit respecter pour ne pas trahir l'esprit des ancêtres de Grainville, si j'ai bien compris ce que m'a expliqué Pierre. Ici on se baigne à marée haute. Et le moment du bain est sacré quel que soit le temps, quelle que soit la température de l'eau. Le bain n'est pas obligatoire mais il est recommandé. La mer est accessible à pied ou à vélo par ce qu'on appelle, je crois, le chemin des Lapins. C'est un joli chemin qui permet de voir les blockhaus laissés par les Allemands et que rien ni personne n'a réussi à détruire. Donc pour ceux qui ne savent pas, les horaires des marées évoluent tous les jours, d'une petite heure. On en tiendra compte dans l'organisation de notre programme. Mais en gros, le matin, c'est ateliers, groupes de travail. À midi, il y a buffet sous la charreterie, dite « salle à manger d'été ». Et la fin de la journée et la soirée, ce sont les plénières. Les ordres du jour seront affichés à l'entrée de la salle Hannah.

– Voilà vous savez tout. On avance comme cela ?

Une main se leva au fond de la grange. Pierre reconnut Claire.

– Ma voisine Kadiatou et moi échangions pendant la présentation de Pierre et Chris, et nous avions quand même une interrogation.

– Allez-y. C'est le moment, c'est le lieu.

– Nous comprenons le besoin de méthode et d'ordre et on l'accepte. Et moi, en particulier, j'y souscris parfaitement, dit Claire avec un sourire, en se tournant vers Pierre.

Claire avait la réputation d'être la plus méthodique de tous. Presque maniaque. Combien de fois avait-elle fait la leçon à ses amis, imposant sa rigueur ? Pas particulièrement la rigueur de la justice ou de la magistrature, mais une sorte de rigueur intellectuelle, qui frisait l'absolutisme. Dans le G2104, ou plus largement dans le cercle de ses amis, elle était aimée et redoutée. Aimée car c'est une femme fantastiquement engagée. Claire avait choisi la justice parce qu'elle ne supportait pas l'injustice. Cela peut paraître affreusement banal ou logique. Mais l'expression « rendre la justice » avait un véritable sens chez elle. Elle voulait « rendre la justice » à ceux qui en avaient été privés. Cet amour de la justice, cette allergie à l'injustice, l'avait conduite toute sa vie à poursuivre non pas des prévenus, mais à poursuivre des causes. Et comme elle avait bien conscience que toutes les réponses aux injustices ne se limitaient pas à celles qui se trouvaient dans le Code pénal, lui-même parfois injuste, elle s'était impliquée dans la révision de la politique vis-à-vis des toxicomanes, dans la réforme de la justice, dans la lutte contre la pauvreté, dans le soutien aux sans-abris. Un jour que Pierre la charriait gentiment « tu en épouses tellement que tu es une polygame des causes perdues », elle s'était mise dans une colère folle. Elle perdait rarement ses nerfs, mais quand elle se mettait en colère, c'était presque un phénomène climatique extrême.

– Comment peux-tu dire cela ? Je ne connais qu'une seule cause, celle de l'injustice. Je n'y peux rien si elle est polymorphe et ubiquitaire. Je n'y peux rien si cela ne vous empêche pas de dormir. Et comment peux-tu oser dire que c'est une cause perdue ? Elle est perdue si on ne s'y attaque pas.

Pierre avait essayé de se défendre maladroitement :

– Pardon, Claire, je disais cela pour le plaisir de la formule.

– Eh bien justement, le plaisir des formules te perdra. Tu devrais te concentrer sur l'essentiel plutôt que de te complaire dans l'esthétique des mots, avait-elle rétorqué sèchement.

Et puis l'ouragan était passé. Elle s'était confondue en excuses, probablement vexée d'être sortie de ses gonds, et avait repris son côté donneuse de leçons, qui en exaspérait plus d'un. Claire se méfiait des bons sentiments, des actions caritatives, de la politique, de l'argent et du pouvoir. Mais elle savait qu'elle devait composer avec tout cela pour servir ses ou sa cause. Depuis quelque temps, certains avaient noté un changement. Comme si sa beauté – qui était spectaculaire – s'était accrue par un voile de tristesse. Comme si son caractère s'était adouci. Seuls Serge et Youssef savaient à quoi cela était dû.

– Donc, si nous comprenons qu'il faut de la méthode, il faut que nous fassions attention. Nous devons veiller à ne pas nous transformer en secte, à ne pas sombrer dans l'endoctrinement, à garder le goût de la contradiction. C'est d'autant plus important qu'il y a, et je m'en félicite, des jeunes parmi nous qui n'ont pas forcément le même appareil critique que celui que nous avons acquis à travers les ans et les expériences. Nous savons que nous pouvons sombrer dans des dynamiques de groupe, comme tout collectif humain, en perdant toute forme de discernement et d'esprit critique. Il faut organiser aussi avec méthode (elle prononça ce mot dans un immense sourire) des espaces de liberté, des espaces de contradiction, des possibilités de remise en cause. Mais je laisse la parole à Kadiatou, qui dira cela avec ses mots.

– Je vais prendre Diane comme pseudo, annonça cette dernière en se levant. J'ai entendu l'histoire de cette femme à la jambe de bois sur la photo. Moi aussi, j'ai un handicap. (La jeune fille montra son bras paralysé.) Et moi aussi je veux me battre avec vous.

Une salve d'applaudissements traversa la grange, ainsi que quelques cris des plus jeunes.

– Ce qu'a dit... (elle se pencha vers Claire) c'est quoi ton pseudo déjà ? Ce qu'a dit Charlotte

(Claire avait choisi comme pseudo le prénom de la première femme magistrate en France, Charlotte Béquignon-Lagarde, qui devint magistrate quelques mois après la loi du 11 avril 1946 qui disposa que « tout Français, de l'un et l'autre sexe, peut accéder à la magistrature »), c'est aussi ce que je pense. Je suis prête à adhérer à la charte et je veux me battre comme vous et je suis prête à prendre beaucoup de risques, mais il faut que notre groupe reste démocratique. Il faut que nous puissions exprimer des désaccords. Il ne faut pas nous transformer en moutons.

Applaudissements dans l'ensemble de la grange. Kadiatou poursuivit :

– Quand nous sommes rentrés à l'Institut, parce que je suis lauréate de l'Institut de l'Engagement comme la plupart des jeunes qui sont là aujourd'hui, c'est la première chose qu'on nous a garantie : on ne nous endoctrinerait pas. On nous a dit, et je m'en souviens car c'est bien inscrit dans mon crâne (et pour bien se faire comprendre elle joignit le geste à la parole en se tapant le front avec le poing), que l'objectif de l'Institut était de nous permettre d'avoir un œil critique sur le monde, que c'est pour cela qu'on nous confrontait à tous les points de vue, pour qu'on apprenne à les décrypter, pas pour en faire notre mantra. Alors on est venu au CNRS, libres et consentants, mais il est important de préserver ce regard critique, y compris vis-à-vis de vous, de nous. Et je veux que cela soit inscrit dans la charte. Voilà, conclut-elle avant de se rasseoir.

– Vous avez toutes les deux raison. Nous avons conscience du risque. Nous sommes, il faut le reconnaître, devenu une sorte de société secrète dans un monde parallèle, avec tous les dangers que cela soulève. Et c'est le contraire de ce à quoi nous sommes naturellement attachés. C'est l'un des paradoxes les plus difficiles avec lesquels nous avons à composer. Nous sommes tous des démocrates, amoureux de la liberté, et pour défendre la démocratie et la liberté, il faut conspirer, il faut du secret, il faut une sorte de discipline. Nous savons que beaucoup de révolutions ont débouché sur des dictatures ou sur une espèce de folie. Il faut effectivement que nous nous préservions de cela. C'est cet état d'esprit que la charte doit pouvoir traduire.

– Alors du coup, si tout le monde est d'accord, c'est justement l'heure du bain de mer. La marée sera haute dans une demi-heure. Bon bain !

Chapitre 20

Le soir, cela discutait beaucoup dans les chaumières normandes qui accueillaient les conspirateurs.

Winston, Chris et Youssef s'étaient retrouvés au coin du feu dans l'une des maisons « réquisitionnées » par le CNRS, dont ils étaient « colocs ». Celle qu'on appelait « la grande maison ».

Winston lança la conversation :

– Qu'est ce qui nous différencie des idiots qui jettent de la peinture sur les toiles de Monnet et de la sauce tomate sur les Van Gogh ? Ou de ceux qui se mettent à courir nus sur le court de Roland-Garros ? Ou d'une bande d'agités qui aurait l'idée d'aller crever les pneus des SUV garés dans Paris la nuit ? Quand je vois ces actions, je trouve ça stupide. Vain. Puéril. Et je me dis que notre petite conspiration clandestine, elle est peut-être plus intellectuelle, plus cortiquée, mais elle reste de la même eau.

– Je me souviens que quand j'étais adolescent, renchérit Chris, je m'étais dit que j'allais m'attacher à un TGV avec un copain de classe. Je ne sais plus pour quelle cause. J'avais même acheté les chaînes et les cadenas pour le faire. J'avais mis au point un scénario dans lequel je jetais les clés du cadenas et j'appelais l'AFP. On est allés jusqu'au quai du train, on s'est fait peur et on est repartis boire des bières. C'était complètement idiot. Et il y a quelque chose qui me gêne dans cette manière de se retrouver à notre âge, avec nos cheveux grisonnants, avec nos positions bien confortables à jouer aux héros clandestins. Parce que finalement, c'est nous-mêmes que nous critiquons. C'est nous qui n'avons pas su faire. C'est nous, notre génération, notre classe sociale qui avait le pouvoir quand on pouvait agir. Et là on dit simplement : « Eh bien les gars, nous avons merdé, nous avons glandé, nous avons dormi et comme on s'en veut de notre inaction, on va tout saboter ? » Mais c'est sérieux, ça ? N'est-ce pas encore un fantasme de préadolescent impubère ?

Youssef reprit :

– Moi, j'y suis, j'y reste. Je me sens solidaire. Mais j'aimerais qu'on s'intéresse davantage à la science et la technologie. Parce que la vraie réponse est là. C'est l'hydrogène, la fusion. Les gouvernements n'ont jamais pris la recherche fondamentale au sérieux. C'est bien tout le problème. On mettrait quelques milliards de plus, et ce n'est pas difficile, qu'on devrait être capables de trouver des énergies propres hyper puissantes.

– Quand on voit qu'on n'a pas fini l'EPR de Finlande après combien, rappelle-moi – vingt ans, vingt-cinq ans –, ça donne vachement confiance dans la capacité de la science à sauver la planète.

– Ça, ce n'est pas la science. Ce sont les ingénieurs.

– Peut-être, mais ce ne sont pas les directeurs de recherche au CNRS – l'autre, le tien.

– Ah ah, moi je suis double appartenant, je suis cumulard, j'appartiens aux deux CNRS, le CNRS canal officiel et le CNRS clandestin.

– Et on t'en félicite. Mais ce ne sont pas les directeurs de recherche aux CNRS, j'y reviens, qui vont faire en quelques années des cuves sans fuite, des enceintes solides, des circuits qui fonctionnent. Donc même s'ils craquent les secrets de la fusion nucléaire ou de je ne sais quoi avec l'hydrogène, il y a encore quelques marches à franchir. On en a pour quoi, un demi-siècle, un siècle ? Or, si j'ai bien compris, ce sera beaucoup trop tard. À moins que ce soit pour rebâtir une nouvelle « Terre » après quelques décennies de catastrophes, de famines, de migrations, de guerres. Qu'en penses-tu, Winston, toi qui connais l'histoire ?

– Moi aussi, je suis sceptique devant nos conspirations et notre nouvelle vocation clandestine. Mais je suis assez d'accord avec ton analyse, ou plutôt avec vos analyses qui ne me semblent pas contradictoires. Oui, il est possible qu'il y ait des percées scientifiques spectaculaires. Après tout, en un siècle, on a fait des sauts technologiques considérables. Mais je pense qu'entre ces percées scientifiques, qu'on ne sait pas programmer et qui peuvent arriver dans trois ans, dans dix ou dans trente ans, et leur industrialisation, il y a du temps qui va s'écouler et que les effets du réchauffement climatiques auront pu déjà produire des dégâts. Si on laisse faire, on aura inévitablement des catastrophes humaines qui provoqueront des désordres insoupçonnés et une violence considérable.

– C'est-à-dire ?

– C'est-à-dire que l'humanité a toujours eu des techniques violentes pour se réguler. Depuis des millénaires. Et depuis toujours, il y a un lien entre les évolutions de l'environnement, les guerres, les massacres, les disparitions entières de civilisation. Les Mayas, les Incas, les Vikings, même l'Empire romain ! Donc, quand les zones de désertification vont s'accroître, quand les zones côtières vont être un peu plus submergées, quand certains territoires ne seront plus vivables avec une température entre 40 et 50 degrés, quand certaines cultures vont disparaître, bien évidemment qu'il y aura des événements violents. Et, comme souvent, les effets démographiques des massacres vont être amplifiés par des épidémies. Rappelez-vous la guerre de 14-18 et la grippe espagnole, pour ne prendre qu'un exemple. Mais on peut en trouver beaucoup d'autres. Les grands mouvements populationnels désordonnés qui vont obligatoirement se produire vont favoriser des phénomènes épidémiques, dans des sociétés qui ne pourront pas les combattre et donc on peut imaginer non pas seulement des dizaines de millions mais des centaines de millions de morts. Alors, pendant ce temps-là, il y aura peut-être des directeurs de recherche au CNRS qui continueront à préparer le monde d'après en faisant tourner des installations expérimentales et en trouvant l'énergie du futur. Mais il sera un peu tard...

Youssef reprit la parole :

– Vous ne trouvez pas qu'on est ridicules dans notre sympathique maison normande, cossue, confortable, à siroter cet excellent calva et à prédire les catastrophes les plus terribles ? On ne s'amuse pas à se faire peur ? Mais, surtout, je relisais récemment les travaux des chercheurs de l'École polytechnique fédérale de Zurich.

– Quels travaux ?

– Leurs travaux sur la reforestation. Moi, je trouve ça assez convaincant. Ils ont d'abord mis au point un modèle pour compter les arbres. C'est un type qui s'appelle Thomas Crowther. Il a compté 3 trilliards d'arbres à partir de l'analyse de millions de données. Parce que ce n'est pas si trivial que cela de compter les arbres. Si j'ai bien compris, ils sont partis d'images satellitaires, mais ne savaient pas estimer ce qu'il y avait sous les canopées. Ils ont donc développé un modèle d'intelligence artificielle pour croiser les données des images de satellite avec des observations sur les écosystèmes terrestres. Ils ont même estimé le nombre de vers de terre sur la planète ! À partir de ça, ils ont calculé qu'il y avait de la place pour 1,2 milliard d'arbres supplémentaires, capables d'absorber 200 gigatonnes de carbone.

– Oui, dit Winston. J'ai lu ces travaux. J'ai même lu leur célèbre papier dans *Science*. Mais il y a deux petits hics. Le premier, c'est qu'au rythme actuel du réchauffement climatique, ils ne sont pas sûrs que leur milliard d'arbres puisse pousser et qu'ils aillent plus vite que la destruction annuelle, avec des incertitudes très forte sur les effets d'un reboisement artificiel par rapport aux effets bénéfiques du milieu naturel. Le deuxième hic est un peu géopolitique, si je ne trompe pas. Ils ont besoin de quelques millions d'hectares en Russie pour déployer leurs forêts. Je ne suis pas certain que ce soit gagné. Dans la conclusion de leur article, ils disent qu'il faut d'abord ralentir le réchauffement avant de faire les plantations. Bref, ce n'est pas complètement gagné. Et sur ce, les amis, je vais me coucher.

Dans la maison voisine, la discussion n'était pas moins passionnée. Elle succédait à une séance de musique. Il y avait, dans la maison grise – c'est comme cela qu'on l'appelait parce que les colombages avaient été peints en gris –, un magnifique piano Pleyel. Étienne, qui était à ses heures perdues un excellent pianiste, s'y était installé avec les plus mélomanes du CNRS. Il leur avait proposé une soirée Bach et avait enchaîné *Variations Goldberg*, *Suites françaises* et *Clavier bien tempéré*. Il adorait imiter Glenn Gould et le faisait avec un talent certain. Quand il referma le clavier, après une bonne heure de récital, il se retourna vers les cinq conspirateurs qui l'avaient écouté en silence.

– C'est dommage de penser que Bach va disparaître avec la planète. Rien que pour le sauver, je trouve que cela vaut le coup de se battre. Mais c'est dur de jouer sans chauffage.

Ils avaient choisi de ne pas allumer le chauffage ni de faire de feu et de laisser la maison à un tout petit 19 degrés, par cohérence avec leur combat.

– Nous sommes les premières victimes de l'écologie punitive. Celle qui nous prive de chauffage, du plaisir d'aller aux Maldives plutôt que dans ce trou pourri de Normandie et qui nous fait faire de la bicyclette au lieu de pouvoir foncer avec un bon 4 × 4.

– Je te fais remarquer que nous avons fait une entorse sur la viande, qui choque certains d'entre nous. Mais il faut toujours une « soupape » pour que les contraintes soient supportables.

La discussion partit sur l'écologie punitive, ce repoussoir qui avait dominé le débat ces dernières années. Ce concept était une formidable supercherie, destinée à décrédibiliser toute mesure contraignante, restrictive, modératrice aux yeux de la population. Les écologistes qui voulaient priver les Français de leur SUV ? Des punitifs ! Les écologistes qui voulaient réduire la voiture en ville ? Des punitifs ! Ceux qui voulaient réduire la consommation de kérosène en régulant le trafic aérien ? Des punitifs ! Il valait mieux s'accrocher à quoi : à l'écologie récompensante ou bien-pensante ?

Haroun Dumont intervint dans la conversation en citant un extrait du rapport du GIEC d'avril 2022 :

– « Globalement, les 10 % de ménages avec les plus forts taux d'émissions par tête contribuent entre 34 et 45 % du total des émissions, tandis que les 40 % "moyens" contribuent entre 40 et 53 % et que les 50 % des moins consommateurs contribuent entre 13 et 15 %. » Il faut donc être bien habile pour faire croire aux plus pauvres que ce sont eux qui doivent changer de comportement parce qu'ils sont les plus nombreux !

» Les pauvres ont déjà atteint les objectifs des COP ! Ah oui, la dénonciation de l'écologie punitive est une merveilleuse esbroufe, une formidable manipulation. Car qui doit changer de comportement ? Ceux qui utilisent des grosses voitures, qui ont des résidences secondaires, qui habitent de grandes surfaces, qui consomment des fraises et des fruits exotiques toute l'année, qui passent leurs vacances au soleil en hiver, qui prennent l'avion comme d'autres prennent le métro.

– Mais qui a inventé ce concept aussi pervers ?

– Moi, je me souviens de la fameuse phrase de Nicolas Sarkozy, au milieu des allées du salon de l'agriculture, en mars 2010 : « Je voudrais dire un mot de toutes ces questions d'environnement. Parce que là aussi, ça commence à bien faire. »

– Une phrase magnifique qui mérite que chaque terme soit commenté, dit Serge. « Toutes ces questions d'environnement » fait écho à « tous ces gens-là », l'expression qu'utilisent les homophobes. Et le « ça commence à bien faire » est le comble de l'antiphrase. Si l'écologie commence « à bien faire », il faut vite se rattraper pour mal faire.

– Je vous ferai remarquer que c'est le même procédé qu'a utilisé son successeur, exactement dix ans plus tard, cette fois non pas devant les agriculteurs mais devant les entrepreneurs, dénonçant le modèle Amish et le retour de la lampe à huile. « Et j'entends beaucoup de voix qui s'élèvent pour nous expliquer qu'il faudrait relever la complexité des problèmes contemporains en revenant à la lampe à huile. Je ne crois pas au modèle Amish. Et je ne crois pas que le modèle Amish permette de relever les défis de l'écologie contemporaine. »

– Je ne voudrais pas dire mais, entre-temps, le trait d'union avait été fait par Ségolène Royal qui, en 2018, s'insurgeant contre des augmentations de taxes sur l'essence, avait osé dénoncer la prise en otage de l'écologie par cette mesure punitive.

La conversation se poursuivit. L'un des participants tenait à son parallèle :

– Ceux qui dénoncent l'écologie punitive sont les mêmes qui sont prêts à imposer le travail gratuit aux allocataires du RSA et à trouver normal que chaque année des milliers de migrants meurent dans la Méditerranée, ou qu'on refuse le droit à travailler aux immigrés. Pour eux, couper les allocations, laisser des gens se noyer parce qu'ils ont choisi de quitter un pays où ils n'ont pas les moyens de vivre, ce n'est pas « punitif ». C'est la préservation de l'ordre et la protection des nations et du modèle social. En revanche, demander à la population de ne pas utiliser sa voiture, de moins consommer d'eau pour arroser un terrain de golf, c'est « punitif ». C'est tout à fait révélateur d'une certaine conception de la punition et de l'écologie. Comme si, en limitant la consommation, on infligeait une punition et que la vraie récompense était de pouvoir consommer.

» Et c'est là que la politique est piégeante. Dénoncez cela avec véhémence ? Vous voilà décrédibilisé ! Votre violence vous dessert. Vous êtes extrémiste. L'outrance vous condamne. L'excès vous tue. La colère vous affaiblit. L'ire rime avec délire. Raisonner avec courbes, statistiques, chiffres, arguments à l'appui, est peu audible.

On revenait toujours au même nœud : l'homme était un problème pour l'homme. Marco rappela ce que les Latins en disaient :

– « *Homo homini lupus est* ». L'homme est un loup pour l'homme. Voilà, chez Plaute, la première déclaration écologiste ! s'enflamma-t-il. Même si c'était plutôt la capacité de l'homme à chercher la guerre et le conflit. Mais ça revenait au même : il y avait bien un caractère destructeur et autodestructeur, inhérent à l'espèce humaine. L'humanité, c'était une immense secte suicidaire, toute l'humanité était un « Temple solaire », pour faire référence à cette secte emmenée par un chef d'orchestre qui avait organisé l'un des plus grands suicides collectifs de la fin du XXe siècle.

Cette contradiction fondamentale avait quelque chose de vertigineux. On avait parfois l'impression de tutoyer la folie. S'il fallait sauver la planète de l'humanité, cela signifiait qu'il fallait se débarrasser de l'humanité. Mais si le coupable c'était l'humanité, comment sauver l'humanité contre elle-même ? Et si sauver la planète c'était supprimer l'humanité, comment se considérer comme des humanistes qu'ils étaient persuadés être ?

Le petit groupe du CNRS se débattait avec cette contradiction ontologique. La question qui les taraudait le plus – après celle de la course de vitesse contre le réchauffement – était celle de leur propre santé mentale. Et si l'on était simplement devenu fous ? se demandaient-ils.

– Vous vous souvenez de Philippulus, ce personnage de *Tintin* qui annonce la fin du monde comme un prophète dément ? « C'est le châtiment. Faites pénitence. » Et si, sous couvert d'humanisme, nous n'étions pas en train de devenir les pires théoriciens de la fin de l'humanité ?

Ils se sentaient pris dans un étrange tourbillon. Quand on commençait à refuser la fatalité et qu'on voulait détourner le monde de son cours « normal », on basculait dans autre chose, une sorte d'univers parallèle où pousser les raisonnements jusqu'au bout aboutissait à l'horreur. Pierre se référa à la mise en garde que lui adressait son père sur la « pureté dangereuse », expression qu'il tirait de l'un de ses ouvrages préférés de Stefan Zweig, *La Pitié dangereuse*, l'histoire de cet homme qui se croit obligé d'être amoureux d'une femme parce qu'elle a perdu l'usage de ses jambes et qui ne se sent pas le courage de ne pas être amoureux d'elle, alors qu'il sait qu'il ne l'est pas. « Méfie-toi de la pureté dangereuse, disait son père à Pierre. Méfie-toi de l'extrémisme écologique. » C'était dans les années 1980, l'écologie n'était encore qu'une gentille lubie, celle de René Dumont et de quelques autres. « Attention, l'écologie peut confiner à l'absolutisme. N'oublie jamais le culte de la nature des fascistes et des nazis, qui allait de pair avec la race pure. » Le père de Pierre avait une méfiance absolue à l'égard des fanatismes et même des idéologies, ce qui lui conduisait à être très circonspect avec toute forme de militantisme. Il était pourtant engagé lui-même, maquisard à l'adolescence, combattant dans le premier bataillon de choc alors qu'il avait à peine dix-sept ans, engagé dans l'urbanisme, passionné d'intérêt général. Mais il ne se considérait pas comme militant de quoi que ce soit, n'aurait jamais envisagé la moindre adhésion à un parti ou même à une association, car il se méfiait des théories. Il prétendait même se méfier de la pensée. Il avait coutume de dire que Sartre avait été sauvé par sa littérature. Qu'il était un épouvantable philosophe mais un remarquable dramaturge ou écrivain. Il se délectait de la lecture des *Mots*, des *Mains sales* ou de *Huis clos* mais considérait que ses écrits philosophiques ne valaient pas tripette, comme il disait.

Le CNRS était-il en train de tourner vinaigre ? De devenir une officine militante, idéologue ?

Le soir on en parlait beaucoup entre « chefs ». Il était temps de définir une ligne. On avait dépassé un premier palier, en passant à l'activisme, à la rébellion, à l'action illégale, il ne fallait pas dépasser une ligne rouge éthique.

Chapitre 21

Le débat sur la radicalisation et la clandestinité fut le plus chaud, si l'on peut dire. Il brûla beaucoup d'énergie. Il fallait se convaincre de la nécessité de basculer dans l'action radicale. Si cela pouvait sembler naturel à deux ou trois lauréats – les piliers du groupe Solastalgie –, ce ne l'était pas pour tous et encore moins pour ceux du G2104 qui avaient un long trajet à faire pour passer du « on fait tout bien comme il faut » à « l'activisme hors la loi ».

Chris dut résumer les enjeux en quelques points :

1. On n'a jamais été aussi près d'une menace aussi importante sur la vie et sur la préservation de l'espèce humaine.

2. L'enjeu dépasse de loin tous ceux que l'humanité a connus jusqu'à présent.

3. Les cinquante dernières années montrent l'impuissance des sociétés à s'organiser par les voies légales pour conjurer cette menace :

les rapports, les cris d'alerte, les plans ont beau s'être multipliés, ils n'ont pas produit assez d'effets.

4. Les États ont perdu leur vision du long terme. Même les démocraties ne savent pas résoudre le problème.

5. Dans le passé, des circonstances exceptionnelles ont conduit des femmes et des hommes à s'affranchir des règles, à sortir du cadre, à prendre des risques et des libertés pour inverser le cours « naturel » des choses : nous leur devons notre liberté.

6. Le contexte actuel n'est pas moins exceptionnel.

7. Si nous avions une manière légale d'agir, nous l'utiliserions.

8. Si nous n'en avons pas, l'inaction devient lâcheté.

Pierre monta sur l'estrade.

– Bonsoir, je viens vous rendre compte de nos réflexions au sein du groupe « action ». Cela va prendre un peu de temps et nous avons beaucoup de questions à trancher. Il nous est apparu important de refaire valider le raisonnement qui nous conduit à cette extrémité : basculer dans l'action illégale. Il faut ensuite définir les moyens d'action que nous pouvons retenir. Sans surprise, nous convergeons pour privilégier le piratage informatique. Plusieurs raisons nous amènent à vous proposer ce mode d'action.

» La première, qui peut sembler évidente, est que nous disposons de compétences exceptionnelles grâce au petit groupe que nous comptons dans notre sein et qui comprend des as de la cyberattaque. Ils sont doués, ils ont fait leurs preuves et pas grand-chose ne peut leur résister.

» La deuxième, c'est que cela permet des actions tout à fait spectaculaires. Elles peuvent concerner tous les secteurs, dans tous les pays et avoir un impact sur des pans entiers de l'activité économique et sociale de la planète. C'est un outil, une arme de très grande puissance.

» La troisième raison, c'est que cela se déclenche relativement vite. Si nous validons le plan proposé, il est réalisable en quelques mois. On reviendra sur les détails.

» J'en viens aux inconvénients.

» Le premier, c'est que c'est une arme de voyou et d'ennemi de la démocratie. Le piratage, c'est l'un des instruments favoris de Poutine et du FSB, des mafias internationales et d'un certain nombre de voleurs et de rançonneurs. En choisissant cette méthode, nous basculons dans un monde très peu recommandable.

» J'ajoute que pour être efficaces, il faut avoir des relais. Ces relais sont anonymes, se trouvent dans le monde entier et probablement est-il inévitable de tomber sur quelques loulous qui travaillent aussi pour la mafia…

» Le troisième inconvénient est le symétrique du deuxième avantage : c'est très puissant. Nos actions vont se voir, vont créer des perturbations considérables et vont provoquer des réactions fortes. Ça va beaucoup secouer.

Dans la grange, on aurait entendu une mouche voler. Le silence était presque religieux, comme si l'assemblée avait conscience de l'importance de ce qui se jouait. Ce groupe de personnes qui avaient toujours respecté la loi, en avaient été les gardiens, l'avait parfois faite, se préparait à basculer pour de vrai dans l'action illégale.

L'orateur sentit cette pesanteur. Il marqua une pause. Son regard balaya l'auditoire.

– Je sais ce que vous ressentez. Je me surprends moi-même. J'ai plus le vertige que sur… les arêtes de Rochefort.

Il savait que personne ne connaissait les fines arêtes de Rochefort, celles qui s'étiraient avec élégance de la dent du Géant au mont Mallet puis aux Grandes Jorasses, mais c'était la seule comparaison qui lui traversait l'esprit. Ce moment où l'on s'engage sur les arêtes, laissant derrière soi le confort des rochers pour mettre les crampons sur la glace, avec le vide des deux côtés.

– J'ai moi aussi les chocottes. Avant que Nostradacker vous présente les actions possibles, je demande à Winston de nous expliquer là où on peut situer les principaux enjeux.

Ce dernier se leva de son banc pour rejoindre l'estrade. Il y eut un petit frisson dans la grange car Winston avait adopté le physique de son pseudo. Il était rond, un peu ventru. Il était le seul à porter un costume dans la ferme, avec des bretelles. Certes il ne fumait pas le cigare, mais il ne quittait pas sa cigarette électronique. Il était à moitié chauve, avec un reste de cheveux filasse, trop longs, et une raie sur le côté. Sa mère était anglaise et sa grand-mère avait été infirmière pendant la Seconde Guerre mondiale. Il trouvait que la ferme de Grainville ressemblait un peu à Chartwell. En plus simple, bien sûr, mais c'était le même esprit selon lui. Ses parents qui vouaient un culte à Churchill l'emmenaient le samedi dans la propriété du Lion. Il connaissait les moindres détails de sa vie. Winston s'était dégotté une sorte de baguette au fond de la grange qu'il pointait sur les diapos qu'il avait préparées.

– Le groupe que j'ai eu l'honneur d'animer a identifié plusieurs cibles particulièrement stratégiques. Nous allons les passer en revue successivement. Il y a les lieux de décision et les cibles économiques, où se trouve le nerf de notre guerre, ainsi que les activités les plus dégradantes pour la planète.

» Le groupe a fait le raisonnement suivant. Nous pouvons perturber, nous pouvons faire peur, nous pouvons déséquilibrer économiquement, nous pouvons bloquer, nous pouvons détruire. Je vais essayer d'illustrer cela.

» Prenons les catégories de cibles « anti-environnementales » et commençons par une illustration très simple : les croisières. Quatre-vingt-quatorze paquebots émettent dix fois plus d'oxyde de soufre que 250 millions de voitures. Une pollution énorme pour une activité qui n'a aucune utilité et dont on peut contester le caractère essentiel. Je me permets cette petite incise personnelle. Il n'y a rien de plus pénible que d'être enfermé sur un immense paquebot qui ressemble à une barre d'immeubles de La Courneuve sur l'eau. On n'a rien d'autre à faire que bouffer et subir la connerie de tous les autres. Et il n'y a rien de plus pitoyable que de voir le flot de touristes débarquer sur un pauvre port d'une île des Caraïbes, comme une nuée de sauterelles malfaisantes. Je ne sais pas si certains d'entre vous ont vu ces monstres sur les quais de Miami, où ces espèces d'EHPAD flottants pour riches Américains cacochymes attendent leurs victimes consentantes : c'est l'un des spectacles les plus dégoûtants au monde. Bref, les paquebots sont en quelque sorte l'une des dix plaies d'Égypte à la mode du XXIe siècle. Donc on vous propose de commencer par une œuvre de salubrité publique. À toi la parole, Nostradacker.

Le dénommé Nostradacker, qui n'attendait que ce moment, bondit de sa chaise et sauta sur l'estrade, sa bouteille de Coca Zéro à la main.

– Voilà. Ces paquebots sont détenus par une petite dizaine de compagnies qui ont toutes un système de réservation, issu du même fournisseur. Ce logiciel commande toutes les cabines, toutes les croisières, tous les itinéraires. Nous sommes allés faire un petit tour, juste comme cela, pour voir à quoi il ressemblait. On y rentre comme dans du cheesecake. Il est très facile à dérégler et, *cherry on the cheesecake*…

– Cerise sur le gâteau au fromage, je traduis pour ceux qui ne comprennent pas l'anglais de Nostradacker, s'empressa de dire Winston.

– Oui, cerise sur le gâteau de fromage, nous savons aussi bloquer son système de réparation, ou plus exactement faire en sorte que plus on le répare, plus il débloque. On croit le réparer, et les réservations s'évanouissent, se mélangent, apparaissent et disparaissent. On sait même générer à partir de l'application de faux messages vers les clients, qui ressemblent comme à s'y méprendre aux vrais.

Sur l'écran apparut un mail :

Chers Madame et Monsieur Smith,

Merci d'avoir réservé votre merveilleuse croisière avec notre compagnie sur la mer des Caraïbes. Avant que vous rejoigniez notre équipage, nous aimerions partager avec vous quelques informations importantes qui pourraient vous être utiles :

1. Nos bateaux sont des lieux parfaits pour attraper des maladies : virus, bactéries, pathogènes émergents. Nous faisons le maximum pour favoriser leur diffusion grâce à un système d'air conditionné particulièrement sophistiqué ;

2. Nous pouvons provoquer des infections intestinales qui rendront votre séjour inoubliable ;

3. Grâce au quatrième amendement de la Constitution américaine, nous pouvons garantir la présence à bord d'au moins un tueur en série capable de déclencher à tout moment un massacre spectaculaire.

Nous sommes impatients de vous voir à bord de nos navires.

Sincèrement,

L'équipage

– Vous voyez que l'émetteur est si bien imité que l'illusion est parfaite.

La salle était médusée. La plupart n'étaient pas familiers de ce monde underground. Ils ne connaissaient du dark web que le nom. Ils n'avaient jamais vu de près ces fameux hackers, si ce n'est dans des séries télévisées ou de mauvais films.

Winston reprit le cours de son exposé.

– Voilà, avec le traitement du Dr Nostradacker et de son équipe, nous avons de quoi couler la flotte. Nous proposons d'appeler cette opération l'opération Trafalgar et désormais Nostradacker sera notre amiral Nelson. Désolé pour nos amis bonapartistes, mais l'heure est grave ! Je propose qu'on passe à l'opération suivante. Nous nous prononcerons ensuite sur le plan de bataille.

» Si on continue sur la pollution, nous avons travaillé sur les véhicules les plus polluants et notamment les SUV. Vous avez certainement constaté au cours des dernières années la multiplication de ces véhicules. Sur la première diapositive, vous voyez la croissance du marché. C'est assez impressionnant. Pour rappel, c'est la période où les ministres de l'Environnement font des déclarations tout à fait émouvantes sur les émissions de gaz à effet de serre et sur leur volonté inébranlable de lutter efficacement contre la pollution atmosphérique. C'est aussi la période où ils multiplient les hommages rendus à la « responsabilité » des constructeurs automobiles qui ont si bien saisi les enjeux du climat. Sur la diapositive suivante, vous avez le bilan carbone de ces charmants véhicules que l'on voit souvent dans les avenues de Paris avec une seule personne à bord.

» Ces données sont tirées d'un rapport de la très sérieuse et très officielle Agence internationale de l'énergie qui montre qu'en 2021 les SUV ont généré 900 millions de tonnes de gaz à effet de serre, plus que toute la France. En voici un extrait :

En 2021, le nombre de SUV sur les routes du monde a augmenté de 35 millions, générant une augmentation de 120 millions de tonnes de CO_2 *! En 2021, les SUV ont représenté 45 % du total* *des ventes de voitures neuves dans le monde, avec un marché particulièrement dynamique aux États-Unis, en Inde et dans de nombreux pays européens. Le nombre total de SUV est ainsi passé de 50 millions en 2010 à 320 millions en 2021 ! Les SUV, qui sont à 98 % des modèles à énergie de combustion, consomment 20 % d'énergie en plus que les voitures de taille moyenne*[1].

» À noter que les SUV sont identifiés depuis longtemps comme de bons coupables. En 2021, le WWF a pris comme slogan « Le SUV tue, comme l'alcool et le tabac ». Il a relevé que 3 h 50 d'antenne étaient consacrés chaque jour à la publicité pour les SUV avec 760 spots quotidiens ! Mais ce constat a eu peu d'impact sur les tendances, ce qui peut légitimer d'autres types d'actions.

– Merci, Nostradacker, conclut Winston. Je me tourne maintenant vers Kylian qui a pris le sujet avec une accélération fulgurante, des dribbles à faire tourner la tête et qui va aller droit au but.

Kilian monta sur l'estrade après avoir fait un « check » avec Nostradaker.

– Bonjour, je m'appelle Kylian, comme qui vous savez, et moi aussi je suis né à Bondy. Je marque moins de buts que mon idole, mais avec vous j'en poursuis un qui me fait tripper, commença le jeune homme, déclenchant une salve d'applaudissements. Nous avons plusieurs

1. Source : World Energy Outlook 2021.

manières d'approcher le problème des SUV. En réalité, nous avons deux approches qui peuvent être complémentaires :

» La première consiste à rentrer dans le fichier de la police et à envoyer des amendes aux propriétaires de ces véhicules. Ce n'est pas très compliqué. Là aussi nous avons testé la porte : elle est facile à ouvrir. Et comme la police est bien ordonnée, on tombe facilement sur les listes par catégorie de véhicules. C'est ensuite un jeu d'enfants de déclencher des amendes, qu'on peut établir au niveau souhaité. Ça ne stoppe pas les véhicules mais ça arrête les conducteurs, car nous pouvons retirer autant de points que voulu. Par exemple douze. Et voilà nos conducteurs de SUV incapables de prendre le volant. C'est efficace, c'est élégant, avec malheureusement une limite : cela ne concerne que la France, alors qu'il faudrait surtout viser les États-Unis, l'Inde et la Chine.

» La deuxième approche est plus mondiale mais plus complexe. Elle vise directement les constructeurs. Il y a une dizaine de grands constructeurs qui, à eux tous, vendent 67 millions de véhicules chaque année. Il serait inéquitable de ne pas les traiter tous sur un pied d'égalité. Il faudrait donc les craquer tous. C'est faisable, mais si, par exemple, on commence tout de suite, on ne sait pas exactement combien de temps il faut pour réussir à soulever le capot de tous leurs systèmes informatiques. Et puis il faudrait faire dans la dentelle pour viser spécifiquement les SUV, mais on peut aussi foutre le bordel un peu n'importe comment chez eux. On a pensé par exemple à un système de rançon.

Une voix s'éleva dans la grange :

– Mais on n'est pas des voleurs ! On ne va pas se mettre à rançonner comme les petites frappes russes !

Kylian répondit calmement.

– Notre idée est un peu différente : formuler une rançon en tonnes de carbone. Le principe est le suivant. On s'introduit dans le système informatique des constructeurs automobiles. On y colle un petit virus assez vicieux, mais que nous savons domestiquer. Puis on demande des engagements sur la réduction de tonnes carbone. On calcule le montant de la rançon pour chaque constructeur en fonction de la proportion de SUV, défalquée de la production de voitures électriques. Soit ils changent leur production, soit on déclenche le virus.

Il projeta une diapo avec des tableaux compliqués où l'on voyait pour chaque constructeur le nombre de SUV produits, le nombre de véhicules électriques, un coefficient tenant compte de la croissance du parc, le tout aboutissant au montant de l'amende pour chaque constructeur calculée en tonnes équivalent carbone.

– Voilà, c'est un peu plus sophistiqué, mais ça répond au principe de justice et c'est faisable. Il faut juste pouvoir tenir dans la durée et pas se faire prendre trop tôt pour pouvoir réactiver le virus chaque année, si les engagements pris ne sont pas tenus.

Dans la grange, on entendit cette fois des exclamations admiratives : « Ils sont quand même doués, ces petits jeunes, et on a l'impression qu'ils pensent à tout. »

– Merci, Kylian, pour cette brillante démonstration, dit Winston. Je vous propose à présent de continuer sur le carbone en passant aux établissements bancaires. La parole est à Diane.

Diane gagna l'estrade.

– Merci, Winston. Tu ne poses pas la problématique ?

– Pardon, j'aurais dû mais je suis sûr que tu le feras très bien toi-même.

– Ok, je vais essayer. Notre approche est partie aussi de l'impact environnemental en fonction de la situation sociale. Vous avez vu, comme moi, qu'il y a de fortes inégalités dans la production de carbone, suivant le niveau de revenus ou de patrimoine. En réalité, si tout le monde avait la consommation des 50 % les plus pauvres, ou plus exactement si les 10 % plus riches de la planète réduisaient leurs propres émissions au niveau de celles de la moitié la plus pauvre de la planète, une grande partie de notre problème serait résolue.

Une belle diapo apparut sur l'écran, montrant la répartition des richesses par centile de la population et celle des consommations d'énergie.

– Bon, partant de là, et constatant l'incapacité des gouvernements à mettre en place une taxation du carbone, nous nous sommes dit que nous pouvions la mettre en place nous-même. Nous avons utilisé le classement Forbes et nous avons imaginé aller nicher dans les logiciels des banques une petite taxe carbone, un peu bricolée, j'en conviens, mais qui tape juste au portefeuille. Notre cible, ce sont les cartes bancaires de grand luxe, comme la carte Centurion d'American Express. Cela permet d'avoir accès facilement aux plus grandes fortunes mondiales et cela devient un jeu d'enfants d'aller prélever une taxe carbone. Et si l'on veut jouer aux Robins des Bois, on peut, via un petit cheminement dont je vous épargne les détails mais qui passe par quelques îles lointaines, les reverser à des causes humanitaires qui auront le plaisir de trouver sur leur compte en banque quelques centaines de millions qui auront été prélevés à travers le monde.

Diane quitta l'estrade. Pierre déclara :

– Je vous propose une pause bien méritée. Je crois qu'il y a une petite « cidre party » qui nous attend. De quoi nous aérer et reprendre nos esprits.

Chapitre 22

La grange se vida et les conspirateurs se retrouvèrent sous la charreterie. Des petits groupes se formaient autour des tables où étaient disposées les bouteilles de cidre. On sentait les participants comme enivrés par l'irruption du réel dans ce qui était jusqu'à présent de l'ordre du concept et de l'abstraction. Comme si les uns et les autres prenaient conscience de l'énormité de leur projet : « C'est quand même fou à quel point tous nos systèmes sont vulnérables. » « Tu te rends compte si Arsène Lupin avait vécu au XXIe siècle ? » « Moi ça me met un peu mal à l'aise. Après le décor à la *James Bond*, j'ai l'impression que l'on prépare un mauvais remake de *Mission Impossible* avec Pierre qui se prend pour Tom Cruise. Mais c'est un peu le même esprit quand on voit les types bidouiller des ordinateurs qui déclenchent des trucs dans le monde entier. Est-ce qu'en fait on n'est pas en plein délire ? » « J'en ai des frissons dans le dos. »

« En fait, sans ces gamins, on ne saurait rien faire. Ça nous met quand même un coup de vieux tout ça. » « Mais si nous, petits conspirateurs dans une ferme, on peut vraiment faire tout cela, vous imaginez ce que sont capables de faire des États, des mafias, des gens sérieusement organisés ? » « Ils ont peut-être simplement une imagination débordante et jouent sur notre crédulité... » « Je me demande si certains d'entre nous ne vont pas se rendre compte soudainement de ce dans quoi ils se sont fourrés et avoir envie de prendre la tangente. C'est quand même ouf, ce truc. »

Les discussions furent interrompues par le retentissement du gong. C'était un disque de 90 centimètres de diamètre que Fantine avait rapporté du Vietnam. Elle était tombée en arrêt devant la beauté de l'objet et du son qu'il produisait. Désormais, il scandait les travaux du groupe. Cela rajoutait à la magie du moment mais donnait aussi un petit goût de secte. Ces gens qui obéissaient au gong, docilement, de manière presque pavlovienne.

Tout le monde avait repris place dans la grange. Pierre, auquel le malaise de la pause cidre n'avait pas échappé, suggéra à Winston de ne pas enchaîner sur d'autres actions mais d'offrir un peu de recul au groupe. Il grimpa sur l'estrade.

– Chers amis, j'ai bien conscience que nous avons atteint un nouveau stade dans notre projet et que ça pique un peu les yeux. Je vois le sourire de notre chère Hannah. Je pense aussi au cynisme de ceux qui connaissent les périls environnementaux et qui pourtant continuent comme avant. Et pour ceux qui font partie du G2104, je pense à ce que nous nous sommes dit en 2002. Je ne voudrais pas que dans vingt ans nous regrettions de ne pas être passés à l'acte. Alors oui, on ne change pas le destin du monde sans perturbation. Je sais que c'est très curieux de prétendre agir sans mandat, ou avec un mandat que nous nous sommes autodélivrés. C'est une question délicate. Le décalage entre l'ampleur de la tâche que nous ambitionnons de faire et la faible légitimité qui est la nôtre. L'absence, même, de toute légitimité autre que notre volonté, peut-être notre lucidité.

» Mais si nous sommes dans cette ferme, si nous avons constitué le CNRS, si nous envisageons les actions que nous venons de vous présenter, c'est précisément parce que ceux qui ont la légitimité démocratique, institutionnelle, économique ne nous protègent pas. Entre l'influence des lobbys et la peur de la sanction électorale, ils sont eux-mêmes pieds et mains liés et n'en ont pas forcément conscience. Sur ce point-là je laisse la parole à Serge qui va nous parler de la psychologie du décideur. Serge, tu as la parole.

Serge rejoignit Pierre sur l'estrade.

– Il se trouve que l'année dernière, j'ai fait travailler un doctorant sur la psychologie des décideurs à partir de l'interrogation suivante : comment des personnes qui s'orientent vers l'intérêt général, qui sont sélectionnées parmi les meilleures dans nos universités et grandes écoles, qui accèdent à des postes de responsabilité peuvent-elles abdiquer leurs convictions sans que cela semble leur poser problème ? Le doctorant a travaillé à partir de déclarations publiques et d'entretiens avec une centaine de responsables européens : ministres ou anciens ministres, parlementaires, responsables de grandes entreprises. En gros, ils se répartissent en trois catégories. Deux catégories dominantes et une catégorie minoritaire, qui conduit à 40/40/20.

» Pour une quarantaine de dirigeants, la conscience de la limite de leur action est forte mais ils se sentent confortés par l'idée que ce serait pire sans eux. Ils ont déjà l'impression de se mettre en danger, de devoir surmonter un nombre d'obstacles incalculables et de rencontrer de nombreux opposants et freins. Ils restent donc dans une position de « protecteurs » et considèrent que démissionner serait un renoncement, voire de la lâcheté. Ils ont parfaitement conscience de leurs insuffisances mais refusent ce qu'ils considèrent comme une solution de facilité. Ceux-là ont souvent une analyse sophistiquée et argumentée du jeu des contraintes. Ils ne croient pas au pouvoir absolu. Beaucoup d'entre eux utilisent plusieurs « soupapes » pour canaliser leur frustration. Très souvent ce sont leurs propres enfants dont ils mettent en avant l'engagement plus radical. C'est un point qui revient spontanément chez vingt-huit d'entre eux. Quand on creuse, cela a plusieurs significations. Pour beaucoup, cela vient conforter la sincérité de leurs convictions puisqu'ils ont réussi à transmettre, par l'éducation, des sentiments d'injustice. Souvent, c'est également considéré comme une action « par procuration ». « Certes, moi, dirigeant public, j'ai une action qui connaît de fortes limites que je ne remets pas en cause, mais mes enfants les contestent, donc je ne suis pas complètement du mauvais côté. » Mais la plupart intériorisent le fait que leurs enfants vont progressivement renoncer à cette radicalité, qui est parfois la radicalité qu'ils ont eux-mêmes connue dans leur jeunesse. La deuxième soupape, c'est le soutien à des ONG. À côté de leurs responsabilités, ils font des dons, parfois militent dans des associations. Et la troisième soupape, c'est leur comportement individuel. Dans les entretiens, ils passent beaucoup de temps à expliquer comment ils ont mis des panneaux solaires dans leur résidence secondaire, à raconter qu'ils sont passés de la voiture avec chauffeur au scooter électrique, qu'ils prennent moins l'avion qu'avant et beaucoup d'entre eux sont devenus végétariens ou flexitariens.

» La deuxième catégorie dominante a une autre psychologie. Elle considère que ce n'est pas vraiment sa responsabilité. Elle met en avant sa légitimité. Pour les élus, c'est le mandat reçu : « Je fais ce que mes électeurs attendent de moi. Ils ont des préoccupations de court terme et je suis là pour les résoudre. Ils m'ont choisi tel que je suis, donc je suis légitime à faire ce que je fais. Et si mes électeurs veulent autre chose, ils n'ont qu'à voter pour quelqu'un d'autre. » Dans cette catégorie, on parle moins des limites du pouvoir, de la complexité du processus démocratique que de la faiblesse des autres. Beaucoup évoquent les erreurs de raisonnement des écologistes et leurs querelles internes, l'irresponsabilité de l'opposition, les turpitudes des uns et des autres. Cette catégorie affiche une foi inébranlable dans le progrès. Ils sont capables de réciter les réussites des différentes décennies et tous les succès qu'ils pensent avoir à leur actif. On trouve chez eux aussi une notion de « mérite » : j'exerce le pouvoir parce que je le mérite. Et quand on les pousse dans leurs retranchements, ils considèrent que pour protéger la planète, il y a les ONG.

» La troisième catégorie est minoritaire mais intéressante aussi. On y trouve les vrais cyniques. Ceux qui reconnaissent – le questionnaire a été habilement fait – aimer le pouvoir, l'argent, la notoriété et le confort. Ils ont un peu oublié ce qu'était l'intérêt général. En tout cas, ils l'évoquent peu. Ils ont des SUV, ils aiment les voyages lointains, ils « profitent », comme on dit, et ne connaissent pas la mauvaise conscience

» Je crois que c'est la première étude de ce genre et c'est pourquoi elle a été acceptée dans une revue internationale de référence, le *British Journal of Psychiatry*.

» Mais je ne serais pas complet si je n'évoquais pas une quatrième catégorie, certes un peu plus modeste quantitativement puisqu'elle ne compte qu'un seul individu, mais tout à fait importante d'un point de vue qualitatif puisque cet individu est parmi nous. Dans les 100 personnes rencontrées lors de cette étude, l'une a expliqué qu'elle n'était pas à l'aise dans l'exercice de ses responsabilités et le questionnaire a été pour elle le catalyseur. Je l'ai rencontrée et je l'ai enrôlée. Elle était vice-présidente de l'Assemblée nationale, elle a été ministre à deux reprises, elle est parmi nous aujourd'hui. Son pseudo est Rosa Parks et je vous demande de l'applaudir.

C'est à l'issue de cette présentation qu'eut lieu le vote solennel. On distribua des bulletins. Deux chapeaux de paille firent office d'urnes. Quatre volontaires acceptèrent de dépouiller les bulletins. Une grande majorité se dégagea en faveur de la poursuite des opérations. Pierre proclama les résultats. Le sort en était jeté.

Chapitre 23

Serge et Raphaëlle avaient lancé leur invitation à faire usage de leur qualité de psychiatre comme une boutade. Ils n'avaient pas anticipé que leur offre serait prise au sérieux et qu'on solliciterait autant leurs services. Devant le succès, Serge dit à Raphaëlle : « On aurait presque besoin de se mettre sur Doctolib pour organiser nos rendez-vous. » Ils avaient jeté leur dévolu sur la maison verte pour y installer leurs deux cabinets de campagne. C'était un peu éloigné de la ferme, et donc discret. Les salons bibliothèques offraient des écrins parfaits pour les confidences. Dans l'un, on y trouvait des collections complètes de *La Nouvelle Revue française*, des débats parlementaires du début du siècle, des sept volumes de l'*Histoire de l'affaire Dreyfus* par Joseph Reinach. L'autre était entièrement consacré à la philosophie anglaise et décoré dans le style « Bloomsbury ». L'un des artistes grainvillais avait dû trouver son inspiration chez

Duncan Grant et Vanessa Bell. Il avait peint les tables, les tabourets et les armoires, et les tissus imprimés du divan avaient les couleurs chatoyantes de la fameuse maison de Charleston.

Étienne fut l'un des premiers à venir « converser » avec Serge.

Il rentra directement dans le vif du sujet, à peine assis dans son fauteuil.

– J'ai un problème avec la fin du monde.

– Nous en avons tous un, je pense.

– Oui, mais moi, c'est très particulier.

– Je pense que nous avons tous un rapport particulier à la fin du monde.

– Mon problème, c'est que je la souhaite.

– Comment cela ?

– Je sens bien que cette fin du monde, c'est comme un soulagement pour moi.

– Un soulagement ?

– Oui, Serge. En fait, j'ai l'impression d'avoir raté ma vie.

– Raté ta vie ? Cela ne saute pas aux yeux.

– Je sais. J'ai accumulé succès et richesses. Mais à quoi bon ? Je n'ai plus vraiment de perspectives. Tout cela ne m'amuse plus, et même me semble vain. J'ai toujours eu un fond dépressif, que mes amis prenaient pour une mélancolie romantique qui faisait mon charme, mais qui se nourrissait d'un profond doute existentiel.

– Ça arrive.

– Mais j'ai un gros problème avec l'avenir. Je ne sais pas s'il me fait peur ou s'il m'ennuie. J'ai profondément l'impression de me décevoir. Peu importe le regard que les autres portent sur moi, celui que je porte sur moi-même est terrible.

– À ce point-là ?

– Je me méprise. Et, bien sûr, avant que tu me le demandes, j'ai régulièrement songé au suicide.

– Réellement ?

– Oui et non. Je suis depuis plusieurs années obsédé par l'idée du suicide, comme quelqu'un qui cherche désespérément la porte de sortie, et en même temps je sais clairement que j'en suis incapable. Je ne sais pas si c'est mon éducation catholique qui m'imprègne encore – quelle poisse – ou si c'est ma lâcheté. L'idée de m'infliger la mort m'est encore plus insupportable que celle de m'infliger la vie.

Serge regardait Étienne. Ils se connaissaient depuis longtemps. Ils n'auraient jamais dû entrer dans une relation thérapeutique. Mais à Grainville, dans ces circonstances, il était difficile de trouver d'autres thérapeutes. Et en plus, dans le contexte de clandestinité, il fallait concilier le secret médical avec le secret conspirationnel. Cela aboutissait à ce fonctionnement en circuit fermé, à la fois sympathique et malsain. Pour Serge, Étienne incarnait la réussite décomplexée. D'abord, il était grand, beau, élégant, avec les traits qu'il avait toujours prêtés à la noblesse, un concept très éloigné de ses propres racines. Une belle voix, gâtée par un rire un peu artificiel. L'enchaînement des postes de responsabilité bien payés dans les plus grandes entreprises. Un talent fou pour le piano. Il aurait pu être pianiste professionnel. De l'argent. Lui n'avait pas à se soucier de remboursement d'emprunts à n'en plus finir, ces emprunts que l'on prolonge pour en atténuer les mensualités quand on a une baisse de revenus. Il regardait son ami en se demandant ce qui pouvait clocher.

Étienne continua :

– C'est pour cela que la fin du monde, c'est pour moi une manière de me suicider sans avoir besoin de passer à l'acte. Il y a quelque chose de formidablement rassurant à savoir qu'on n'a pas à se préoccuper du futur. Serge, je crois que j'aime l'ivresse de la dernière génération. Je me suis rendu compte que je regardais le monde de manière beaucoup plus apaisée en me disant qu'il est voué à disparaître à brève échéance. C'est comme si on m'enlevait une chappe de plomb des épaules. Non pas que je me sente responsable du monde. J'aurais aimé mais je ne le suis pas. Mais le côté « *no future* » me fait du bien. Je me suis reconnu dans les accélérationnistes.

– Et pourquoi as-tu besoin de m'en parler ? Parce que tu ressens une souffrance ?

– Je ne sais plus où me situer. Je pense qu'il y en a parmi nous un grand nombre qui sont en souffrance à cause du passage à la clandestinité. Tu dois en voir un certain nombre

Serge se racla la gorge, émettant une sorte de « hum, hum », histoire de rappeler que, même dans ce contexte, il se sentait tenu au secret professionnel et qu'il n'allait pas faire un signe d'approbation susceptible d'être interprété par Étienne, qui le remarqua aussitôt et enchaîna.

– Moi, curieusement, je n'ai pas été trop gêné par cela. J'ai toujours eu l'impression d'être dans une espèce de clandestinité. Je sais que je donne l'impression d'être celui qui ne se pose jamais de question et qui est à fond dans le système. Le capitalisme, les fonds d'investissement, les distributions de dividendes, les fusions et les acquisitions, c'est mon quotidien. Mais c'est un système dans lequel je me suis toujours senti comme un clandestin. Ou plutôt j'en mesure toute la vanité, toute la vacuité. J'y suis parce que j'y excelle. J'y suis reconnu, j'y suis apprécié, j'y suis à l'aise, j'y suis parfaitement confortable. Mais en fait je n'y suis pas. J'y fréquente des gens sans intérêt (à part le taux), pour lesquels les valeurs, ce sont celles qu'on émet ou qu'on crée, pas celles qu'on respecte ou qu'on transmet. Du coup, je n'ai pas eu à me forcer pour devenir saboteur. Je suis passé sans difficulté d'une clandestinité à une autre. En revanche, se délecter de la fin du monde prochaine m'a procuré une certaine euphorie.

– De l'euphorie ?

– Oui, de l'euphorie. Dont je ne sais pas trop d'où elle vient. Pour être sincère, je ne sais pas si c'est la perspective de la fin du monde, la savoir tangible, qui me rend euphorique, comme une libération, ou si cette euphorie vient de la participation à votre grand œuvre. Je ne sais pas si je me réjouis de voir le monde finir ou de participer à son sauvetage.

– C'est intéressant.

– Mais comme je ne crois pas au sauvetage, je suis très embêté. Je ne crois pas que ça va marcher, vos trucs.

Dans la pièce des philosophes anglais, au même moment, Raphaëlle recevait Claire.

La jeune psychiatre n'en menait pas large. Elle savait que Claire était l'amante de Serge. Elle avait compris que c'était une très longue amitié qui s'était transformée en relation amoureuse. Elle s'en était étonnée, quand Serge lui avait dit cela de manière très allusive. Elle n'avait pas osé poser de question. Elle avait été fascinée par la beauté de Claire. Une sorte de Carole Bouquet blonde. Les mêmes traits décidés, la même silhouette, un visage sévère mais adouci par de discrètes fossettes. Le nez parfait. Des cheveux lisses qui volaient quand elle tournait la tête. Une voix très particulière, presque chantante. Vraiment, Claire était une magnifique femme. Et une femme d'autorité, avait-elle remarqué, conformément à sa profession. Est-ce que

Claire voulait la voir par jalousie, elle, la jeune cheffe de clinique auprès de son amant ? C'était tellement cliché, l'idée que les jeunes et jolies cheffes de clinique aient envie de coucher avec leur chef de service. « Eh bien non, ma vieille, tu vas être déçue. Peut-être que ton type fantasme sur moi, mais ce n'est pas du tout réciproque. » Cela lui fit tout de suite penser à Sacha, alias Alexandre, et à son impatience de le retrouver. Mais elle se méprenait sur les motivations de Claire.

– Raphaëlle, puisque Serge et toi vous nous avez proposé des moments d'écoute, je voulais en profiter. Et comme je ne pouvais pas me confier à Serge, je viens vers toi. Cela ne te gêne pas ?

Raphaëlle avait envie de dire la vérité : « Bien sûr que ça me gêne et que je n'ai pas envie de recevoir les confidences de la copine de mon chef. » Mais n'osa pas.

– Mais pas du tout. Je suis là pour ça, dit-elle avec un grand sourire qui lui donna l'impression de faire celui d'une hôtesse de l'air.

Elle l'effaça immédiatement pour reprendre un visage grave, figé.

– Tant mieux. Est-ce que tu sais pourquoi je suis venu au CNRS ?

– Euh.

Raphaëlle songea : « Pour accompagner ton Keum… » elle sentait que cela serait déplacé. Elle reprit sa contenance professionnelle et fit donc une réponse de psychiatre :

– Je veux bien l'entendre.

– Parfait, parfait. Tu te demandes si c'est juste parce qu'après quarante ans, j'ai commencé une liaison avec Serge et que je l'ai suivie. En même temps, tu dois te dire que je ne suis pas le genre de femme à venir quelque part juste pour suivre son amant et que je donne l'impression d'être plutôt une femme autonome, qui fait ses choix elle-même. N'est-ce pas ?

Raphaëlle était estomaquée. Aucun doute, c'était une juge. Elle venait voir une psychiatre et c'est elle qui faisait l'interrogatoire. Ça n'allait pas se passer comme cela. Elle fit un effort sur elle-même.

– Je ne me demande rien. Je t'écoute. Je suis sûre que tu vas me donner la vraie raison.

– Bravo, tu ne te laisses pas démonter. Serge m'avait prévenue. Il pense le plus grand bien de toi, tu sais.

Encore ! Elle est vraiment insupportable, se dit Raphaëlle. Pourquoi avait-elle besoin d'établir un rapport de force et me ramener à la condition de collaboratrice de son amant ?

– Mais cela ne me dit pas pourquoi tu es là.

– Tu as raison. Je suis là parce que je vais bientôt mourir.

Raphaëlle fronça le sourcil.

– Il y a quelques mois, mon cancérologue m'a annoncé que le pronostic du cancer du pancréas dont je suis atteinte était inéluctable. Qu'il n'y aurait pas de chirurgie. Qu'il y avait déjà des métastases. Que j'en avais probablement pour quelques mois, avec de la chance pour un an, mais que ce n'était pas du tout sûr.

– Oh, je suis désolée.

– Tu n'as pas à être désolée. Tu n'y es pour rien. Mais du coup, je vis avec une motivation très particulière. Certains craignent la fin du monde, et moi, en quelque sorte, j'ai le regret de la précéder. Ils me font presque envie, avec leur peur, parce qu'elle signifie qu'ils sont bien vivants, qu'ils ont l'avenir devant eux. Or moi, je n'ai pas d'avenir. Ou un avenir à très court terme. Dont je profite, d'ailleurs. Et j'aime beaucoup être ici. Même si c'est un peu contre nature pour moi.

– Contre nature ?

– J'ai passé ma vie à traquer des conspirateurs. Pendant longtemps je jugeais des ententes commerciales : les concurrents qui se mettent d'accord pour faire monter les prix, notamment dans les marchés publics. J'ai passé pas mal d'années à la brigade financière. Et je crois n'avoir jamais fait la moindre action illégale dans ma vie. Alors finir comme une conspiratrice, à échafauder des enlèvements, des piratages et des sabotages, tu peux comprendre que c'est un peu contre nature.

– J'entends.

– Par conséquent, j'aimerais te demander un service.

– Que puis-je pour toi ?

– J'aimerais pouvoir compter sur quelqu'un pour la dernière piqûre. Je commence à avoir trop de douleurs. Je ne peux pas demander ça à Serge. Ni même lui en parler. Il est dans le déni. Il faut dire, le pauvre, qu'il vit le début d'une histoire d'amour après avoir attendu près de quarante ans !

– Tu te rends compte de ce que tu me demandes ?

– Parfaitement, oui. Mais j'ai confiance en toi. Et je me disais qu'au point où on en était, par rapport à tout ce que l'on déclenche, ce n'était pas grand-chose.

– Il n'y a strictement aucun rapport entre de l'activisme pour le climat et euthanasier la copine de son chef de service !

– Tu as peut-être raison. Mais là, j'étais prête. Je trouvais que le moment était venu. Je n'ai pas envie que l'on me voie diminuée. Ni de souffrir. J'ai prononcé ma sentence. J'ai besoin d'aide pour l'exécution.

Raphaëlle était furieuse.

– Enfin, Claire, si ton besoin, c'est juste une mort instantanée, tu peux te débrouiller. Il y a des falaises assez hautes à proximité.

– Ce n'est pas la fin à laquelle j'avais pensé.

– Vous êtes vraiment tous plus bizarres les uns que les autres. Ce n'est pas parce que ce n'est pas la fin à laquelle tu as rêvé qu'il faut m'impliquer et me faire peser cette responsabilité sur les épaules. Tu ne crois pas qu'on va avoir assez d'emmerdements comme ça ? Déjà que Serge m'avait confié sans me prévenir Hannah, la fille de ses copains, qui s'est suicidée après une consultation avec moi. Mais vous voulez nous détruire ! explosa Raphaëlle.

Claire pâlit. On avait l'impression qu'elle se rendait compte de l'énormité de ce qu'elle demandait à la jeune psychiatre. Elle essuya une larme.

– Tu as raison. Oublie cet échange. Mon esprit est sorti de mon corps. Je n'aurais jamais dû. Sache que tu es une fille absolument formidable.

Dans la pièce d'à côté, Serge recueillait les confidences d'un autre conspirateur : Winston, qui était arrivé avec son ironie habituelle.

– Dis-moi, ça ressemble à *Loft Story* ici.

– Comment ça ?

– Ah ah, tu ne regardes probablement pas la télévision, toi. *Loft Story*, c'est le premier *reality show* en France. On enfermait des jeunes dans un loft pour voir qui coucherait avec qui et qui taperait sur qui. Ils avaient les comportements les plus imbéciles. Et il y avait une petite pièce qui servait de confessionnal où tous ces joyeux drilles défilaient les uns après les autres.

– Oui, c'est un peu ça. Qu'est-ce qui t'amène ?

– Moi aussi, j'avais besoin de parler. Je pense qu'on est tous troublés par ce que nous vivons et que beaucoup d'entre nous sont en pleine phase d'introspection.

– Absolument.

– On se demande à la fois ce qui fait qu'on est là et quand même aussi ce qu'on va devenir. Et moi, ça m'a fait réfléchir.

– Réfléchir ?

– Oui, je ne sais pas si ce dont je souffrais était de la solastalgie au sens que vous lui avez donné, et j'imagine que vous avez une définition rigoureuse de la maladie, mais moi j'ai compris ce qui me posait problème.

– Dis-moi.

– En fait, je trouve angoissant d'être dans un monde où plus personne n'a prise sur rien. J'ai mis du temps à le comprendre et puis ça m'est apparu comme une très lourde évidence.

– C'est-à-dire ?

– Sur beaucoup de sujets – le réchauffement climatique en est un –, on sait parfaitement ce qu'il faudrait faire et on le sait depuis assez longtemps, mais on s'aperçoit que personne ne détient le pouvoir de faire. Comme tu sais, j'ai beaucoup fréquenté ce qu'on appelle les décideurs : les responsables politiques, les chefs d'entreprise, les « *Key Opinions Leaders* ». Quand on les voit en tête à tête, ils sont plutôt mieux que l'image qu'ils renvoient. Ils ont conscience des problèmes, mais ils ont surtout conscience de leurs limites. J'ai découvert que la notion de pouvoir était plus complexe que je ne le pensais et surtout qu'il se définissait par une sorte d'asymétrie.

– Laquelle ?

– Le pouvoir de faire des choses « positives » est très dilué. Pardon, je reprends. Il existe des tendances naturelles négatives, ou qui tirent vers le bas. La violence est plus naturelle que la paix. L'égoïsme est plus spontané que la solidarité. La gloutonnerie est plus automatique que la sobriété. La domination est plus répandue que l'humilité. L'avidité est plus fréquente que la générosité. Et toutes ces caractéristiques naturelles ont des conséquences sur les équilibres de la société et celles de la planète. Donc pour rééquilibrer, il faut soit freiner, soit réorienter, soit doper les forces positives. Et lutter contre de fortes résistances. Quand vous avez conscience qu'il faudra accueillir davantage d'immigrés et que l'immigration est en réalité une bonne chose, mais que dans une émission de télé de grande écoute, des sondages par internet montrent que 80 % des téléspectateurs veulent qu'on laisse en pleine mer un bateau plein de réfugiés, c'est difficile d'agir. Quand les prix de l'essence augmentent et que vous savez qu'il y a une partie de la population qui n'a pas d'autres solutions que d'utiliser sa voiture pour aller au travail sans que vous n'ayez aucune alternative à leur proposer à court terme, il est logique qu'on en vienne à subventionner l'essence plutôt qu'à les pénaliser. Mais ça va plus loin. Quand des chefs d'entreprise énumèrent les conséquences sur l'emploi des régulations plus sévères que vous envisagez, puis vous disent que finalement rien ne dépend d'eux mais de leurs actionnaires, du système financier, de la concurrence, cela devient vertigineux. Donc, le pouvoir de prolonger ou d'accentuer les tendances naturelles existe. Un État peut décréter la guerre plus facilement que garantir la paix. Il peut doper la vente des armes, il peut aller titiller son voisin, mais s'il est résolument pacifiste et qu'il est entouré de belliqueux, il n'a pas d'autre choix que la guerre. Et ce qui est vrai pour les grands enjeux l'est également pour les plus petits. La complexité de nos systèmes de décision est telle qu'il y a maints problèmes qu'on ne sait plus résoudre facilement.

– Et cela te trouble ?

– Oui, parce que cela nous concerne tous ici. En fait, nous avons tous cru pendant des années que nous pouvions avoir prise sur les choses. Que notre destin dépendait de nos actions. Et, même, que nous avions ce privilège de pouvoir avoir un impact plus fort que d'autres, parce que nous étions éduqués et hyper diplômés, que nous occupions des fonctions de responsabilité. Pourtant, nous sommes confrontés à la combinaison de nos impuissances. Si j'étais doué pour l'écriture, j'écrirais une sorte de fable narrant les pérégrinations d'un explorateur naïf en quête du vrai centre du pouvoir : « Les explorateurs du pouvoir perdu ». Il partirait de loin, du degré le plus éloigné de ce qu'il penserait être le vrai pouvoir, en gravirait les marches et s'apercevrait que le vrai pouvoir est nulle part. Quand je parle de vrai pouvoir, c'est du pouvoir positif, celui de résoudre les problèmes, pas du pouvoir de nuire ou du pouvoir de suivre. Il trouverait l'illusion et les apparences, mais jamais le vrai pouvoir.

– Et qu'en déduis-tu ?

– Je me suis dit que si personne ne détenait le vrai pouvoir, il fallait en revenir aux fondamentaux. J'ai d'abord pensé à une bonne nouvelle. Après tout, si personne n'exerce le pouvoir, c'est que nul n'a réussi à le confisquer à son détenteur initial.

– Son détenteur initial ? Dieu ?

– Le peuple souverain, pardi !

– Ah oui, bien sûr. J'ai craint un moment que tu nous fasses une crise mystique.

– Mais le peuple souverain, c'est une vaste fumisterie. Toi le psychiatre, tu dois bien voir ça. C'est un bouillonnement des pulsions les moins avouables. Bref, j'ai cherché le « surmoi » dans les allées du pouvoir, je ne l'ai pas trouvé. J'ai cherché le « ça » dans les bas-fonds du peuple et je n'ai pas été déçu. Résultat mon « moi » en a pris un sacré coup et souffre beaucoup. Alors je ne sais pas ce que va donner notre aventure phalanstérienne et conspiratrice, mais au moins on fait l'effort de renouer avec l'action, avec la capacité de faire. Voilà, ça m'a fait du bien de te parler. J'ai l'impression qu'il y a d'autres camarades qui attendent. Merci, Serge. Et fais-en un article ou un bouquin !

Serge n'avait pas eu le temps de réagir que Winston s'était levé, comme un ressort, et était parti, tout content de son petit numéro, laissant le psychiatre perplexe.

Chapitre 24

Le lendemain on se retrouva en séance plénière et Pierre donna immédiatement la parole à Nostradacker.

– Je pense que vous devez être fatigués après une journée bien éprouvante. Alors je ne vais pas rentrer dans les détails, mais je vais finir de vous présenter les opérations auxquelles nous avons pensé et que nous estimons à notre portée. Elles sont réalisables. Et, bien évidemment, tous les membres du groupe et moi-même sommes à votre disposition pour détails, précisions, explications, contestations !

» Tout d'abord, on peut facilement bloquer le trafic aérien sur quelques grands aéroports bien choisis. Sachez que, compte tenu de l'organisation de l'espace aérien, il nous suffit d'une petite dizaine d'aéroports pour clouer presque tous les avions au sol : Pékin, Dubaï, Tokyo, Chicago, Atlanta, Shanghai, Charles de Gaulle, Heathrow,

Los Angeles. En déréglant le contrôle aérien ou simplement les conditions d'enregistrement dans ces aéroports, on déstabilise tout le trafic. On peut soit faire une « journée sans avion », à une date donnée, soit les dérégler un par un pendant une longue période. Sachez que nous pouvons les perturber de telle sorte qu'il leur faut bien chacun une bonne semaine pour s'en remettre et vérifier que tout est normal. Cela permet d'économiser pas mal de tonnes de CO_2. Ce n'est pas difficile et, personnellement, je pense qu'il serait peu compréhensible qu'on n'inclue pas les avions dans notre stratégie.

» Ensuite, l'un d'entre nous s'est amusé à rentrer dans le système informatique d'Amazon et en est revenu avec quelques idées. En premier lieu, il est intéressant d'analyser comment Amazon voit les choses : « *Malgré une croissance importante en 2020 et une augmentation de nos émissions de* CO_2 *absolues de 19 %, l'intensité carbone globale d'Amazon a tout de même diminué de 16 %, passant de 122,8 grammes de* CO_2 *par dollar de GMS en 2019 à 102,7 grammes en 2020. Cette mesure d'intensité carbone est conforme aux objectifs fixés dans le cadre de l'initiative Science Based Targets qui accompagne les entreprises dans la définition d'objectifs de réduction des émissions basés sur les connaissances scientifiques. Amazon a pour ambition d'atteindre zéro émission nette d'ici 2040.* » Mais, comme cela est expliqué dans ce que je viens de vous lire, d'ici 2040, plus ils augmentent le nombre absolu de tonnes carbones émises plus ils se congratulent parce qu'ils baissent leur « intensité carbone ». Je ne résiste pas au plaisir de vous montrer la diapo : vous voyez la fameuse intensité carbone qui diminue, avec ses - 16 %, et si on va tout en bas, on retombe sur le total des émissions et, là, pas de chance, on est passé de 44,4 millions de tonnes en 2018 à 51 millions en 2019, puis 60 millions en 2020 et 71,5 millions en 2021 ! Ça fait + 62 % en trois ans ! Alors on peut aider Amazon à aller plus vite que 2040 en bloquant son système informatique. On peut même s'amuser avec quelques facéties en mélangeant les commandes, en les déstructurant. Il va de soi que si vous retenez cette action, nous mettrions au point immédiatement une action « Alibaba » parce qu'il ne faut quand même pas oublier nos amis chinois !

» Le concept se décline presque à l'infini. Nos amis de l'unité de cardiologie ne connaissent pas beaucoup de limites à leur imagination. Ils peuvent aller embêter l'industrie agroalimentaire et, *last but not least*, les producteurs d'énergie fossile.

Chris fit signe au jeune homme que son temps de parole était écoulé.

– Merci, Nostradacker. La question qui se pose à ce stade est : faisons-nous reposer toutes nos actions sur le piratage ou envisageons-nous d'autres formes d'action ? Je donne la parole à Ghandi.

– Je vais être un peu à contre-emploi par rapport à mon pseudo, apôtre de la non-violence. Si on veut perturber l'activité normale sans passer par le piratage informatique, nous sommes en fait un peu coincés. On peut s'en prendre à quelques personnes et faire des enlèvements ou des séquestrations. Mais ce n'est pas top. D'abord, on a moins de spécialistes des enlèvements que d'experts des systèmes d'information.

On sentait des signes de réprobation dans la salle :

– Allez, passons à autre chose. On ne va pas se transformer en Brigades rouges.

– Attendez, dit Ghandi. Avant d'éliminer complètement cette piste, on peut avoir une petite astuce à vous proposer. Elle est un peu tirée par les cheveux, j'en conviens, mais au point où on en est, on peut quand même l'évoquer. Et si vous n'en voulez pas, on remballera notre idée.

– Bon vas-y, Ghandi, on t'écoute.

– Il se trouve que nous avons parmi nous la fille d'un patron du CAC 40 et le fils d'un parlementaire. On s'est donc tournés vers eux en leur disant bien qu'ils étaient absolument libres de nous envoyer paître. À ce stade, ils n'excluent pas l'idée de monter une petite histoire pour faire venir leur père. L'idée serait que ces deux personnes soient les « otages » – je mets des doubles guillemets – de leur propre enfant. L'un et l'autre, ils pourront vous le confirmer eux-mêmes, pensent que l'amour que leur porte leur père les rendra coopératifs, plutôt que de prendre le risque de les compromettre. L'avantage, c'est que cela met un peu de tension dans le pays. L'inconvénient, c'est que cela va rendre les autorités encore plus nerveuses. Mais, avec ce qu'on envisage de faire, on sait qu'elles risquent de toute manière d'être sur la brèche. Bref, avec ces deux complicités, on met sur la table la prise d'otage comme moyen d'action, sans le faire réellement, mais on a une jolie mise en scène qui conforte la crédibilité de notre démarche.

– C'est très tiré par les cheveux, rétorqua Chris. Si nos jeunes amis veulent convaincre leur père, avec des arguments affectifs, de rejoindre notre conspiration, je n'y verrai que des avantages. Mais le coup de la fausse prise d'otages consentants, j'avoue que je ne la sens pas. Les deux concernés, à vous de voir, mais soyez prudents. Si vous parlez à vos pères, faites en sorte que ce ne soit pas un risque pour nous qu'ils déclenchent les forces de police pour vous récupérer.

Chapitre 25

Le CNRS avait choisi comme mode de détente des moments « farfelus ». Il fallait bien trouver des espaces pour rire ou pour faire preuve de dérision. Quarante-cinq minutes chaque jour, avec une règle du jeu assez simple. Il fallait, le plus sérieusement du monde, proposer une action un peu loufoque en tentant de lui donner le plus de crédibilité possible.

Hugo développa avec brio le concept de « cryo-noé ». Le principe reposait sur la création d'une banque éternelle d'embryons humains, conçue pour tenir quelques milliers d'années. On pouvait aussi y entreposer d'autres espèces. L'idée était donc de créer une sorte de « cryo-arche » de Noé. Il ne s'agissait plus d'attendre la fin du déluge, comme dans la Bible, mais le refroidissement naturel de la planète. Et de ne pas embarquer les hommes et les animaux sur un immense bateau mais de les conserver au froid, au stade embryonnaire, aussi longtemps que nécessaire.

Ce qu'il fallait, c'était construire un réceptacle pour ces embryons, avec une source d'énergie capable de fonctionner quelques milliers d'années.

Pour la durée de conservation, on imagina un scénario de refroidissement de la planète, une fois l'activité humaine disparue. Hugo avait bien travaillé son dossier. Il avait même consulté des scientifiques pour savoir combien de temps il fallait, après l'arrêt de l'activité humaine, pour refroidir la planète. Les experts avaient du mal à se mettre d'accord. On retint donc deux scénarios : 3 000 et 30 000 ans.

Hugo expliqua que le vrai défi était celui de l'énergie capable de maintenir congelés les embryons. Il fallait peu d'énergie pendant très longtemps. La solution « naturelle » était de faire appel au nucléaire avec un petit réacteur alimentant la chaîne du froid. Le nucléaire ayant aussi ses détracteurs, on pouvait utiliser l'énergie solaire. Mais c'était un peu aléatoire. Il pouvait y avoir une éclipse, des nuages, du mauvais temps et une décongélation fâcheuse et fatale. On imagina une source d'énergie hydraulique, mais la source pouvait se tarir. On en était donc revenu au nucléaire.

Pour autant tous les problèmes n'étaient pas résolus. Il fallait savoir comment déclencher ces embryons le moment venu. Dans le scénario 3 000 ans, on pouvait avoir une autre hypothèse, un peu hardie. Enfermer dans une enclave hermétique un couple pouvant se reproduire le temps de passer le cap du réchauffement et d'attendre tranquillement le refroidissement. Bien évidemment, pour éviter la consanguinité, on laissait une collection d'embryons, dont l'un serait « pioché » tous les trente-cinq ans pour être implanté. Il fallait donc 100 embryons pour cette expérience un peu hors du commun. Il suffisait de mettre un petit thermomètre et quelques capteurs pour que le moment de sortie soit choisi en fonction du moment du refroidissement.

Hugo conclut :

– J'ai essayé de respecter la règle du jeu. Même les pires auteurs de science-fiction n'auraient jamais imaginé un scénario si loufoque, pour lequel je ne revendique aucune crédibilité.

La prestation de Hugo fut applaudie. Le duo suivant avait, justement, élaboré un scénario du « grand refroidissement ». Lui aussi reposait sur l'énergie nucléaire avec la construction de dix centrales consacrées uniquement à l'alimentation de dix congélateurs géants, disposés sur la planète. Deux usines de production de glaçons étaient construites sur les pôles. Les plans étaient prêts. L'eau de mer rentrait dans l'usine grâce à un système ingénieux de pompes et ressortait à l'autre extrémité sous forme d'iceberg. Ce n'était pas plus compliqué qu'un frigidaire américain avec production de glaçons, mais à une échelle beaucoup plus importante. Les autres congélateurs étaient disposés sur des points stratégiques, comme le Sahel, pour produire du froid. On applaudit l'idée ingénieuse.

Les neurobiologistes eurent pas mal de succès avec leur hypothèse d'une thérapie génique de l'humanité, grâce au gène « MP-1A ». Ce gène codait pour un venin d'une fourmi mortelle, la Myrmecia pilosula. Dans le montage astucieux des neurobiologistes, il était activé par la dégénérescence naturelle des cellules humaines. Quand il détectait dans l'organisme un affaiblissement des défenses cellulaires, il s'activait pour déclencher des substances toxiques dans l'organisme. Ainsi il épargnait aux humains le long procédé de dégradation en accélérant la survenue de la mort. En réduisant d'un an la longévité, il permettait une certaine régulation de la démographie sur la planète, équivalent à 1 degré de réchauffement. Avec des avantages secondaires non négligeables, notamment des économies considérables sur l'équilibre des retraites et les systèmes de santé, puisque la dernière année de vie est celle qui est la plus consommatrice en soins. Il suffisait d'introduire dans l'eau d'alimentation le gène inséré dans un plasmide pour lui permettre de s'intégrer dans le génome de la population mondiale. Après tout, c'était le principe de la supplémentation en iode du sel ou de l'idée des nutritionnistes d'ajouter de l'acide folique dans le pain. Les deux neurobiologistes demandaient une petite bourse pour pouvoir mettre au point le gène et promettaient d'y arriver dans un horizon de deux ans.

Pendant la présentation, Claire se pencha vers Serge :

– Cette idée n'est pas si farfelue. Je dois avoir ce gène quelque part et je commence à sentir le venin qui se déverse.

La performance des « accélérationnistes » fut également un succès. Eux s'étaient placés sur un terrain éthique. À l'échelle du temps planétaire, la Terre est déjà entrée en phase d'agonie. Notre planète ayant été créée il y a 5 milliards d'années, la vie étant apparue il y a 3,5 milliards d'années, si l'on supposait que le réchauffement climatique allait se produire sur quelques dizaines, centaines ou même milliers d'années, on pouvait considérer que la vie sur Terre était déjà entrée en phase terminale. Cela rend possible de commencer ce qu'on peut appeler une « eugaiathanasie », soit le concept d'euthanasie étendu à la Terre.

Nos deux compères imaginèrent la réunion d'un comité d'éthique qui se prononça pour le déclenchement de l'eugaiathanasie pour éviter à la Terre des souffrances inutiles. Il fallait accélérer le réchauffement, qui était le moyen le plus sûr de tuer la terre et que les hommes avaient mis beaucoup de temps à mettre au point, mais qui l'avaient fait avec un succès qui dépassait toutes les désespérances. La conférence étant participative, ils proposèrent à la salle de trouver eux-mêmes les moyens les plus sûrs et les plus rapides pour accélérer le réchauffement climatique et provoquer la destruction de la planète dans des délais raisonnables.

On inventa aussi le projet Legacy qui reposait sur la création d'un musée sous vide de l'humanité, pour qu'il puisse tenir quelques centaines de milliers d'années et attendre l'arrivée de nouvelles espèces.

On s'amusait.

Mais à chaque fois on riait jaune.

Un conspirationniste eut l'idée de faire du transhumanisme à rebours. Il proposa de passer de la théorie classique mais dangereuse de l'homme augmenté à la théorie passionnante et plus novatrice de l'homme diminué. Toujours un homme, avec quelques faiblesses supplémentaires. Un homme qui consommerait moins. Un homme qui ne pourrait assimiler la viande, qui aurait systématiquement le mal des transports en avion, un homme qui ne résisterait pas à des températures intérieures trop élevées, un homme qui aurait une sorte d'allergie au pétrole. Bref, un homme au patrimoine génétique le réglant sur les standards de consommation recommandés par le GIEC !

On laissa aussi la parole aux « technologistes inclassables ». Ils s'étaient eux-mêmes choisi ce qualificatif car ils ne savaient pas dire s'ils devaient se ranger dans le camp des raisonnables, y compris par rapport à la tendance « activiste » du CNRS, ou dans le camp des farfelus. Ils exposèrent donc les pistes selon lesquelles la technologie pouvait sauver le monde.

La première piste était celle de la captation du carbone. Les États-Unis avaient récemment adopté des mesures fiscales spectaculaires pour encourager ce domaine de recherche. Une technologie qui, bien que pas encore au point, était contestée dans son principe même et suspecte parce que particulièrement soutenue par ceux qui vivaient des énergies fossiles. L'avantage de croire à la captation du carbone, c'est que cela permettait de faire miroiter un monde où l'on pourrait consommer autant d'énergie qu'avant, sans en avoir les effets sur les gaz à effet de serre. Mais pour les partisans de cette technique, la réponse était « *So what?* ». Qu'y avait-il de honteux à continuer à utiliser du pétrole et du gaz si on savait en neutraliser les effets néfastes ?

La deuxième piste était le développement des énergies alternatives : l'éolien, le solaire, l'hydrogène, la fission nucléaire. Après tout, on était parvenus en ce début du XXIe siècle à donner une place non négligeable aux énergies renouvelables. Certes il restait du chemin à faire et des investissements considérables à concéder pour « décarboner » l'énergie, mais ce n'était pas inconcevable et ce serait extraordinairement efficace si les recherches conduites depuis des décennies pour réussir à dompter la fusion nucléaire aboutissaient. C'était la troisième piste.

Ils parlèrent de deutérium, de tritium, de fusion plasmatique, de Bremsstrahlung, de tokamak torique, de tokamak sphérique, de stellarator, de sphéromak, de confinement magnétique, de confinement inertiel.

La grange hurla :

– Oh là, là expliquez-nous, au lieu d'utiliser votre charabia. C'est quoi, tous ces mots ?

– La fusion nucléaire, c'est le processus qui se déroule au cœur des étoiles. La difficulté, c'est d'avoir une « fusion contrôlée », qui donnerait une source d'énergie inépuisable ou quasi inépuisable. Cela repose sur la physique des plasmas. Lorsqu'un gaz est soumis à des températures extrêmes, les électrons sont séparés des noyaux et le gaz se transforme en plasma. Un plasma, c'est donc un gaz très chaud, beaucoup moins dense par exemple que l'air que nous respirons. Et dans ce plasma, des éléments légers peuvent fusionner et générer de l'énergie. Pour obtenir cette fusion, il faut trois conditions : une température très élevée, une densité de plasma suffisante pour qu'il y ait des collisions et un confinement pour que le plasma ne se dilate pas.

» On appelle la machine à fabriquer ce plasma un tokamak, un anneau avec deux champs magnétiques, inventé par Andreï Sakharov, le célèbre dissident. Il y a aujourd'hui 200 tokamaks dans le monde.

» La fusion utilise des champs magnétiques – des aimants, donc – pour confiner et contrôler le plasma chaud. La fusion du deutérium et du tritium produit un noyau d'hélium, un neutron et de l'énergie. L'énergie de cette fusion est considérable. La fusion d'atomes contrôlée libère plus de quatre millions de fois d'énergie que la combustion du charbon, du pétrole ou du gaz et quatre fois plus que la fission nucléaire qui est le principe actuel des centrales nucléaires.

» Dans les étoiles, ce processus est naturel. Dans le Soleil, chaque seconde, 600 millions de tonnes d'hydrogène sont transformées en hélium. Mais cela résulte de conditions qui n'existent pas sur Terre. Pour reproduire la fusion sur terre, il faut atteindre des températures de 150 millions de degrés !

» Dans le tokamak, le plasma élémentaire est aussi chaud que le Soleil. Lorsque le plasma traverse la chambre de réaction, il est dirigé et confiné par un champ magnétique extrêmement puissant, ce qui permet la fusion. Mais il y a un hic. Au fur et à mesure que le plasma se déplace, le champ magnétique subit des perturbations qui endommagent le tokamak. Depuis trois ans, des chercheurs ont démontré que l'on pouvait frapper le plasma avec des ondes radio pour atténuer ces effets. Il n'est pas impossible qu'ils réussissent !

Les technologistes étaient assez convaincants. Après tout, au cours du dernier siècle, on avait connu des ruptures technologiques fantastiques. On pouvait même se référer à Jules Verne. Beaucoup de ce que l'écrivain avait imaginé dans ses romans et qui pouvait, au XIXe siècle, être considéré comme de la science-fiction – la plus fantaisiste et inconcevable qui soit – s'était réalisé : on était allés sur la Lune, on avait parcouru le fond des océans en sous-marins, on avait fait des avions supersoniques. Or Jules Verne n'avait-il pas prédit l'avènement de l'énergie à hydrogène ? Si Verne l'avait pensé, pourquoi l'homme ne serait-il pas capable de l'accomplir ?

Ghandi rappela que Jules Verne avait aussi prévu l'effet de la folie des hommes et les conséquences de leur appât du gain sur la catastrophe écologique. Dans *Sans dessus dessous*, il avait imaginé que les membres du « Gun-Club », des milliardaires insatiables, avaient comme projet d'exploiter le charbon présent dans les sous-sols des pôles. Mais il fallait se débarrasser de la glace. Pour cela ils eurent l'idée de positionner au sommet du Kilimandjaro un canon géant pouvant provoquer une détonation d'une telle puissance qu'elle serait capable de désaxer la Terre et de rapprocher les pôles du Soleil, permettant à la glace de fondre.

Ce rappel de Ghandi mit un coup de canif dans la crédibilité des technologistes et conclut la séance.

Chapitre 26

En quelques semaines, le CNRS « canal grainvillais », comme ils s'appelaient, avait donc défini une stratégie, délibéré et lancé les grandes manœuvres.

Ils avaient finalement opté pour une démarche séquentielle. Dix actions réparties sur plusieurs mois, avec un lancement en fanfare : le piratage du G20.

C'est bien sûr Sacha qui avait pris la tête de l'opération et qui l'avait conçue avec son équipe de l'unité de cardiologie.

Il avait pris ce défi comme on attaque un problème de mathématiques. Les mathématiciens avaient la culture de la résolution d'énigmes. Il y avait même une fondation qui avait prévu de récompenser d'un million de dollars chaque mathématicien qui résoudrait l'une des sept énigmes du millénaire.

Sacha s'était donc attelé au « crackage » du G20 avec la même énergie que celle qu'il avait consacrée à gagner les compétitions de mathématiques et à obtenir le prix Gödel. Avec trois différences : la première, c'est qu'il n'y avait pas un million de dollars à la clé. La deuxième, c'est qu'il n'avait pas quelques années mais quelques mois. La troisième, c'est qu'il n'allait pas travailler seul mais animer un petit collectif. Il s'était trouvé d'autres motivations que le million de dollars. Il y avait bien sûr le serment fait vis-à-vis de sa sœur Hannah. Il y avait l'envie de sauver la planète. Et puis, il y avait le désir de montrer à Raphaëlle de quoi il était capable. Cela faisait beaucoup de motifs de réussir.

Sacha était bien placé pour savoir qu'aucun système informatique n'est infaillible. Il y avait toujours au moins une faille, technologique ou humaine, sauf dans les circuits complètement fermés, isolés comme une enceinte adiabatique. Certes il existait des systèmes sophistiqués de cryptage, des pare-feu puissants, mais aucun n'était invincible. Il y avait plusieurs manières de pénétrer à l'intérieur. Le plus simple était la complicité humaine, volontaire ou non. C'est là où à ses capacités mathématiques et informatiques hors norme Sacha rajoutait un atout : il était passionné de romans d'espionnage. Il avait lu les meilleurs auteurs et adorait découvrir la fin avant de la lire. Il avait même, sous un pseudo, écrit trois romans de cyberespionnage qui avaient connu un succès limité parce qu'ils étaient d'une grande complexité technique. Il avait introduit dans ses romans tout ce qu'il ne trouvait pas dans ses lectures. Il lui fallait, comme dans les séminaires de mathématiques qui l'avaient formaté, démontrer la vraisemblance de ce qu'il avançait. Ses livres étaient donc truffés de formules et d'équations, de codes ésotériques et de longs développements techniques. Son éditeur, qui était aussi un ami d'enfance, avait bien essayé de le raisonner (lui se défendait : « En fait, tu essaies de me "déraisonner" ») mais y avait renoncé. Il n'en vendait pas beaucoup mais avait de bonnes critiques et un petit noyau de lecteurs qui en faisaient leur miel. Il y avait eu une controverse autour de son deuxième livre, un thriller autour d'une opération de piratage des hôpitaux britanniques. On avait accusé l'auteur – dont on ne connaissait pas la véritable identité – d'être pousse-au-crime et de donner des clés aux hackers pour mener leurs actions. Il y avait eu le même débat que sur *Suicide, mode d'emploi*, ce livre paru dans les années 1980 qui avait fini par être interdit.

Sacha avait tout de suite aimé l'idée de travailler avec Nostradacker, Mehdi, Kylian et le petit noyau de jeunes. Ça le changeait des normaliens, même si ces derniers aussi étaient parfois déjantés. Ce petit groupe était rafraîchissant. Ils étaient autodidactes, mais extraordinairement doués. Ils étaient engagés, inarrêtables, infatigables, ne doutant de rien, toujours plein d'entrain, avec un sens du défi plus que de la compétition. Il avait fallu se mettre d'accord sur quelques règles. Pas de consommations illicites. Pas de petites vidéos sur les réseaux sociaux. Pas trop de bruit. Il les emmenait de temps en temps pour un footing, un tour à la mer, il avait l'impression de faire moniteur de colonies de vacances. La plupart se caractérisaient par un curieux mélange d'une grande puérilité et d'une étrange maturité, comme si leur cerveau avait été formaté par le code, par l'informatique, par les heures passées à résoudre des énigmes. Ils n'avaient pas du tout le syndrome abrutissant de ceux qui étaient accros aux jeux vidéo. Ils passaient peut-être autant de temps devant leurs écrans, mais c'était un temps de haute intensité intellectuelle. Il en avait longuement parlé avec Youssef, qui lui avait expliqué qu'il y avait une grande différence avec le jeu vidéo qui était fait de répétition et de circuits courts de récompense, alors que le hacking reposait au contraire sur l'exploration et sur un mécanisme long de récompense, puisqu'il fallait concentrer son énergie pendant de longues journées ou semaines pour craquer un problème inédit et non pas essayer le plus rapidement possible et le plus fréquemment possible de reproduire un circuit pré-tracé ou de battre tous les quarts d'heures des records comme dans les jeux vidéo avec retour à chaque fois à la case départ.

Avec sa petite bande, ils organisèrent des séances spéciales G20 et échafaudèrent des scénarios. Ils avaient bénéficié de l'aide du frère de Winston qui avait été sherpa pour des G20 et qui avait raconté à son frère comment cela se passait. Ils avaient donc compris qu'il y avait des échanges par mail fréquents entre sherpas pour préparer les G20 et une installation informatique spécifique pour les réunions.

Après avoir étudié plusieurs hypothèses, ils en déduisirent une stratégie à deux bandes. D'une part, ils allaient prendre le contrôle de l'un des prestataires informatiques du G20 en rentrant dans le système de la société et en plaçant un des leurs chez le prestataire. D'autre part, ils choisirent de pirater, comme un jeu d'enfants, la boîte mail de l'un des vingt sherpas, ce qui leur donnait accès à la boucle mail de ceux qui préparaient le G20.

Il pouvait ensuite y avoir plusieurs options d'intervention. La première était de créer une panne. Mais à part pouvoir s'enorgueillir de mettre en carafe les systèmes informatiques d'un sommet international, d'énerver les membres du G20 et d'embarrasser le pays organisateur, cela n'avait pas grand intérêt. La deuxième option consistait à s'introduire dans le système et dans le programme pour faire passer un message. C'était un peu la méthode « Anonymous », celle des films où l'écran se brouille et où apparaît un masque blanc délivrant son message avec une voix métallique. Ce fut l'option choisie. Restait ensuite à bien définir comment procéder et surtout à élaborer un scénario compatible avec les réactions qu'il fallait anticiper. La réaction naturelle serait de tout débrancher : les systèmes informatiques, les écrans. Mais pour des raisons de sécurité, il était compliqué de couper toute l'alimentation électrique. On ne pouvait pas laisser des chefs d'État dans le noir, sans moyens de communication. Par conséquent, alors que les vingt chefs d'État seraient réunis, les écrans qu'ils avaient devant eux et l'écran principal de la salle de réunion seraient tout à coup parasités par une courte vidéo leur demandant d'agir et annonçant comme une menace les opérations à venir. Dans le même temps, la vidéo serait adressée à la presse et notamment à tous les journalistes accrédités réunis dans la salle de presse attenante.

Sacha évoqua son plan avec Pierre. Ils convinrent qu'ils n'allaient pas partager les détails en réunion plénière. Il ne fallait pas exposer à la tentation du bavardage. Une indiscrétion était vite venue, même involontaire.

L'opération fut rondement menée. La veille, Sacha emmena Raphaëlle dîner à Veules-les-Roses. Ils firent quelques pas sur la jetée, grimpèrent les quelques marches qui conduisaient à la grotte de Victor Hugo, émouvante mais décevante : elle servait de dépotoir aux buveurs de bière ! Sacha y déclama quelques vers de *La Légende des siècles*. La lumière était extraordinaire. Comme si un Rothko s'était posé sur une mer peinte par Nicolas de Stahl. On comprenait pourquoi les impressionnistes avaient tant aimé manier leurs pinceaux le long de la côte d'Albâtre. Raphaëlle frissonnait. Le soleil venait de disparaître. Elle se sentait bien avec ce garçon si attentionné, curieux de tout, capable d'expliquer pourquoi la mer était haute en même temps des deux côtés de la Manche, en Angleterre comme en Normandie, alors que Raphaëlle croyait naïvement que quand elle était haute sur une rive, elle était basse sur la rive opposée, comme un tapis que l'on tire d'un côté puis de l'autre. Il savait aussi quel était le meilleur endroit pour dîner conformément à ses goûts : le petit restaurant « comme à la maison » où la patronne faisait des tartes salées sans prétention et où les chaises et les tabourets dépareillés correspondaient parfaitement à la reconstitution d'un intérieur justifiant le nom du lieu.

– C'est un grand jour pour moi, annonça Sacha en reposant son verre de cidre.

– J'imagine, dit Raphaëlle. Mais je comprends que c'est plutôt la veille d'un grand jour.

Sacha reprit

– C'est à la fois un grand jour et la veille d'un grand jour. Ou disons que c'est en ce moment mon grand soir. Mais pas seulement à cause de ce qui va se passer demain.

– Quoi d'autre ? demanda ingénument Raphaëlle.

– Cela fait longtemps que j'avais envie de t'inviter. En fait depuis le premier soir. Quand nous avons fait connaissance dans l'appartement d'Hannah.

– Ce soir-là ?

– Oui. C'est curieux. Mais j'étais à la fois submergé par la douleur, même si Milan et moi faisions tout pour la dominer, et étonné, comme si un nouveau chapitre de ma vie s'ouvrait, comme si tout commençait.

– Mais tu avais prévu la suite ?

– Pas du tout. Pas le moins du monde. Je n'imaginais pas le CNRS, je n'imaginais pas le phalanstère, je n'imaginais pas que nous nous retrouverions dans la même dinguerie de société secrète. Je n'imaginais strictement rien de tout ça.

– Qu'avais-tu prévu, alors ?

– Bizarrement, j'avais prévu que tu ne sortirais plus de ma vie.

Il nota un mouvement de retrait de la part de Raphaëlle.

– Comprends-moi bien. Juste, je savais, qu'on se revoie ou non, qu'on devienne proche ou non, que l'impression que tu m'avais laissée resterait pour toujours. Bien sûr, j'ai immédiatement eu envie de te revoir, de construire quelque chose avec toi, dont je ne savais pas de quelle nature il serait.

Raphaëlle toussa.

– Et je ne sais toujours pas de quelle nature il sera, mais c'est juste qu'il peut y avoir des situations, des rencontres dont on sait qu'on ne les oubliera pas et qu'elles représenteront quelque chose. Toi la psychiatre, tu dois certainement comprendre ce que je veux dire.

– Là, je ne suis pas la psychiatre, alors tu peux m'expliquer.

– Ce que je veux dire, c'est que notre mémoire est faite d'une quasi-infinité de choses. Certaines méritent sans aucun doute d'être gravées dans la mémoire parce qu'elles sont marquantes. Des épisodes de ta vie, des concerts, des lectures, des tableaux comme on en a évoqué tout à l'heure. Mais la mémoire n'est pas faite uniquement de moments par essence inoubliables. Elle est faite aussi d'une succession de petites choses qui pourraient tout à fait être oubliables. Qui sont anecdotiques. Tu vas te souvenir de certains lieux, de certaines personnes.

– Insignifiantes ?

– Apparemment insignifiantes.

– Et tu veux dire que j'appartiens à cette catégorie insignifiante ?

– Mais non. Je suis vraiment maladroit. Je le sais. J'ai honte. Je n'ai jamais su m'exprimer aussi bien que sur des formules mathématiques. Non, cela ne veut pas dire que tu es insignifiante, bien au contraire. Tu étais tellement marquante que, même si je ne t'avais pas revue, ce moment serait resté gravé dans mon esprit. Allez, je me hasarde. Tu n'as rien ressenti de tel ?

Cette fois, Raphaëlle rougit.

– Si je te dis ce que j'ai ressenti, tu vas être vexé.

Ce fut au tour de Sacha de se raidir.

– Si c'est trop négatif, ne me le dis pas. Je comprends tout à fait que tu n'aies rien ressenti.

– Non, ce n'est pas ça. Il faut que je te dise. J'étais furieuse contre ton prénom.

– Tu n'aimes pas ?

– Ce n'est pas ça. C'est juste que j'ai une chatte qui s'appelle Sacha. Quand je dis Sacha, en général, ça s'accompagne de « Sacha, je n'ai pas oublié tes croquettes » ou de « Sacha, tu aurais pu te faire les griffes ailleurs que sur le fauteuil de ma grand-mère ».

Sacha éclata de rire.

– Je peux miauler si ça te met à l'aise.

– Surtout pas. Je me suis dit « Quel idiot d'avoir le nom de mon chat ».

– Me voilà bien.

– Bref, si jamais tu me fais une déclaration d'amour et si je l'accepte, il va falloir qu'on règle ce problème ardu. Mais les équations à deux inconnues, ça te connaît. C'est un peu ton rayon. Tu vas bien trouver une solution...

– Si ça t'arrange, mon vrai nom, celui que j'ai sur mon état civil, c'est Alexandre. Sacha est venu comme cela, d'une mère qui ne sait appeler ses enfants qu'avec deux syllabes. Hannah, ça allait. Milan, ça va. Alexandre, elle a eu l'impression de s'être laissé forcer la main par mon père avec deux syllabes de trop. Alors, elle m'a toujours appelé

Sacha, sans que j'ai mon mot à dire. Je n'aime pas particulièrement pour moi, mais je pense ce nom tout à fait approprié pour un félin. Pourquoi Sacha, d'ailleurs ?

– C'est idiot. Mes parents m'ont expliqué que quand j'ai appris à parler, je désignais les choses que je voulais nommer en les pointant du doigt et en commençant par « ça ». Quand on voyait un chien, je le montrais du doigt et je disais : « Ça, oua oua. » Quand une voiture passait je disais : « Ça, vroum vroum. » Ça amusait beaucoup mes parents mais ils étaient très inquiets que je m'exprime uniquement par onomatopées. Ils ont engueulé la jeune fille qui s'occupait de moi en lui interdisant de dire « vroum vroum » mais voiture, de dire « oua oua » mais chien. Et ils doutaient vraiment de ma capacité à pouvoir nommer les choses. Puis un jour nous sommes allés chez des amis qui avaient un chat que je me suis amusée à caresser. La maîtresse de maison a dit : « Tu aimes le miaou miaou ? » Il paraît que je l'ai regardée en lui jetant un regard noir et que je lui ai rétorqué : « Ça, chat », comme si elle avait dit la chose la plus stupide de l'histoire de l'humanité. Un peu comme un universitaire sénégalais rétorque à un colonialiste qui lui dit « y'a bon Banania » : « Vous avez raison, la saveur des graines de cacao est inappréciable. » Mes parents ont ressenti un immense soulagement, comme si j'étais sorti du coma. Je n'étais plus une demeurée, mais un vrai être doté de parole et de la capacité de nommer. C'est limite s'ils n'ont pas pensé que la prochaine étape c'était Normale sup et l'agrégation de lettres. Alors quand j'ai eu un chat, je l'ai appelé « ça chat ». Et je me suis dit que cela leur aurait fait plaisir s'ils n'avaient pas eu l'extrême inélégance de mourir si vite. (Elle pointa le doigt vers elle.) « Ça, orpheline. »

– Merci, Raphaëlle.

Sacha prit la main de Raphaëlle, écarta son index qu'il pointa vers sa poitrine, la regarda dans les yeux et dit : « Ça, Alexandre. » Et il oublia de relâcher sa main pendant quelques minutes. Puis il rompit le silence :

– Bon, je sais que l'on vit quelque chose de particulier, avec une règle implicite de « *no sex* », avec peut-être l'idée qu'il est absurde de penser avoir des enfants, mais je vais me lancer. Si tu veux vivre avec moi, partager ta vie avec moi, constituer avec moi une nouvelle équation à deux inconnus, je serais le plus heureux des Alexandre.

Raphaëlle s'en sortit par une boutade.

– Attends. On est à la veille d'un événement à portée mondiale. Si je comprends bien, tu as concocté de quoi faire sauter la planète, on nous a demandé d'être attentifs à ce qui allait se passer, et c'est le moment que tu choisis pour me faire une déclaration de je ne sais quoi ? Une déclaration d'amour, pourrait-on dire ?

– On peut dire cela.

– Une déclaration d'amour avec engagement de *no sex, no kids* ? *What else ?*

– Je n'ai pas exactement dit cela. J'ai juste dit que cela ne nous obligeait ni au sexe, ni aux enfants, mais je n'ai pas dit que cela l'excluait pour toujours. J'ai voulu mettre une limite à l'engagement.

– Tu as défini le référentiel, comme le mathématicien que tu seras toujours ?

– Je...

– Ne te défends pas. La psychiatre accepte. Et on réglera les détails dans les séances suivantes.

– Bien et merci, Docteure.

– Alexandre, tu as bien conscience que c'est la soirée la plus absurde du monde ?

– Peut-être. J'ai aussi conscience que demain, nous commencerons à rendre justice à Hannah.

Le lendemain, c'était le G20. Alors que les chefs d'État tenaient leur session finale, consacrée au réchauffement climatique, ils virent tout à coup leurs écrans grésiller, l'image se brouiller, puis surgir un film d'une minute et trente-cinq secondes sur une musique d'Orelsan. On voyait des glaces fondre, un ours blanc à la dérive, des images de feux de forêt, la chute du glacier de la Marmolada, un embouteillage de SUV, une foule dans un aéroport, avec quelques tableaux de données sur les émissions de carbone dans les pays du G20, puis une dernière image : « Dirigeants du G20, nous allons vous aider à tenir vos engagements. Nous nous sommes invités à votre table. Nous allons désormais agir », traduite dans toutes les langues. Au même moment, la vidéo était transmise à toutes les chaînes de télévision du monde entier, accompagnée d'un communiqué ainsi rédigé, en français, en anglais, en espagnol, en portugais, en chinois, en hindi et en russe.

« Aujourd'hui, nous avons mis le G20 face à ses vraies responsabilités. Nous leur avons ouvert les yeux sur leur inaction. Nous les avons avertis que nous prendrions une série de mesures correctrices pour répondre au dernier rapport du GIEC et éviter l'échappement vers l'irréversible. Ces mesures sont susceptibles d'avoir un impact sur votre vie quotidienne. Nous les mettrons en œuvre tant que le G20 ne décidera pas d'un plan d'action à la hauteur des enjeux de la planète. Vous aussi vous pouvez agir avec #G20saveourplanet et marquer votre soutien à G2104.solastalgie@cnrs.com »

À la ferme, on n'en menait pas large. Les ordinateurs étaient branchés sur plusieurs sites d'information et tout le monde retenait son souffle. Ça y est, on avait vraiment basculé dans l'action clandestine. Mansour fut le premier à donner le signal. Sur Twitter, le compteur s'affolait. Dans la war room, on exultait.

– Waouh, on a des milliers de connexions sur notre site. On a bien fait de le renforcer.

Ce soir-là, pour la première fois, on vit une différence entre les deux générations. Les jeunes avaient une humeur festive. On criait, on chantait, on riait. Côté G2104, l'état d'esprit était plus grave.

Pierre décida de faire une assemblée générale dans la grande salle, qu'il anima avec Mansour. Ils soulignèrent qu'avec autant de messages de soutien sur l'adresse mail, ils avaient résolu une question, celle de la légitimité.

– Nous ne représentons plus seulement nous-mêmes. Ça y est, nous avons un mandat.

Winston les interrompit :

– Je pense même que nous avons deux mandats. Un mandat de légitimité et un mandat d'arrêt international. À partir de maintenant, nous sommes les personnes les plus recherchées sur terre. Nous sommes l'ennemi public n° 1 du G20.

L'unité de cardiologie avait cartographié les messages. Ils venaient de tous les pays.

– Nous avons créé une internationale.

– On continue.

On décida de déclencher rapidement l'action « paquebots de croisière ».

– Elle est facile, elle est populaire, on peut la faire dans la nuit, elle montrera que nous savons agir vite et que nous ne sommes pas seulement dans le verbe et dans la menace.

Chapitre 27

Le commissaire Tréville raccrocha, la mine renfrognée. C'était la panique là-haut. Et voilà qu'on lui mettait tout sur le dos. La ministre de l'Intérieur elle-même s'était fendue d'un coup de fil ! Et pas pour le féliciter : « Vous avez vu ce bazar ? Pirater le G20. Du jamais vu. Et ces menaces ? Mais qu'est-ce que vous avez foutu, ces dernières semaines ? Elle en est où, votre enquête ? »

Tréville était embarrassé. La vérité, c'était que son enquête piétinait. Et qu'il ne savait pas trop par où prendre le sujet. Il avait continué son tour, mais n'avait pas prise sur grand-chose.

Il était bien sûr allé à l'Hôtel-Dieu pour voir l'unité de solastalgie. Ça tombait bien, c'était en face de la préfecture de police. Toujours le fameux axe Saint-Jacques.

Il avait été reçu par Serge Hauser et par deux jeunes femmes psychiatres dont il avait juste noté les prénoms : Raphaëlle et Patience.

Il avait eu droit à un cours sur la solastalgie. Pas inintéressant, ma foi. Il n'avait pas conscience de l'ampleur du phénomène, qui semblait considérable pour les psychiatres. Une équipe très marquée par le suicide de la jeune Hannah, qui avait visiblement été suivie par la dénommée Raphaëlle. Il les avait interrogés sur la typologie de leurs malades. Serge Hauser lui avait fait lire ses articles. Patience lui avait donné un aperçu de sa cohorte. C'était très impressionnant.

Le site internet de « Solastare » était extraordinaire, traduit en une vingtaine de langues. Il y avait désormais une cohorte de 50 000 patients ou du moins de sujets se disant atteints de solastalgie. Sur un écran, on voyait comment ils se répartissaient dans le monde. Le point le plus gros était bien sûr la France, mais deux tiers des personnes inscrites sur Solastare venait d'autres pays. Un gros cluster en Allemagne, une densité impressionnante dans les pays scandinaves, mais des points qui s'allumaient aux États-Unis, au Brésil, en Afrique du Sud, en Tunisie et dans de nombreux pays du monde. On lui avait montré la Chine et la Russie comme des points noirs.

– Cela ne veut pas dire qu'il n'y a pas de solastalgiques dans ces deux pays. Mais Solastare ne peut pénétrer en Chine, compte tenu du contrôle des autorités chinoises sur le web. La solastalgie y est interdite ! Et en Russie, nous n'avons pas voulu y aller pour ne pas nous faire hacker par les Russes. Notez qu'ils peuvent quand même passer s'ils veulent, mais nous n'avons pas voulu tenter le diable.

Patience lui avait montré les pics d'inscription après des épisodes climatiques extrêmes ou la publication des rapports scientifiques et lui avait résumé les premiers résultats des questionnaires qu'ils avaient administrés et qui allaient donner lieu à des publications scientifiques.

Il n'y avait pas à proprement parler un « profil type ». Patience avait plaisanté :

– Commissaire, on sait que dans la maison d'en face, vous aimez les portraits-robots, mais nous on aurait bien du mal à vous en sortir un.

Certes les inscrits étaient plutôt jeunes dans une très grande majorité et dans la plupart des pays, sauf en Scandinavie où il y avait autant de solastalgiques de plus de 50 ans que de moins de 50 ans. Il y avait peu de facteurs prédisposants. Ce n'était pas des patients qui étaient déjà traités pour des maladies psychiatriques, ou qui avaient l'habitude de consommer des anxiolytiques. On avait l'impression que la solastalgie n'était pas la prolongation d'une maladie préexistante, mais bien l'irruption d'une pathologie chez des gens bien portants. Même s'il y avait une sous-population très nette de « décompensation solastalgique » chez des patients avec de forts antécédents dépressifs.

Tous ces inscrits recevaient des questionnaires à intervalles réguliers. On les interrogeait sur leurs symptômes, bien sûr. Il y avait une grille d'analyse pour définir le patient solastalgique. Il fallait que l'angoisse soit régulière. Chez certains elle se traduisait par des signes somatiques : des difficultés à respirer, des sentiments de malaise, des évanouissements, une grande fatigue ou une hyperexcitation. C'était des signes non « pathognomoniques », comme on disait. Rien de spécifique. Ce qui était très marqué, c'était la difficulté de se projeter dans l'avenir mais, surtout, toute une série de comportements qui pouvaient se ranger dans différentes catégories. Des phobies. Des manies. Un isolement social. La restriction des activités ordinaires. Il y avait environ 10 % des inscrits répertoriés comme solastalgiques pour lesquels il s'agissait d'un vrai handicap, les empêchant de mener une activité normale.

Dans une salle, il y avait une vingtaine d'écrans d'ordinateurs avec une personne devant chaque écran, qui semblait très occupée.

– Que font-ils ? avait demandé Tréville.

– Ils traitent les réponses aux questionnaires, lui avait-on expliqué, et nourrissent la plus grande base de données mondiale sur la solastalgie.

Le commissaire avait patiemment écouté les explications puis en était venu droit au but :

– Est-ce que parmi ces patients, vous en avez qui parlent de sabotage, d'actions violentes ?

– Bien sûr, dit Patience. Cela fait partie des symptômes auxquels nous nous intéressons particulièrement.

– Vous pouvez m'en dire plus ?

– Tout d'abord, nous avons dans « Solastare » un nombre non négligeable de militants qui participent à des actions de « Just Stop Oil » ou d'autres organisations. Ensuite, un certain nombre d'entre eux souhaiteraient passer à l'acte.

– Et qu'en tirez-vous comme enseignement ? Est-ce qu'ils présentent un profil particulier ?

– La principale question que nous nous posons est de savoir si la participation à ces actions est un remède contre la solastalgie. Et la réponse est oui. Il y a plusieurs mécanismes qui jouent. Notamment, comme on le sait, une peur chasse l'autre. La peur d'être pris, ou de rater une action, d'être arrêté, vient se substituer progressivement à la peur originelle, celle de la destruction de la planète. Et, naturellement, comme on s'y attendait, « faire quelque chose » soigne.

– Pour tout vous dire, je suis à la recherche de personnes qui ont fait des intrusions dans des systèmes informatiques protégés. Pensez-vous qu'ils puissent être parmi vos patients ?

– Commissaire, il y a un concept qui s'appelle le secret médical. Je ne sais pas si la police est familière avec ce concept, mais pour nous il est sacré, intangible et inviolable.

– Merci, Docteure, je connais le secret médical. Et je ne vous demandais pas de me livrer pieds et poings liés vos patients. J'essaie de comprendre.

Et ensuite, chacun ses obligations, chacun ses missions...

Les deux jeunes psychiatres s'étaient refermées et il n'en avait plus rien tiré.

Tréville était aussi retourné au laboratoire de la rue d'Ulm à plusieurs reprises. Il n'avait pas trop voulu déranger Sacha, dont il avait appris qu'il était le frère de la très célèbre Hannah. Ses collègues lui avaient expliqué que le suicide de sa benjamine l'avait beaucoup perturbé, ce qui était normal, et qu'il lui arrivait de disparaître pour de longues périodes, ce qui était très inhabituel chez lui qui avait fait de son bureau, même exigu, son deuxième domicile.

Il avait interrogé l'équipe de cybersécurité sur l'intrusion élyséenne. Les jeunes informaticiens lui avaient expliqué que ce n'était pas très compliqué à faire. Que c'était surtout une question de patience et de méthode. Que oui, il pouvait y avoir des complicités internes mais que ce n'était pas indispensable. Que le plus souvent, ces complicités étaient involontaires grâce à la technique du « hameçonnage ». Que même les plus paranos, les plus méfiants pouvaient s'y laisser prendre, au moins une fois dans leur vie.

Ils lui avaient raconté l'histoire de cette entreprise du CAC 40, victime d'une grosse attaque informatique, qui avait déployé une stratégie très complète pour se prémunir des attaques, sensibilisé leur personnel et qui, pour vérifier sa solidité, avait fait appel à l'équipe de l'École normale supérieure. Celle-ci avait fait un test très simple, envoyant de la part de « Sophie de la DRH » un mail à tous les collaborateurs leur demandant d'installer avant la fin de la semaine un nouveau logiciel de visioconférence, destiné à remplacer le précédent. Pour l'activer, il fallait donner son mot de passe. Or, 80 % des collaborateurs étaient tombés à pieds joints dans le piège et avaient cru à une vraie consigne. L'équipe de l'ENS était donc revenue vers le responsable informatique en leur montrant qu'ils disposaient des mots de passe de la plupart des collaborateurs !

Il y était bien sûr retourné après l'épisode du G20. Quand il demandait « Mais vous, vous sauriez dire qui est susceptible de faire cela ? », les réponses restaient évasives. « Vous m'aideriez à les traquer ? – Ah ça n'est pas notre travail. » Il avait hésité à leur adresser une réquisition, pour les forcer à devenir auxiliaires de la police. Il ne s'était pas senti de le faire. Mais il trouvait qu'il y avait une drôle d'atmosphère dans ce laboratoire. Il avait bien noté qu'ils avaient affiché une photo d'Hannah, mais cela s'expliquait sans être forcément suspect.

Il sortit en se demandant quelle serait la prochaine attaque. Visiblement, ces solastalgiques avaient décidé de ne lui laisser aucun répit.

Chapitre 28

De fait, de répit, il n'y eut point.

Mois après mois, le plan du CNRS se déroulait comme prévu. Les paquebots de croisière, les aéroports, les SUV, les cartes de crédits y passèrent à tour de rôle.

Les médias du monde entier suivaient cette actualité comme ils suivaient les guerres, les pandémies et les catastrophes mondiales. Reportages en direct, talk-shows, éditos, invitations d'experts. À Grainville, on s'amusa quand Sacha fut sollicité comme expert par une chaîne d'info. On le poussa à accepter l'invitation, pour ne pas générer de soupçons s'il se récusait. Il se rendit plusieurs fois sur les plateaux de télévision expliquer les méthodes des hackers, quel était leur profil, leurs motivations, en étant peu disert sur leurs moyens d'action.

Ce qu'on ignorait à Grainville, c'est que Poutine avait injurié les responsables du FSB pour ne pas être à l'origine de cette action et leur avait donné un mois pour prendre le contrôle de ce petit groupe. On n'imaginait pas que Biden demandait tous les jours à la CIA où en étaient les investigations. On ne savait pas que le président Xi Jinping avait considéré que c'était une affaire qui ne pouvait pas concerner la Chine (on était avant l'attaque contre Alibaba) et qu'il fallait pour l'instant continuer de s'occuper de Taïwan, sans trop s'inquiéter de ce qui pouvait déstabiliser un peu plus l'Occident, avec l'idée que maîtriser l'entreprise TSMC, qui fabriquait 80 % des composants électroniques, finirait d'asseoir sa domination sur l'ensemble du monde, et que celle-là était bien à l'abri des hackers occidentaux.

En France, le Président avait été averti par le jeune patron de la direction générale du renseignement intérieur que l'ANSI, l'Agence nationale de la sécurité informatique, avait remarqué des signaux anormaux qui pouvaient avoir un lien avec le mouvement Solastalgie. Des signaux faibles, certes, mais problématiques. Il se pourrait qu'une partie des activistes soient sur le territoire français. Le Président avait prévenu Ursula von der Leyen et Olaf Scholz et les avait assurés que la police française viendrait à bout de ces activistes.

Grainville avait retrouvé une activité normale, sauf les week-ends où l'on se réunissait à la ferme, où un petit noyau restait en permanence. En semaine, on travaillait, l'air de rien.

Le samedi et le dimanche, on conspirait. On faisait le bilan des actions lancées. On regardait l'impact. On programmait la suite. Peu manquaient aux rendez-vous.

C'était un samedi soir, en pleine « assemblée générale », qu'on frappa à la porte de la grange. Pierre alla ouvrir et se retrouva nez à nez avec un type en imperméable qu'il ne connaissait pas.

– Bonsoir. Commissaire Tréville.

L'homme à l'imper montra sa carte de police.

– Je peux entrer ? J'ai mis un peu de temps à vous trouver. Et je crois que ce serait bien qu'on discute un peu. Tiens, je vois quelques têtes connues. Bonsoir, Professeur. J'espère que vous m'en direz plus ce soir que quand je suis venu vous voir à l'Hôtel-Dieu. Ah, Marco. Tu en es aussi ? Je m'en doutais un peu.

Il se tourna vers Claire :

– Madame le Juge. Je ne savais pas que nous nous retrouverions si vite. La dernière fois, si je me souviens bien, nous étions ensemble à applaudir les ministres qui nous mobilisaient dans la lutte contre les écoterroristes.

Claire lui jeta un regard de haine.

– Oui, monsieur le Commissaire. Et moi j'ai choisi mon camp.

La grange était sidérée. Personne n'osa intervenir et Tréville se lança dans un long monologue :

– Bon, permettez que je m'installe. On va commencer par les choses sérieuses. Qu'avez-vous à boire ? On m'a parlé d'un bon calvados. J'ai cru comprendre que vous n'étiez pas complètement en règle avec les privilèges de bouilleurs de cru. Mais on va peut-être voir ce point plus tard ? Il y a sans doute des infractions plus intéressantes qu'une contravention de quatrième classe, non ?

Tréville, sans attendre qu'on ne l'y invite, s'installa dans un fauteuil.

– C'est bien, chez vous. Vous savez que j'ai mis du temps à vous trouver ? Mais vous avez commis quelques erreurs, à moins que vous n'ayez voulu me transmettre quelques indices. Si c'est le cas, je vous en remercie. Vous m'avez aidé dans la résolution de mon énigme.

» Dites, il ne fait pas très chaud ici. Je ne dis pas cela par provocation. Je vous rassure, le commissaire que je suis ne fait pas partie des climatosceptiques. Mais bon, on a le droit de dire qu'il peut faire frais le soir en Normandie. Pendant que j'y suis, est-ce que vous pensez que je peux passer la nuit ici ? Il faut que je vous prévienne : nous n'avons pas beaucoup de temps devant nous. La nuit probablement mais pas plus. Vous avez réussi à brouiller les ondes, mais moi j'ai toute une série d'appareils dans ma voiture et sur moi qui permettent à mes troupes de me localiser. Même si j'éteins mon portable, elles vont pouvoir me retrouver. Ce que je peux faire pour gagner du temps, c'est leur passer un petit coup de fil en leur disant que j'ai choisi de passer la nuit chez des amis et que je m'y remets demain matin. Mais demain, il va falloir faire quelque chose. Est-ce que ça vous va comme ça ? Pardon d'être aussi bavard et de m'imposer. D'ailleurs, si vous voulez bien m'inviter à partager votre dîner – j'ai vu qu'il y avait un barbecue –, quelques grillades ne seraient pas de refus.

» Je vous précise d'emblée : je n'ai pas de mandat de perquisition. Je suis un peu hors procédure. J'ai l'impression que, vous aussi, vous vous êtes placés hors procédure en quelque sorte ?

» Dès que j'ai quelque chose à boire, je vous raconte comment je vous ai retrouvés. Parce que cela doit vous intriguer. Et on a tellement de choses à se dire qu'il ne faut pas qu'on se laisse déconcentrer par ce point, somme toute mineur, mais intéressant.

Fantine lui apporta la bouteille de calvados et un petit verre.

– Ne vous en faites pas, je me sers, dit Tréville en sentant que la maîtresse des lieux répugnait à faire le service et s'était immédiatement reculée après avoir posé la bouteille.

» Voilà d'abord l'explication promise. Comme vous pouvez l'imaginer, ça fait un bout de temps que je vous cherche, avec une forte pression de mes supérieurs hiérarchiques. Vous avez mis un sacré bordel sur la planète, c'est peu de le dire. J'ai donc eu « moyens illimités » pour résoudre mon énigme, mener mon enquête, quoi. Je devais vous retrouver « quoi qu'il en coûte », comme on dit maintenant.

Croyez-moi, j'ai tiré sur mes créances. D'habitude, ils sont tellement chiches dans la police judicaire. Là, je demandais, j'obtenais. J'ai lancé des écoutes, comme on lance des filets, un peu au hasard. J'ai entendu des choses fort inintéressantes et d'autres, ma foi, sur lesquelles on pourra revenir. J'ai eu moi aussi ma petite équipe de hackers. Probablement moins bons que les vôtres, que voulez-vous, il semble que la police les attire moins que vous. J'ai pu faire des filatures. Mais je dois avouer que je me retrouvais bien bredouille. Ils s'impatientaient, là-haut. Et je suis le seul commissaire de toute la police nationale à ne pas pouvoir dire à mes chefs « soyez philosophes » car le philosophe, c'est moi. Oui, je suis un commissaire agrégé de philosophie. À la Sorbonne, j'avais suivi les cours d'une spécialiste de la philosophie politique anglaise et j'avoue avoir été passionné. Prenez, par exemple, *La Fable des abeilles* de Mandeville, une théorie de l'utilité sociale de l'égoïsme. Toutes les lois sociales résultent de la volonté égoïste des faibles de se soutenir mutuellement en se protégeant des plus forts. Une théorie qui permet de légitimer la guerre, le vol, la prostitution, l'alcool, les drogues, la cupidité, dont les richesses créées ruissellent et finissent à l'avantage de la société civile. « Soyez aussi avides, égoïstes, dépensiers pour votre propre plaisir que vous pourrez l'être, car ainsi vous ferez le mieux que vous puissiez faire pour la prospérité de votre nation et le bonheur de vos concitoyens. »

Fascinant, non ? D'ailleurs, Hayek vit en Mandeville un précurseur du libéralisme économique, tandis que Keynes y trouva un tenant de la dépense publique utile ! Mandeville réfute toute opposition entre bonnes et mauvaises actions, entre vice et vertu, les vices pouvant contribuer au bien public alors que les actes altruistes peuvent lui nuire. Il faut que vous sachiez, cela a sa petite importance, que Mandeville, avant d'être hollandais puis anglais, descendait d'un huguenot normand, émigré en 1595. Mais le penseur préféré de ma professeure, c'était bien le cher Hume et son immense *Traité de la nature humaine*. Elle était persuadée qu'elle ferait de moi son digne successeur. Il lui vint à l'esprit que je pourrais faire une thèse à ses côtés et du coup m'invita chez elle, là où elle prenait ses quartiers d'été. Vous me suivez ?

Il guettait les réactions sur les visages. Mais le CNRS lui opposa un mur de silence.

– J'ai découvert un hameau étonnant, une concentration de matière grise hors du commun mais, à la grande déception de ma professeure, je n'ai pas poursuivi en thèse. J'ai passé le concours de l'École des commissaires de police. Je pense qu'elle n'a jamais compris, jamais accepté, jamais pardonné. D'autant plus que je n'ai jamais sacrifié à la tradition du bain à marée haute. Comme cette tradition est toujours bien vivace, je savais que c'était là où j'avais le plus de chance de vous trouver. J'avoue que j'ai repris une technique classique.

J'ai fait des planques à Saint-Aubin, au camping qui surplombe la mer et les cabines, avec un bon vieil appareil photo. Je crois que je vous ai tous en maillots de bain.

Pierre, Fantine, Gandhi, Youssef et les autres étaient sidérés. Ils n'osaient pas poser de question. Ils se regardaient furtivement, n'osant interrompre le flot de parole du disert commissaire.

– Je sais que vous avez tous la même interrogation. Je vais y répondre dans un instant, mais laissez-moi me resservir de cet excellent calvados. Cela me rappelle tant de bons souvenirs. Vous vous demandez comment j'en suis arrivé à déduire que vous étiez là ? Comment j'ai fait le lien entre ma thèse avortée et votre, comment dites-vous, conspiration ? Et donc, avez-vous été trahis ? Y aurait-il parmi vous un membre qui aurait eu des remords, qui serait allé voir la police, ou qui aurait passé un coup de fil ? Et si oui, qui est-ce ? Un parmi les plus senior, pris de vertige à l'idée d'être passé de l'autre côté du miroir ? Un jeune attiré par la récompense ? Je ne vais pas faire durer le suspense. La réponse est non. Alors comment ai-je retrouvé vos traces ? L'explication est un peu triviale. Je vous l'ai dit : je ne suis pas végétarien. Lors de mon fameux séjour à Grainville, j'ai remarqué la qualité exceptionnelle de la viande. Ah, ce gigot. Cette côte de bœuf. Ce jambonneau. Un régal. La viande la moins grasse que j'ai jamais mangée. Elle venait de la ferme des Trois

Portes, qui avait un secret : des bêtes nourries au lin. C'est ce qui donnait cette qualité exquise. J'ai continué à m'approvisionner à la ferme des Trois Portes. Blandine connaît mes petits points faibles. Elle me prépare de quoi remplir mon congélateur et je viens de temps en temps reconstituer mes stocks. Elle est un peu bavarde, Blandine. Elle m'a dit qu'il y avait beaucoup de monde à Grainville ces derniers temps. Qu'on y faisait beaucoup de barbecues. Avec des habitués – Pierre, bien sûr –, mais aussi des personnes qu'elle ne connaissait pas. Alors, le vieux Tréville, il a tiqué. Il s'est dit qu'il se passait quelque chose et que cela valait la peine de faire un tour dans le coin. Et là : bingo ! Me voilà parmi vous.

» Mais voilà, j'ai trop parlé, j'ai tendance à faire les questions et les réponses. Et si on passait à table ? Blandine m'a dit qu'elle vous avait gâtés et réservé parmi ses meilleurs morceaux.

Chapitre 29

Une heure plus tard, tout le monde était attablé sous la charreterie. Le commissaire avait toujours la même verve. Il semblait heureux d'être là, comme s'il avait retrouvé de vieux amis. Il avait fait la visite guidée de la ferme et s'était fait expliquer par Chris la war room, ne masquant pas son admiration :

– C'est quand même très fort d'avoir réussi à perturber le monde à partir d'une vieille ferme. Je pense que mes collègues américains, chinois et russes seraient soufflés. Et peut-être vexés. Ah oui, il faut que je vous dise, car ça rajoute un peu de complexité à l'affaire : bien évidemment, on a déclenché Interpol, et le Tréville qui vous parle a un mandat d'Interpol. Déjà à Paris ça pousse des cris, mais à Washington, à Pékin et à Moscou, c'est l'hystérie totale. Je ne suis pas sûr qu'ils goûtent l'esthétique de la démarche. Au début, chacun a pensé pouvoir tirer les marrons du feu. Mais quand vous avez commencé à jouer avec leurs aéroports et avec Alibaba, ils ont peu apprécié. Ça les a rendus nerveux. Et ils sont un peu violents. Je suis assez fier de vous avoir trouvé en premier. Parce qu'ils ont dépêché quelques fins limiers à Paris, qui s'agitent beaucoup. Ils sont fatigants, d'ailleurs. Ils vivent cela comme une humiliation. Résultat : on risque d'avoir quelques demandes d'extradition... Et vous avez vu que ça ne plaisante pas. L'année dernière, le FBI a requis 116 ans de prison contre un jeune hacker isolé qui n'avait pas fait le dixième ou le centième de ce que vous avez réalisé. 1160 ou 11 600 ans de prison, c'est un peu longuet. Encore que, vous me direz, la planète sera cramée bien avant. Et vous n'en êtes plus là. Mais la principale énigme pour moi, c'est de savoir comment vous voyez la suite. Comment votre petite affaire peut-elle refroidir la planète ?

La question du commissaire stupéfia le petit groupe. Ils avaient passé beaucoup de temps à se poser des questions sur leur légitimité, sur leur mode d'action, sur la réalisation, sur les protections à prendre, sur le choix des cibles, sur l'impact direct de telle ou telle action, mais ils n'avaient pas beaucoup anticipé la suite. Quand on était en difficulté, on faisait appel à l'esprit de synthèse de Ghandi :

– D'abord, commissaire, bravo ! Vous avez tapé dans le mille. Chapeau bas ! Mais pour en venir à votre question, on s'est dit qu'il y avait plusieurs scénarios possibles. Le plus logique, c'est que les gouvernements revoient leurs objectifs, leurs régulations, leurs moyens d'action. Bref, que les gouvernements bougent enfin.

– Hum, hum. Vous y croyez vraiment ? Vous voulez dire que vous leur auriez dessillé les yeux ? Ils ne savaient rien. Ils vous ont vu agir. Ils ont eu la révélation et hop, il va y avoir partout des taxes carbone, une interdiction des véhicules les plus polluants, la fermeture des centrales à charbon et des limitations drastiques sur les énergies fossiles ? C'est bien cela ?

– C'est une première hypothèse.

– Alors, expliquez-moi tout de suite la deuxième…

– La deuxième, c'est que la peur fonctionne. Les principaux secteurs économiques comprennent la menace, perçoivent leur vulnérabilité et préfèrent changer leur façon de faire plutôt que de s'exposer à des attaques.

– Merveilleux. Donc les croisières Costa vont proposer des petits séjours sur des zodiacs à voile ou des optimistes. Les compagnies aériennes vont faire reposer leurs avions en attendant d'avoir des avions électriques ou à hydrogène. Une bonne petite dizaine d'année de pause. Les constructeurs automobiles vont tout de suite passer au tout électrique d'un coup de baguette magique en s'offrant à bras ouverts à la Chine. Ah, j'oubliais, les banques vont prélever sur une base volontaire une taxe carbone sur leurs plus gros clients. C'est cela, votre deuxième hypothèse ?

Pierre se crut obligé d'intervenir.

– Commissaire, on comprend que vous deviez faire votre métier. On sait dans quel camp vous êtes. Mais vous n'êtes pas obligé de tout tourner en dérision, comme ça. C'est désobligeant.

– Pardon mais j'essaie de comprendre. J'ai vu ce que vous avez réalisé. Je souhaite appréhender la suite. J'imagine que vous avez une troisième hypothèse. Les consommateurs qui changent leurs comportements et deviennent tout à coup responsables. Je me trompe ?

C'est Winston qui prit le relais :

– Vous n'êtes pas si loin, monsieur le Commissaire. Mais laissez-moi vous expliquer nos réflexions. Et si le flic ne veut pas les entendre, j'espère que le philosophe se donnera la peine de les écouter.

– Je vous en prie

– Nous voulons résoudre cette situation paradoxale où, comme vous le soulignez avec malice, aucun acteur ne change spontanément, pour des raisons diverses : ni les gouvernements, ni les entreprises, ni les consommateurs. Et pourtant personne n'est partisan du réchauffement climatique. Mais quand il sera trop tard, c'est-à-dire dès que nous aurons franchi le turning point, personne ne sera responsable. Tout le monde se mordra les doigts. On entendra le chœur des pleureuses : « Ah si j'avais su », « Si on m'avait dit », « Si on m'avait demandé ».

– Pas faux

– Du coup, nous voulons mettre chacun devant ses responsabilités.

– Comment ?

– Par la voie la plus naturelle : un référendum.

– Riche idée : êtes-vous pour ou contre le réchauffement climatique ? Votez-vous en faveur de la sixième extinction ? Une question comme cela ?

– Et pourquoi pas ? Même si nous proposons d'être un peu plus subtile. Mais à peine plus. Encore une fois, il faut rappeler les enjeux. Nous sommes à la veille d'un moment unique dans l'histoire de l'humanité, qui peut être l'échappement climatique, le point de non-retour, la dégradation irréversible, la plus grande menace pour une proportion importante de la population mondiale. Cela ne vaut-il pas de sortir des sentiers battus ? Est-ce qu'on n'a pas suffisamment fait la démonstration au cours des dernières décennies qu'on ne savait pas résoudre le problème par les voies classiques ? Quand un problème ne se résout pas dans un certain référentiel, il faut en changer. N'est-ce pas, grosso modo, ce que dit le théorème de Gödel ? Nous allons demander au spécialiste.

Winston se tourna vers Sacha :

– Toi qui es lauréat du prix Gödel, dis-nous ?

Sacha fit une grimace. Il n'avait aucune envie de rentrer dans cette discussion :

– Ce n'est pas tout à fait ça. C'est une théorie sur l'indécidable et sur l'incomplétude, qui sert à...

Winston le coupa :

– Incomplétude et indécidabilité ! C'est exactement ça. Vous entendez commissaire ? face au réchauffement climatique, l'indécidabilité va nous faire crever. Tout le monde a envie que cela s'arrête et personne ne le fait, ne sait comment faire. Rien ne se décide. Alors si je reprends, oui, nous voulons provoquer un référendum qu'on pourrait qualifier de référendum dialectique. Cela doit commencer à vous plaire, monsieur l'agrégé de philosophie ?

Le commissaire Tréville sourit :

– Je ne sais pas si cela me plaît, mais continuez, je vous en prie, c'est intéressant comme raisonnement.

– Je vous remercie. Je reprends. Face à une menace vitale, tout est fait pour esquiver la question centrale. En toute logique, un gouvernement qui dispose des connaissances, qui a analysé les rapports et les courbes, mais qui n'ose affronter l'opinion publique en prenant des mesures nécessaires mais impopulaires, devrait mettre son peuple face à ses responsabilités.

– Mais, réagit le commissaire Tréville, qui trouvait que cela prenait un tour amusant, avouez que c'est d'une naïveté confondante. On ferait des référendums pour demander si on préfère la guerre ou la paix, la richesse ou la pauvreté, le bonheur ou la souffrance ? Cela ne rime à rien.

– Vous avez raison sur ces sujets, poser la question serait naïf. Mais là, les enjeux et les conséquences sont différents. Il peut y avoir des mesures, des décisions, des restrictions qui permettent d'éviter de franchir le turning point. Et je le redis, l'objectif est de mettre l'opinion publique face à ses responsabilités.

– Bon admettons que ce référendum ait lieu. Vous êtes d'accord que la majorité de la population voterait pour – je ne sais pas comment vous exprimez vos choix – disons le « non-réchauffement ». Et alors ? vous pensez que cela donnerait mandat au gouvernement pour prendre des mesures restrictives ? Regardez, c'est exactement le débat que nous avons eu récemment sur la réforme des retraites ; le Président a martelé : « Je l'avais dit pendant ma campagne, donc vous avez voté pour et je la fais. » Cela n'empêche pas les manifestations, les grèves et les sondages hostiles à la réforme.

– Mais ce n'est pas exactement la même chose, une élection et un référendum. Et on peut formuler la question posée au peuple de manière très explicite : « Voulez-vous que le gouvernement prenne les mesures pour échapper au turning point ou préférez-vous prendre le risque de voir advenir les conséquences du réchauffement climatique ? »

– Là, vous prenez le risque que, comme dans tout référendum, le peuple réponde à la question que l'on ne lui pose pas. C'est ce qu'on apprend en histoire. En 1969, les Français se fichaient de la décentralisation comme de l'an 40, ils en avaient marre de De Gaulle. Ils l'ont fait partir. Vous aurez l'air fin, avec votre référendum, si le peuple qui en a peut-être assez de ces dirigeants actuels – les courbes de popularité ne sont pas flambantes – pour le plaisir de le désavouer vote non au référendum, ou, pour vous suivre, vote oui au réchauffement climatique. Vous faites quoi après ?

– Nous avons bien sûr pensé à ce risque. C'est pour cela que la question ne doit pas venir simplement du gouvernement, mais que nous voulons réussir à déclencher un référendum d'initiative partagée. Il nous semble qu'après avoir vu les actions que nous pouvions mener, l'opinion publique est mûre pour se prononcer. Nous avons préparé le terrain. Nous pensons qu'il peut y avoir un cinquième des parlementaires, désormais, qui accepte de signer une loi référendaire et 10 % du corps électoral. Comme c'est prévu par la Constitution.

– Mais il y a une faille dans votre raisonnement. Admettons à nouveau que vous réussissiez. Vous lancez votre magnifique idée. J'imagine que vous continuez à agir sous le coup de la menace : « Signez pour le référendum, sinon on continue à pirater tous les systèmes informatiques. » Le référendum est organisé et le peuple se prononce pour des mesures restrictives. Admettons même que ces mesures soient prises dans la foulée. Mais pour autant, ce n'est pas la France seule qui va arrêter le réchauffement. Ce n'est pas votre référendum qui va empêcher les Chinois, les Américains et les Indiens d'émettre du carbone !

– Certes. Mais pourquoi la France ne renouerait-elle pas avec son histoire ? La déclaration des droits de l'Homme, avant de devenir universelle est née en France. Il faut bien qu'un pays commence. La France peut entraîner l'Europe. Et l'Europe, une fois qu'elle a un mandat impératif de ses peuples pour agir, peut mettre en place les mesures commerciales qui ennuient aussi bien les États-Unis que la Chine. En tout cas, il se passera quelque chose.

– Mais justement, si on revient en France. Que se passera-t-il ? Quelles mesures seront prises ?

– Eh bien monsieur le Commissaire, en tant qu'agrégé de philosophie, j'imagine que vous connaissez Johan Huizinga ?

– Absolument. Un grand philosophe néerlandais tué par les nazis.

– Il y a chaque année une conférence en sa mémoire. La dernière a donné lieu à un magnifique texte de David Van Reybroucke, *Nous colonisons l'avenir*.

– C'est bien celui qui a écrit ces excellents ouvrages sur le Congo et l'Indonésie ?

– Exactement et cet écrivain qui a si remarquablement décortiqué les mécanismes coloniaux, développe la thèse selon laquelle le réchauffement climatique, provoqué par les pays du Nord et subi par les pays du Sud, est une nouvelle forme de colonisation, qui pourrait être pire que les précédentes.

– C'est certainement tout à fait intéressant mais en quoi cela résout-il votre problème ?

– David Van Reybrouck, qui a décidé de mettre toutes ses forces dans la lutte contre le réchauffement climatique et contre cette nouvelle colonisation, propose de mettre en place une carte carbone. Et c'est ce que nous proposerons dans le référendum.

– Et comment ça marche ?

– C'est assez simple : chaque citoyen se voit attribuer un montant maximum de consommation de carbone par semaine, le même pour tout le monde. Il ne peut acheter son essence, payer son chauffage qu'avec cette carte à crédit limité. Le nombre total de crédits est fixé conformément aux recommandations du GIEC.

– En d'autres termes, on rationne ?

– Comme en temps de guerre, monsieur le Commissaire, et comme dans toute économie de pénurie. Quand il n'y avait pas assez de beurre, il y avait des tickets et c'est comme cela qu'on a traversé la Seconde Guerre mondiale. Aujourd'hui, il y a trop de carbone. On met une carte. Vous devriez lire et regarder les travaux théoriques tout à fait sérieux qui ont même été étudiés par la banque d'Angleterre.

– Hum. Dans le débat entre responsabilité individuelle et action systémique, vous assumez de basculer dans le camp de ceux qui considèrent qu'il faut agir sur le plan individuel ?

– Commissaire, c'est un peu plus complexe que cela. Nous connaissons les limites de la responsabilité individuelle. Nous savons que les compagnies pétrolières ont joué sur ce registre, que BP a été la première à promouvoir un calculateur personnel de l'empreinte carbone. Nous sommes, au CNRS, des « systémistes ».

– Et vous ne craignez pas de vous contredire ?

– Pas dans ce cas précis. Il y a une différence entre faire appel à la responsabilité individuelle de chaque citoyen et limiter la consommation et les émissions de tous. La carte est certes individuelle, mais elle est un moyen de répartir un montant de crédits carbone collectif. Elle a donc un effet systémique. Notre objectif est d'instaurer le frein le plus rapide et le plus général. Il n'y a pas beaucoup d'autres systèmes de freinage rapide.

Le commissaire Tréville caressait sa barbe comme il n'avait pas cessé de le faire depuis le début de l'échange.

– Là, je vous arrête. Façon de parler. En tout cas, à ce stade. Et je vais à mon tour émettre une hypothèse sur la suite. Vous m'êtes sympathique, mais vous donnez le sentiment de ne pas avoir pris la mesure des risques…

Claire l'interrompit :

– Commissaire, nous savions que nous prenions des risques. Nous l'avons fait en connaissance de cause. Les jeunes comme les moins jeunes. J'ai entendu comme vous les ministres déclarer la guerre à l'écoterrorisme. Nous avons considéré que le sort de la planète l'emportait sur notre confort, notre carrière, probablement notre liberté et que si vous…

Tréville ne laissa pas finir :

– Madame la Juge, je ne voulais pas parler des risques personnels que vous avez pris les uns et les autres. J'ai bien compris que vous saviez à quoi vous vous exposiez. Je parlais d'autres risques. Ce que vous pouvez susciter en foutant le bordel dans les avions, dans l'économie, dans l'industrie automobile, dans les sommets internationaux. Ce que vous pouvez déclencher de plus probable, c'est une réaction violente des États, des puissantes multinationales, qu'il s'agisse des multinationales « légales » ayant pignon sur rue, ou des multinationales du crime, de la drogue et de l'argent sale. Celles-là détestent qu'on vienne les perturber. Dans toutes vos hypothèses, vous raisonnez comme si personne n'allait contre-attaquer. Or le système sait se protéger quand il est menacé dans ses équilibres. Mon hypothèse, c'est qu'en jouant avec le feu, vous allez voir surgir des réactions violentes. Vous allez déclencher des guerres, si on vous laisse continuer. Ce sont ces risques-là qui me préoccupent.

Un immense silence suivit cette pesante intervention.

Les mines étaient abattues. Qu'il était loin ce climat d'exaltation, qu'elles paraissaient dérisoires ces soirées enthousiastes. Chris se hasarda à prendre la parole :

– Commissaire vous suggérez que nous sommes des irresponsables. Vous rôdez les arguments de vos supérieurs hiérarchiques qui lorsque vous reviendrez triomphant après avoir procédé à nos arrestations pourront dire qu'ils ont évité de graves désordres mondiaux et s'érigeront en protecteurs de la population.

– Cher monsieur, je me permets simplement d'émettre des hypothèses à mon tour et de vous parler du monde extérieur et de ses dures réalités, qu'on perçoit probablement moins nettement dans l'entre-soi d'une ferme et dans cette position de semi-clandestinité qui est la vôtre depuis plusieurs mois.

Il regarda sa montre :

– Sur ce, il est bien tard. Je suis épuisé. Merci encore, madame dit-il en se tournant vers Fantine, de me donner l'hospitalité pour la nuit. Je suis sûr que celle-ci nous portera conseil. Pour ma part, je vais dormir.

Tréville se leva et se dirigea vers la porte alors que les membres du CNRS se regardaient, perplexes.

– « Grainville, morne ferme », osa Hugo, déclenchant à peine quelques sourires.

Chapitre 30

Sacha prit Raphaëlle à part.

Il avait compris que le CNRS était en train de rendre les armes, mais il apprit à Raphaëlle que son réseau était structuré dans le monde entier.

– En réalité, les vieux du CNRS ne se rendent pas compte, mais le phénomène qu'ils ont lancé leur a déjà échappé. Ils ne peuvent plus le maîtriser comme cela.

Il expliqua en détail ce qu'il avait mis en place.

En peu de temps, il avait structuré des cellules à travers le monde qui rassemblaient 3 000 « hackangels », comme il les appelait. Il y en avait dans une cinquantaine de pays. À peu près tous les pays européens, les États-Unis, le Brésil et le Mexique, Israël, au Japon et même deux ou trois cellules en Chine.

Ces hackangels avaient développé un réseau extrêmement sophistiqué qui leur permettait à la fois de communiquer entre eux et d'avoir une parfaite étanchéité. Cela reposait, lui dit-il, sur la même idée que le bitcoin et les monnaies virtuelles. Les membres du réseau pouvaient communiquer entre eux, échanger des informations, construire des logiciels ensemble, mais sans que le réseau puisse être reconstitué ou remonté et donc démantelé. Aucun ne pouvait savoir qui était dans le réseau à part la connaissance de leurs avatars. La conséquence était que ce réseau était impénétrable. Mieux encore, il ne pouvait pas être infiltré, ce qui était le point faible de tous les réseaux de résistance. C'était le traître, celui qui balance, ou qui sabote. C'est comme cela que Jean Moulin était tombé et quelques autres.

– Admettons qu'un climatosceptique, qu'un sbire de la CIA, ou du FBI, ou de la DGSE s'infiltre. Tout d'abord, pour rentrer, il faudra qu'il démontre ses capacités à atteindre le niveau des autres. Ce réseau est particulièrement élitiste. Il faut vraiment des hautes capacités en informatique. Bien évidemment, ces grands services sont capables de s'attacher les services de hackers de haut vol. Donc c'est tout à fait possible. Mais il lui sera demandé de se créer un avatar qui communiquera avec ceux des 3 000 hackangels. La logique des pseudos qui a été appliquée à la ferme, selon la bonne vieille méthode, a été appliquée avec une technologie béton au réseau des hackangels. Là, pour faire simple, cela veut dire qu'il y a des comptes qui sont connectés entre eux mais qui sont chacun distants des individus qui les pilotent. En d'autres termes, un infiltré qui voudrait obtenir la liste des membres ne pourrait absolument pas y arriver.

Raphaëlle demanda à Sacha comment la machine ainsi lancée pouvait s'arrêter et comment se prenaient les décisions.

– Nous avons validé une première feuille de route. Toute modification doit être adoptée à la majorité. En général, d'ailleurs, la majorité est très large. Encore une fois, pour reprendre l'analogie, les fins des *James Bond* sont toutes construites sur le même modèle : après de très nombreuses péripéties, James Bond a accès au compte à rebours qui déclenche le départ des missiles ou l'explosion ; il lui suffit de le bloquer (avec en général le suspens pour savoir s'il va couper ou non les bons fils) pour que tout s'arrête. Notre système est construit exactement sur l'opposé. Il n'y a aucune convergence vers un ordinateur central, mais une circulation des informations entre des milliers d'ordinateurs avec un réseau qui est un peu constitué comme un réseau neuronal, c'est-à-dire qu'il y a beaucoup de circuits possibles sans passer par les mêmes synapses.

» À peu près tous les membres du réseau ont la même philosophie, la même motivation. Ils savent dans quoi ils se sont engagés. Ils peuvent bien sûr se retirer à tout moment, individuellement. Mais le réseau est suffisamment structuré, ramifié et communiquant pour pouvoir absorber des défections. Un hackangel peut être en désaccord, ne pas avoir le temps, passer à autre chose. Il se débranche ou, dans certaines conditions, nous pouvons le débrancher.

– En pratique, ça veut dire quoi ?

– C'est très simple. En pratique, cela veut dire que l'on a conçu une sorte d'hydre sans tête. Si le commissaire appelle ses troupes et nous met en prison, il n'arrête rien. Les différentes cellules que nous avons constituées et programmées continueront à écrire leur partition. Face au dérèglement climatique, nous avons instauré un dérèglement informatique qui n'est pas plus arrêtable. Les petits jeunes, notamment, ont été excellents pour organiser cela. Bien meilleurs que moi. Ils savent se parler entre eux, se reconnaître, se donner des consignes, se partager des règles qui méconnaissent les frontières, les cultures. Et comme il s'agit en grande majorité d'autodidactes, ils sont beaucoup moins prévisibles que nous autres. Ce que je fais, même avec le plus de disruption possible, un de mes collègues pourra le reconstituer. Il n'y arrivera pas du premier coup, il lui faudra du temps, mais il y a de grandes chances qu'il y parvienne. Ce que font la bande du frère de Mansour et tous les autres, c'est un peu au système informatique ce que Pollock est à Mondrian. C'est compliqué à démêler et même difficile d'y trouver une logique.

C'est plus l'aléa du « strapping » que l'ordre de la géométrie.

– Donc, il n'y a rien à faire. Nous, on va aller croupir en prison si j'ai bien compris, pendant que des cellules dans le monde entier vont dérégler la planète ou la rerégler, je ne sais pas, et sur lesquelles personne n'a prise ?

– Pas tout à fait. On peut « reprogrammer Pollock ». Ce n'est pas facile à faire, mais c'est faisable. Il faut pour cela un peu de temps. C'est compliqué si nous sommes en prison. Même quasi impossible. (Il sourit.) Jamais complètement impossible. Mais vraiment très, très compliqué. Alors que libre on peut faire quelque chose.

– Tu veux dire que tu peux leur demander d'arrêter ?

– Je ne crois pas non plus. Le truc n'est pas si contrôlable que cela. C'est complexe, notre histoire. Je pense qu'il y a trop de cellules qui se sont prises au jeu, la plupart d'ailleurs par conviction sincère, si bien qu'il est difficile de leur demander d'abandonner. Mais on peut les freiner.

– Comment ?

– Toi qui es psychiatre et qui as beaucoup fréquenté le Pr Youssef Karoui au cours de ces derniers mois, tu dois pouvoir comprendre cette analogie. Et attention, je vais utiliser une autre métaphore que celle de l'hydre sans tête qui va te paraître contradictoire. Notre ramification ressemble un peu au système nerveux central. On a mis en place des circuits qui sont composés de neurones excitateurs et de neurones freinateurs. C'est comme s'il y avait des neurones à GABA et à glutamate au milieu de neurones à sérotonine, à dopamine et à acétylcholine. Et nous avons la possibilité d'actionner les uns et les autres. Bref, il y a une solution pour mettre un peu de pagaille dans tout cela et pour que les signaux, au moins partiellement, se neutralisent entre eux.

– C'est compliqué, ton truc.

– Oui, ça l'est. On a en fait deux actions possibles auxquelles j'ai pensé. La première, c'est que l'on peut convaincre notre réseau de se mettre en stand-by. Non pas de renoncer mais, par exemple, leur proposer un autre type de programmations. Je pensais notamment à l'idée de se caler sur le calendrier du GIEC qui nous donne deux ou trois ans pour agir. On peut passer de l'action à la menace d'action. On peut prendre la planète en otage plutôt que de procéder tout de suite aux exécutions ! La deuxième chose qu'on peut faire, c'est construire les antidotes. Ça veut dire renforcer nos réseaux « négatifs » et mettre en place des circuits de neutralisation. C'est une autre voie, un peu différente, et qui demande du travail et du temps. En tout cas, ce qui est sûr, c'est que si Tréville nous fout tous en tôle demain, ce ne sera ni l'un ni l'autre. Le déclenchement sera inéluctable. C'est peut-être ce qu'on souhaite mais c'est sacrément risqué d'avoir une machine que personne ne peut ni piloter, ni freiner, ni orienter.

– Mais que veux-tu ? Qu'il mette tout le monde en taule sauf toi et ta bande de hackers ? Tu crois vraiment qu'il ferait ça ? Que le gouvernement accepterait ? Que les différents gouvernements pourraient adhérer à ce scénario ? Que les chefs d'État se réuniraient et diraient « Sacha, Nostradacker et leurs copains, on les laisse en liberté parce que ce sont eux qui ont mis en place la machine infernale et ce sont eux qui vont gérer les grenades qu'ils ont dégoupillées » ? Même pas en rêve. Et puis, c'est sympa, pour nous autres.

– C'est pour ça que je me dis qu'il faut entrer maintenant dans une négociation. Il faut qu'on parle de tout ça et vite.

Chapitre 31

Le commissaire Tréville s'étant endormi, c'était le moment de réfléchir. Un petit groupe se retrouva dans un bâtiment à l'écart du corps principal de ferme. Il y avait là Pierre, Serge, Sacha, Youssef, Raphaëlle, Chris, Winston et Claire.

Pierre récapitula :

– À son réveil, le commissaire va prévenir ses collègues et les autorités. Demain matin, nous allons voir débarquer les forces de l'ordre. Nous allons être arrêtés. On pourrait s'enfuir, mais je pense qu'ils ne mettraient pas beaucoup de temps à nous retrouver. Je suis désolé de vous avoir entraînés dans cette aventure, mais j'espère que chacun d'entre nous savait à quoi il s'exposait. Alors que fait-on ? Je propose que chacun s'exprime.

Chris commença.

– Tout d'abord, je voudrais dire que personne, en tout cas parmi nous, ne t'en veut. Nous t'avons rejoint pour la cause et en toute connaissance de cause. Ce que nous ne savions pas, c'est que notre réussite pouvait être aussi éclatante. J'avoue qu'au départ, j'ai pris cela comme un jeu intellectuel, pas comme une action qui aurait prise sur la réalité. Je ne connaissais pas la force de ces hackers, qui sont vraiment des surdoués. Si tu m'avais dit que nous allions bordéliser le G20, bloquer des aéroports, je t'aurais ri au nez. Et pourtant nous l'avons fait. Je trouve la situation plus intéressante que si nous n'avions pas été capables de réaliser la moindre action.

» Ensuite, nous ne sommes plus seuls. Bon, effectivement, ils peuvent nous arrêter, nous mettre en tôle et on peut attendre tranquillement la maréchaussée qui sera certainement là demain matin. Mais on peut aussi parler à tous ceux qui sont reliés à notre site internet, toutes celles et tous ceux qui sur tous les continents ont rejoint notre combat. On peut faire plein de choses avec eux. Nous avons l'opinion publique mondiale avec nous.

Youssef prit la parole :

– Je ne sais pas si ça peut servir à quelque chose dans ce contexte, mais il se trouve que le modèle expérimental que nous avons développé avec Raphaëlle avec des lignées de souris donne des résultats. Je ne l'ai pas évoqué jusqu'à présent, car je trouvais les résultats trop préliminaires, mais on a obtenu des données plus qu'intéressantes. Chez la souris, on sait non seulement atténuer les symptômes de la solastalgie, mais aussi les provoquer. On a des souris normales que l'on rend hypersensibles aux événements qui affectent leur environnement et des hypothèses assez jolies sur ce qui déclenche ce comportement. Je vais vous expliquer. Cela fait intervenir des neurones glutamatergiques et…

– Youssef, le coupa Serge, personne n'ose jamais t'arrêter et on t'aime beaucoup, toi et tes souris. Mais là, je ne crois pas que ce soit le moment. Nous sommes à la veille de nous faire arrêter et tu nous fais un cours de neurosciences. C'est certainement passionnant, mais vraiment…

– Comme vous voulez. J'avais compris que vous cherchiez à influer sur les comportements pour réduire la dépendance à l'énergie de l'humanité. J'ai peut-être le moyen de le faire. Bon il y a peut-être quelques étapes à franchir encore. Mais je sens bien que vous avez d'autres préoccupations en tête. Je vais écrire un petit article. Cela ne sera pas perdu.

Sacha enchaîna :

– Je voudrais attirer votre attention sur le fait que ce que l'unité de cardiologie a mis en place n'est pas si facilement démontable et va nous survivre. Nous avons forgé une créature qui nous échappe désormais. Je ne vais pas rentrer dans les détails techniques, mais sachez que nous avons un réseau mondial de mini-cellules qui fabriquent leurs algorithmes et leurs virus et qui n'ont pas besoin de nous et de notre feu vert pour les diffuser ou les déclencher. C'est le message que j'essaie de vous faire passer en vain depuis quelques jours. Vous raisonnez tous comme s'il y avait à switcher entre un bouton « off » et un bouton « on » mais, en réalité, c'est beaucoup plus subtil que cela. À la limite, si nous sommes arrêtés, et ils sauront vite que nous avons été arrêtés, ça peut leur donner envie de nous venger et de déclencher une sorte de feu d'artifice de virus et d'algorithmes plus fous les uns que les autres.

– Tu veux dire que c'est comme si tu avais transformé la planète en un immense champ de mines susceptibles d'exploser à chaque secousse ? s'enquit Pierre.

– En un sens, oui. Je n'ai pas fait cela tout seul. Mais les petits jeunes de l'unité de cardiologie sont sacrément forts et ont su constituer un réseau international incroyable. C'est un peu comme s'ils avaient l'armée la plus puissante du monde. Ils sont parvenus à fédérer beaucoup de « hackangels », c'est-à-dire des gens hyper doués en informatique, qui ne sont mus ni par l'argent ni par la destruction, mais qui ont un idéal et qui mettent leur talent à son service. On a réussi à les convaincre que le sauvetage de la planète était leur idéal et on aura du mal à les faire revenir en arrière.

Winston éclata de rire.

– Nous voilà bien ! Quelle situation absurde, les gars. On dirait le mauvais scénario d'une série B. Sauf que personne ne l'aurait accepté. Je résume. Il y a dans la ferme un commissaire endormi qui a retrouvé notre trace en pistant notre consommation de viande issue de bêtes nourries au lin. Nous sommes un groupe de personnes respectables qui allons être arrêtées par la maréchaussée à l'aube. Nous avons entraîné des jeunes hackers dans une entreprise de déstabilisation du monde. Nous avons lancé une machine infernale grâce à un lauréat du prix Gödel qui ne sait pas où est le bouton « stop ». Nous avons un neurobiologiste qui veut appliquer à l'humanité les traitements qu'il a infligés à ses souris en cage. Et nous risquons tous de finir nos jours en prison, à moins que nos camarades auxquels visiblement aucune porte ne sait résister parviennent à débloquer les cadenas de Fresnes, de Fleury-Mérogis et de la Santé où nous allons être dispatchés. C'est absolument formidable.

– Tu as raison, on peut voir ça comme ça. Mais on peut aussi se dire qu'on est dans une situation inédite où nous pouvons avoir une influence sur le destin du monde.

– Je suis d'accord. Reste donc à sérier nos priorités. Est-ce que le sauvetage de la planète reste notre objectif numéro 1 ? Est-il atteignable ou bien mettons-nous en avant notre propre sort ? Et que faisons-nous du pouvoir qui reste le nôtre au moins pendant la nuit, puisque nous sommes capables encore de déclencher quelques surprises ?

– Je pense que c'est le moment d'échafauder un vrai plan de bataille et d'utiliser notre pouvoir de négociation déclara Pierre. Pour cela, il nous faut revenir à l'essentiel. Oui, notre objectif est toujours de sauver la planète. Et oui, c'est possible de le faire. Ce que nous demandons est assez simple. Nous demandons juste l'application des préconisations du GIEC et que l'ensemble des pays réalise la réduction de moitié des émissions de gaz à effet de serre, méthane inclus, d'ici 2030. De quoi avons-nous besoin ? De l'engagement de vingt pays qui représentent trois quarts des émissions. Pourquoi leurs engagements n'ont-ils pas été tenus jusqu'à présent ? Parce qu'il n'y a aucune sanction en cas de non-respect de la trajectoire laborieusement élaborée dans les COP. Parce que chaque pays compte sur les autres. Parce que les perspectives de déstabilisation de l'économie à court terme sont trop fortes. Parce que les opinions publiques sont pétries de contradictions.

» Or nous avons réussi à faire peser une autre menace sur les gouvernements. En gros, ils sont réticents à freiner les consommations d'énergie, parce qu'ils pensent que cela va détruire leur industrie, leur modèle agroalimentaire, que cela va avoir un impact sur la croissance, appauvrir les grandes entreprises, créer du chômage, et qu'ils n'ont aucun autre modèle disponible. Nous leur avons montré que nous pouvions abîmer les entreprises, ralentir la croissance, créer les effets qu'ils craignent en piratant quelques systèmes informatiques. Voilà ce que nous avons été capables de faire. Et ce n'est pas rien. Avec une crédibilité certaine, comme le montre le succès de nos premières actions. Eux sont persuadés qu'en nous neutralisant, ils reviennent à « *business as usual* ». Ils ne savent probablement pas que nous ne sommes pas sûrs de savoir arrêter la machine infernale que nous avons lancée.

» Sacha, je me tourne vers toi. Ta machine infernale, tu saurais quand même la domestiquer ?

– Ça dépend ce qu'on appelle domestiquer. Mais je peux assurer deux choses. La première, c'est que jusqu'à présent notre réseau a été discipliné. Ils ont déclenché ce qui était prévu et ne sont pas sortis des clous. Il y a eu certes un petit incident, que certains d'entre vous connaissent.

– Ah bon lequel ?

– Bon, ne nous étendons pas là-dessus. Il y a un petit groupe qui nous a échappé et qui s'est mis à pirater un hôpital. Personne ne sait que cela vient indirectement de l'unité de cardiologie et nous avons pu neutraliser le groupe en question.

– Donc vous savez les neutraliser ?

– On sait effectivement en neutraliser un, mais nous ne savons pas les neutraliser tous en temps réel. Mais, et c'était mon deuxième point, nous pensons être capables de développer en quelques mois les technologies pour pouvoir mettre des coups de frein et neutraliser les différentes cellules. Ce n'est pas simple à faire mais nous devrions pouvoir y arriver.

– Alors, dit Pierre, je pense que je tiens notre stratégie. Nous allons reprogrammer les cellules pour qu'elles échelonnent leurs actions sur les prochaines années, jusqu'en 2030. Nous allons dire aux dirigeants de ce monde la chose suivante : « Vous avez vu ce que nous sommes capables de faire. Maintenant c'est à vous de jouer. Vous devez baisser vos émissions de 10 % par an pendant sept ans. On vous laisse faire. Mais chaque année, si les objectifs ne sont pas atteints, on agit. Avec des clauses de rendez-vous annuelles et une clause particulière en 2025 pour répondre à l'idée du GIEC du "turning point" dans trois ans. » On va appeler cela l'opération « épée de Damoclès ». Et on va les aider à agir en leur forçant à mettre dès à présent en place des mécanismes contraignants, des sanctions et un tribunal international du climat.

» Et on va faire en sorte qu'on puisse enfin travailler sur les déséquilibres provoqués par la baisse des émissions. Parce que c'est vrai que pour atteindre cet objectif, il va y avoir du chômage dans l'aviation, dans les aéroports, dans l'industrie agroalimentaire, dans l'industrie automobile. En réduisant fortement nos émissions de gaz à effet de serre et donc notre consommation d'énergie carbonée, il n'y a pas de doute, nous pouvons dans l'immédiat provoquer un chômage considérable et commencer par précipiter un grand nombre de travailleurs dans la pauvreté. Et c'est là le vrai chantier. Le chantier de l'adaptation, de la reconversion, de la transformation de notre économie et ceci à l'échelle planétaire.

Claire haussa les épaules.

– Et comment tu fais tout cela ? Tu convoques à la ferme les dirigeants du G20 ? Tu leur dis où est Grainville ? Tu leur dis que le confort est un peu rustique mais que le calva est bon et tu leur expliques benoîtement comment ils vont désormais t'obéir ?

– Alors je n'avais pas pensé à ça et je ne sais pas si Fantine accepterait que l'on utilise encore sa ferme pour les grands de ce monde, mais je pense qu'on peut procéder autrement et plus simplement. On va directement prendre l'opinion publique à témoin.

Chapitre 32

À 2 heures du matin, l'AFP annonça une conférence de presse du CNRS, qui aurait lieu à 8 heures du matin, heure française, d'un lieu non connu. Il y avait un lien pour se connecter. C'était une méthode inhabituelle. Mais la situation elle-même l'était. Dans la grande salle de la grange, les écrans avaient été allumés, les micros disposés. On avait longuement discuté de la teneur du message et de la mise en scène. Une petite tribune de fortune avait été installée. Trois orateurs avaient été désignés.

Pierre avait écrit son texte qu'il avait soumis aux autres :

« Aujourd'hui, nous apparaissons à visage découvert, depuis ce lieu où nous nous réunissons depuis plus d'un an et où nous avons conçu, planifié et exécuté nos différentes actions clandestines. D'un moment à l'autre, nous pouvons être interrompus par l'irruption de la police et nous n'opposerons aucune résistance.

» Nous avons œuvré comme un collectif transgénérationnel. Ceux de ma génération qui ont une responsabilité écrasante dans la situation climatique mais aussi des jeunes gens, nés au XXIe siècle et qui sont susceptibles de subir les dégâts de notre legs.

» Nous avons vaincu nos propres réticences pour utiliser des moyens non légaux. Nous sommes donc ceux que certains gouvernements appellent les "écoterroristes". Nous sommes simplement des citoyens du monde qui pensons que pour éviter la montée des eaux, les phénomènes climatiques extrêmes, les sécheresses, la disparition de nombreuses espèces marines et terrestres, de terribles famines, des conflits nés du péril climatique, il était tout à fait concevable de moins prendre l'avion, de moins circuler en voiture, de se passer de faire des croisières et de ne pas manger de viande plus de deux fois par semaine. Des comportements qui n'ont rien de sacrificiels, mais qui, s'ils étaient généralisés, ralentiraient le processus de réchauffement de la planète et garantiraient l'atteinte des recommandations du GIEC, et devaient donc être défendus.

» Nous sommes allés au bout de ce que nous pouvions faire dans cette période inédite de l'histoire de la planète. Nous savons à quoi l'inaction nous mène. Nous avons moins de trois ans pour éviter le pire. Trois années, pour mettre en place les mécanismes juridiques dont nous avons besoin pour contraindre les États à respecter les engagements des COP. Trois années, pour créer les mécanismes économiques qui nous permettent de consacrer les ressources à la transition écologique dans le monde et pour redistribuer efficacement les richesses. Trois années, pour repenser notre mode de vie. Cela peut être les trois plus belles années de l'histoire de l'humanité. Mais cela ne se fera pas spontanément. Nous vous passons le relais. »

Pierre reprit :

– C'est probablement un peu long. Je vais raccourcir. Et je pensais qu'ensuite Sacha pourrait expliquer son réseau et le petit scénario que nous avons décidé.

Sacha n'eut pas le temps de réagir. Mehdi venait de surgir, essoufflé, dans la pièce.

– Nos caméras de surveillance ont détecté des mouvements anormaux. C'est comme s'il y avait des embouteillages sur la route. Des centaines de voiture arrivent.

Claire explosa :

– Salaud de Tréville ! Dès la première fois que je l'ai vu au Palais de Justice, j'ai senti que c'était un faux jeton. Il a appelé ses collègues et fait venir la cavalerie. Puis il est allé dormir tranquille.

– En fait, rétorqua Mehdi, je ne crois pas qu'il s'agisse de forces de police. Il y a toutes sortes de voitures et elles sont vraiment très nombreuses. De toute manière, on va bientôt être fixés. Elles sont au carrefour. Dans deux minutes on va les voir arriver.

La porte du fond s'ouvrit. C'était Tréville qui, les cheveux en bataille et dissimulant un bâillement, entrait dans la pièce.

– J'ai l'impression qu'il y a un peu d'agitation ici. Que se passe-t-il ?

Claire, qui ne voulait pas être démentie dans sa colère, l'apostropha :

– Ne faites pas l'innocent (une phrase qui avait beaucoup de poids dans sa bouche). Vous nous aviez dit que vous nous laissiez un répit. Mais vous avez appelé du renfort. Ils arrivent.

– Mais, Madame le Juge, je n'ai appelé personne. Je suis allé dormir. Votre calva est toujours aussi fort. Un très bon somnifère. Mais il n'a pas résisté au vacarme que vous faites depuis quelques minutes.

– Vous n'avez rien déclenché ? Ils viennent spontanément ?

– Qui viendrait spontanément ? Non, je vous le redis, je n'ai appelé personne. Pour tout vous avouer, je voulais en reparler avec vous. Je n'étais plus bien sûr de ce qu'il fallait faire. J'ai un peu réfléchi dans mon demi-sommeil. Je suis fonctionnaire de police. Je suis donc du côté de l'ordre, de la sécurité, de la République, de la démocratie. Et, en ce moment, je ne sais plus exactement où situer l'ordre et où situer le désordre. Ma fille me disait il y a quelques jours…

– Écoutez, commissaire, le coupa Pierre, vous nous expliquerez plus tard ce que vous disait votre fille. Là je pense qu'il y a urgence. J'entends des bruits de moteur. Allons voir.

Toute la petite troupe sortit de la grange et traversa la cour. Il y avait un ballet de phares qui illuminaient les bâtiments presque comme en plein jour. Les portières des voitures claquaient et on voyait des ombres se diriger vers la ferme.

– C'est bien ici, le CNRS ?

– Qui êtes-vous ?

– Nous avons répondu à l'appel !

Raphaëlle se tourna vers Sacha, qui se tenait un peu à l'écart, l'œil alerte.

– Tu comprends quelque chose, toi ?

– Ils n'ont pas l'air hostiles.

– Non. Mais tu peux m'expliquer pourquoi tous ces gens débarquent ?

La cour était en train d'être envahie dans un tohu-bohu indescriptible.

– Tout phénomène a toujours une explication sur cette terre.

– Ce n'est pas le moment de philosopher. Regarde, ils continuent à arriver. Ils vont bientôt se marcher dessus.

– Je pense qu'ils sauront se tenir.

– Donc tu sais qui ils sont ? C'est même toi qui les as appelés, pas vrai ?

– Il n'est pas très robuste, votre pare-feu.

– Notre pare-feu ? Que veux-tu dire ?

– Tu ne m'en voudras pas ?

– Ça dépend, mais maintenant je veux savoir.

– J'ai toujours trouvé passionnant votre cohorte virtuelle Solastare que vous avez montée avec Patience.

– Tu veux dire que tu aurais piraté…

Sacha mit un doigt sur la bouche de Raphaëlle.

– Chut, pas de gros mots.

– Mais comment tu appelles ça si ce n'est pas du pira…

– J'appelle ça une procédure d'urgence.

– Bon, qu'as-tu fait ?

– Je suis juste allé me promener dans le moteur de votre cohorte virtuelle. J'ai repéré les inscrits qui habitaient à moins de trois heures d'ici. Et j'ai passé un petit appel au secours. J'ai invité les solastalgiques à soutenir ceux qui se préoccupaient vraiment d'eux. Et visiblement le message a été entendu.

– Et tu n'as demandé l'autorisation à personne ?

– Si.

– Et on te l'a donnée ?

– Je n'ai pas eu de réponse.

– Comment ça ?

Sacha leva les yeux au ciel.

– J'ai demandé à Hannah. Elle ne m'a pas fait de réponse explicite, mais pour bien l'avoir connue, je pense qu'elle aurait approuvé.

– Mais du coup que va-t-il se passer ?

– Il y a maintenant près d'un millier de personnes dans la ferme et autour, qui sont entassés, qui sont motivés et il est difficile de faire intervenir les forces de l'ordre.

– Nos malades nous protègent ?

– En quelque sorte, et j'ai l'impression que cela plaît beaucoup aux télévisions. Tu veux que je leur dise de faire une incrustation sur « Solastare » ? C'est le moment d'avoir une publicité gratuite. Toi qui voulais faire connaître ta cohorte, elle a une célébrité assurée.

On ne s'entendait plus. Pierre murmura à Fantine :

– Je crains que tes dernières plantations soient un peu piétinées.

La cour de la ferme était complètement remplie. Les nouveaux arrivants prenaient des photos, faisaient des selfies. Certains étaient venus avec des banderoles. Aucun ne connaissait les conspirateurs, et pour cause. Un petit groupe lança un tonitruant « on est là, on est là » qui fut repris en chœur par la foule. Très rapidement la foule déborda de la cour de la ferme. Raphaëlle se blottissait contre Sacha.

Claire tapa sur l'épaule de Raphaëlle.

– Tu as bien fait de refuser ce que je n'aurais jamais dû te demander. J'aurais regretté ne pas vivre cela. On verra après. Pas bête, le coup de la falaise.

Tréville regardait la cour d'un œil narquois et prit Youssef à témoin.

– Mes collègues ont dû déceler des mouvements anormaux. Je n'ai même pas eu à les prévenir. Mais ils vont s'amuser. Je ne vois pas comment ils vont se dépatouiller de tout cela.

On entendit le vrombissement d'un moteur d'hélicoptère et, peu après, on subit l'aveuglement de forts projecteurs.

– Ah, ils commencent par reconnaître le terrain.

Avec l'éclairage venu du ciel, c'était très impressionnant. Il y avait une foule énorme.

– Combien de personnes selon la police ? demanda Youssef à Tréville.

– Là, ils sont près de deux mille.

Son portable vibra.

– Voilà le préfet qui m'appelle. Bonjour, monsieur le Préfet. Oui, j'y suis. Non, je ne maîtrise pas la situation. Oui, c'est bien un envahissement. Non, je vous déconseille de lancer l'assaut. Oui, vous pouvez vous rendre sur place. Non, je ne sais pas trop ce qu'il faut faire. Des journalistes ? Je vois en effet deux petits groupes avec des grosses caméras qui ressemblent furieusement à des équipes de télévision. La ministre ? Je vous laisse la prévenir, cher ami. Oui, c'est cela, on se rappelle et on fait le point.

Épilogue

L'éditeur était très ennuyé. L'auteur encore plus. Ils avaient eu du mal à trouver un moment commun depuis que le manuscrit avait été rendu. L'auteur était absorbé par son travail, par ses voyages. L'éditeur était pris par ses autres auteurs, par la gestion de sa maison, par les prix, les rentrées, les programmations. Ils avaient annulé un déjeuner, puis un premier verre, et récemment un deuxième. L'auteur se demandait si l'éditeur le fuyait. L'éditeur se demandait si l'auteur reculait le moment de se parler franchement. L'auteur avait fini par dire : « Écoute, je vais passer à ton bureau, à n'importe quel moment. Je m'arrangerai, mais on ne peut pas attendre plus longtemps. » Ils s'étaient donc retrouvés un matin, à 9 h 30, autour d'un café.

L'éditeur avait attaqué le premier :

– Bon, tu as bien fait d'insister. Il fallait qu'on arrive à se voir. C'est probablement ma faute. C'est moi qui ai annulé, non ?

– L'avant-dernière fois, c'était toi, mais la dernière fois, c'était moi. J'ai dû faire un saut au Sénégal pour le boulot.

– Ne me dis pas que tu y es allé en avion. Ce n'est pas bon pour l'empreinte carbone, ça.

– Si, si, et tu as raison, j'ai une empreinte carbone épouvantable. C'est un de mes nombreux problèmes, d'ailleurs.

– Tu vas être la cible de ton CNRS. Méfie-toi.

– J'en ai bien conscience et cela ne serait que justice. Bon, dis-moi maintenant ce que tu en penses. J'ai l'impression que tu n'es pas convaincu.

L'éditeur hésitait :

– Je suis vraiment embêté. Je ne suis pas sûr que cela tienne, ton truc. Je suis désolé. C'est amusant, on apprend des choses, mais je m'interroge quand même sur la crédibilité de ton histoire.

– Qu'est ce qui n'est pas crédible ? La menace sur le réchauffement climatique ?

– Écoute, ils ont l'air sérieux, les chiffres que tu donnes. Et j'imagine que tu as fait correctement le travail de lecture des rapports.

– Oui, je te remercie, je l'ai fait aussi sérieusement que pour les précédents livres. Et je ne crois pas t'avoir mis dans l'embarras.

– Ok, ok, je ne voulais pas te vexer.

– Tu ne me vexes pas du tout. Je veux juste comprendre.

L'éditeur reprit :

– Tu y crois, toi ?

– Je crois à quoi ?

– Tu crois à ce scénario noir ?

– Tu veux dire : est-ce que je crois au GIEC, au rapport de l'organisation mondiale de l'environnement, aux publications scientifiques, aux déclarations du secrétaire général de l'ONU ?

– J'avoue que je ne les ai pas lus. J'ai déjà l'impression d'être submergé par toutes ces informations. Cela me fait fuir.

– Les courbes, les rapports et les experts disent que tout se joue dans les trois ans. Ce n'est pas ton auteur qui l'a inventé. Et ça date déjà de l'année dernière.

– Bon, bon, je te crois, je comprends. Mais dis-moi, c'est épouvantable, non ?

– Euh, oui, on peut dire ça comme ça. Mais ta critique n'était pas de dire que c'était épouvantable, mais que ce n'était pas crédible.

– C'est cela, je n'arrive pas à y croire, moi. Et ça me déprime.

– Ce sont deux choses différentes. Tu n'arrives pas y croire ou est-ce que ça te déprime ? Ou est-ce que c'est de ne pas y croire qui te fait déprimer ?

– Un peu de tout ça.

– Et donc, que voulais-tu me dire ?

– Eh bien je me suis demandé comment je n'avais pas été solastalgique plus tôt, en tant que grand hypocondriaque devant l'éternel. Et c'est juste parce que je ne connaissais pas ce concept, ni ce mot. Si je l'avais connu plus tôt, je pense que je l'aurais été avant.

– Et maintenant que tu l'as lu, tu te sens toi-même solastalgique.

– En quelque sorte. C'est terriblement déprimant. Je crois qu'il faut que j'aille consulter Raphaëlle. Elle me semble très bien Raphaëlle.

– Oui, elle est très bien. Je me suis inspiré d'un personnage réel que j'aime beaucoup.

– Elle exerce à l'Hôtel-Dieu ?

– Non. Dois-je te rappeler que dans la fiction, on peut se permettre certaines libertés. À ma connaissance, il n'y a pas d'unité de solastalgie. En revanche, je peux te donner les *vraies* coordonnées de la Raphaëlle en question.

– Oui, je pense que j'en aurais besoin. Je me suis reconnu dans l'idée de l'homme diminué. C'est très bien, ça, l'homme diminué. Ton éditeur est un homme diminué. Je n'avais jamais réalisé, mais cela me correspond tout à fait.

– Ok, tu en parleras à la psychiatre. Mais, avant, dis-moi donc ce qui te gêne. Je reprends. Où est le problème de crédibilité ? Sur la possibilité de bloquer par le piratage ?

– Ça, c'est incroyable. C'est effrayant aussi.

– C'est incroyable, mais tu as entendu parler des attaques qui ont déjà eu lieu, j'imagine ? Tu veux que je ressorte mes notes des entretiens que j'ai eus avec des experts de la cybersécurité ? Alors, c'est vrai, pour les besoins du récit, j'ai un peu accéléré le processus. La réalité, c'est qu'il faut un peu plus de temps pour mener toutes ces attaques, j'en conviens. J'ai probablement un peu forcé le trait. Mais je te fiche mon billet que dans un futur proche on va avoir des attaques massives, dont on va entendre parler, celles qui sont déjà en préparation. Tu as vu d'ailleurs ce qui se passe dans certains hôpitaux ?

– Oui, oui, quelle horreur. J'ai pensé à mon propre dossier médical, étalé sur la place publique. Ça m'a fait frissonner.

– Alors, on est d'accord que tout cela est possible, même si je concède que dans la réalité, c'est un peu plus long et complexe. Dis-moi ce qui n'est vraiment pas crédible.

– Ces personnages qui passent à l'acte. Tu y crois, toi ?

– Ah, mais voilà le vrai sujet. Écoute, je ne sais pas si j'y crois. C'est la vraie inconnue du récit et de la situation actuelle. Est-ce que parmi ceux qui exercent des responsabilités, certains vont tenter quelque chose ? Je l'ai probablement maladroitement abordée, mais c'est la question centrale. Qui sont aujourd'hui les gens raisonnables et les gens déraisonnables ?

– Tu ne vas pas prétendre que ce sont ces activistes qui aspergent de soupe les chefs-d'œuvre dans les musées qui sont raisonnables ?

– Pas tout à fait. Ce serait trop simple. Je pense simplement qu'ils ne sont pas plus déraisonnables que ceux qui savent, qui ont les moyens d'agir et qui ne changent pas. Je ne suis pas certain qu'ils soient plus déraisonnables que celui qui exploite du charbon, qui a une empreinte carbone élevée, qui a la main qui tremble quand il faut interdire. Mon idée, c'était de voir si, par une fable, on pouvait chercher où se niche la pire déraison. L'inaction est déraisonnable. L'attentisme est déraisonnable. Et j'imagine que cela te dérange. Ce que tu ne trouves pas crédible, c'est que la déraison change de camp.

– Tu y vas fort.

– En fait, et cela m'a beaucoup troublé pendant toute cette période d'écriture, c'est que le plus crédible est le plus inconcevable. Et c'est vrai – je ne pouvais pas l'écrire dans le livre tellement cela me gêne, mais je peux te le dire à toi, parce que nous sommes entre nous –, j'ai été page après page obsédé par le rapprochement avec la Shoah. Ne sursaute pas. Je ne suis pas en train de traiter de nazis les responsables des compagnies pétrolières ou nos dirigeants. Ce n'est pas ce que je prétends. Ce que je veux dire, c'est que la Shoah est inconcevable. Elle l'était avant, elle l'était pendant, elle l'était après. J'ai toujours été fasciné par ce que décrivaient les survivants. Ils ne pouvaient pas être entendus, ils ne pouvaient pas être compris, ils ne pouvaient pas être crédibles. Parfois ils préféraient se taire que de lire cette incompréhension sur le visage de leurs interlocuteurs. Leur silence était une prévention de l'insupportable déni.

– Mais, ne m'accuse pas de déni !

– Je ne t'accuse pas toi plus qu'un autre. Et notamment pas toi plus que moi. Au contraire. Toi et moi savons que l'inconcevable Shoah a bien eu lieu. Et donc cela rend encore plus inconcevable une autre catastrophe d'origine humaine. Qui n'a rien à voir, ne me fais pas dire ce que je n'ai pas dit et même pas pensé. Je ne prétends pas qu'il y a un plan de destruction de l'humanité par le réchauffement climatique qui a germé dans des cerveaux dérangés ou même qui serait le fruit d'une idéologie. Je dis juste que le fait que l'inconcevable se soit déjà produit aurait dû nous immuniser contre les autres inconcevables. Et nous nous retrouvons à nouveau devant cette catastrophe annoncée que nous n'arrivons pas à prévenir.

– Ça, ça m'intéresse.

– Ouf. Encore une fois, je n'osais pas l'aborder, sauf avec toi, car j'ai l'impression de toucher au « point Godwin » du réchauffement climatique et ça m'agace profondément. Mais je l'avais sur la conscience. J'ai d'ailleurs failli rajouter un épilogue au livre, mais j'ai trouvé le procédé trop facile. Un épilogue qui se passerait en 2100.

– C'est-à-dire ?

– On se transporte à la fin du siècle et on imagine, ce qui n'est pas absurde, que se réalise l'un des scénarios défavorables du GIEC : la mer qui a monté de plusieurs mètres, les pôles qui ont fondu, la température qui a augmenté de 5 degrés, le désert qui a gagné, les émeutes, les famines, etc. Donc on est *après*. On se réunit, on discute. Et on se dit après coup : Est-ce que cela aurait été vraiment pénible de renoncer aux SUV ? D'avoir beaucoup moins de voitures ? De ne pas avoir fait brûler de charbon et quelques autres privations de même nature ? Je pense que nos petits-enfants, une fois les pires prédictions réalisées, trouveraient a posteriori ces privations totalement dérisoires. En ce jour de 2100, sous une chaleur absolument insupportable, ils se diraient qu'il n'aurait pas fallu que leurs grands-parents renoncent à grand-chose pour éviter le pire. Ça, nous le savons à l'avance. Alors pourquoi n'aurions-nous pas la lucidité d'agir plutôt que d'attendre de voir les pires prédictions se réaliser ?

– J'entends bien la difficulté à être lucide. Mais de là à conspirer pour faire sauter tous les systèmes informatiques du monde.

– C'est de là que vient ta difficulté à trouver ce récit crédible. Tu ne peux imaginer que des gens comme toi ou moi sortent des clous. Parce que nous ne nous croyons pas capables de le faire. L'avantage des activistes à la sauce tomate ou à l'encre orange, c'est qu'ils ne nous ressemblent pas. Eux sont donc crédibles. La triste vérité, c'est que nous ne croyons plus en nous. Et pourtant, nous sommes la seule génération de l'histoire de l'humanité qui allons connaître le franchissement irréversible, le point de non-retour. Même nos spermatozoïdes ne répondent plus. L'infertilité masculine progresse, exactement comme dans la fable de Grainville sur le dernier homme.

– Si je comprends bien, tu veux que je sois ton complice pour déclencher une épidémie de solastalgie ?

– C'est un peu cela. La solastalgie généralisée comme dernière planche de salut.

– Qu'avons-nous à perdre ?

Remerciements

Un merci tout particulier à la Docteure Raphaëlle Hirsch de m'avoir permis de donner son prénom à un personnage, pour lequel toute ressemblance avec une psychiatre existante ne serait absolument pas fortuite.

Merci à Nicolas Castoldi d'avoir été une source d'inspiration, à travers notre grande complicité, notamment sur le projet de l'Hôtel-Dieu. S'il veut y ouvrir une unité de solastalgie, l'idée est libre de droit.

Merci à Rémi Géraud du département informatique de l'École normale supérieure pour ses explications claires, ses conseils avisés et ses critiques justifiées. Merci à Véronique Loquet, fondatrice de l'agence AL'X, spécialiste de la cybersécurité, et à Matt Suiche pour leurs conseils.

Merci à Jean Jouzel pour sa belle conférence inspirante à Autrans aux Universités d'été de l'Institut de l'Engagement et merci à la promotion de l'automne 2022 des lauréats de l'Institut de l'Engagement pour avoir, en février 2023, essuyé les plâtres d'une conférence intitulée « De la solastalgie », qui m'a permis de confirmer l'extrême sensibilité d'une génération aux enjeux du réchauffement climatique.

Merci à Florence Noiville d'avoir été, à son tour, première lectrice.

Merci à Emilie Pointereau pour ses lectures attentives, son efficace chasse aux lourdeurs et ses encouragements au fil des versions.

Merci à Manuel Carcassonne de sa confiance renouvelée et d'avoir laissé passer un épilogue amicalement irrévérencieux.

Merci aux scientifiques et aux journalistes qui font un travail indispensable de vulgarisation et de sensibilisation aux enjeux du réchauffement climatique.

Merci à toutes celles et tous ceux qui feront en sorte que l'on ne franchisse pas de manière irréversible le turning point. Il est encore temps. Pas pour longtemps.

Cet ouvrage a été composé
par Nord Compo
et achevé d'imprimer en France
par CPI BRODARD & TAUPIN *(72200 La Flèche)*
pour le compte des Éditions Stock
21, rue du Montparnasse, 75006 Paris
en avril 2023

Stock s'engage pour l'environnement en réduisant l'empreinte carbone de ses livres. Celle de cet exemplaire est de :
550 g éq. CO_2
Rendez-vous sur
www.editions-stock-durable.fr

PAPIER CERTIFIÉ

Imprimé en France

Dépôt légal : mai 2023
N° d'édition : 01 - N° d'impression : 3052382
63-07-5767/8